Edition Akzente
Herausgegeben von
Michael Krüger

Boris Groys

Logik der Sammlung

Am Ende des musealen Zeitalters

Carl Hanser Verlag

ISBN 978-3-446-23433-8

Umschlag: Nach einem Entwurf von Klaus Detjen
Abbildung: J. L. Mott Iron Works:
»Puro« Drinking Fountain, 1912
Satz: Jung Satzcentrum, Lahnau
Printed in Germany

Inhalt

Einführung
Das Museum im Zeitalter der Medien

Die folgenden Essays über die museale Sammlung entstanden in einer Zeit, in der das Museum als traditioneller Ort der Kunst starke Konkurrenz durch die Medien erfährt, zunehmend als überholt empfunden wird und als armer Verwandter der Medien dasteht. Die Kunst scheint heute innerlich bereit zu sein, den Verlockungen des Medienzeitalters zu folgen, aus dem Museum auszuziehen und sich durch die neuen medialen Kanäle verbreiten zu lassen. Der Medienwert der Kunst ist aber – besonders in unserer Zeit – mit der kunstinternen Relevanz kaum identisch. Die kunstintern relevanten, d. h. eigentlich rein formalen, künstlerischen Entscheidungen lassen das Publikum von heute ziemlich kalt. Die Zeiten sind vorbei, in denen die museale Präsentation der bis dahin »alternativen« Kunstformen als mediales Ereignis galt. Früher haben unterschiedliche Avantgarden unseres Jahrhunderts von der Aufmerksamkeit der Presse für die neuen Kunstformen wesentlich profitiert. Heute interessieren sich die Medien vorwiegend für die Namen, die immer schon bekannt sind, und wenn das künstlerisch Neue doch medial diskutiert wird, dann unter anderen Voraussetzungen, von denen später noch die Rede sein wird.

Die Bereitschaft der Kunst, sich in den Medien, im öffentlichen Raum, in der Politik, d. h. außerhalb des Museums, zu engagieren, ist also durchaus verständlich. Damit läßt sich ein größeres Publikum erreichen und verführen, damit kann man Geld verdienen, um das man früher beim Staat oder bei den privaten Sponsoren betteln mußte; damit bekommt ein Künstler ein neues Gefühl der Macht, der gesellschaftlichen Relevanz und der Präsenz in seiner eigenen Zeit. Alle diese und noch viele andere Gründe, die dafür sprechen, das Museum zu verlassen, sind, wie gesagt, legitim. Und weder diese Einführung noch die folgenden Texte wollen das Museum beweinen, glorifizieren, als ewigen und alleinigen Ort der Kunst verklären oder dazu aufrufen, den Gang der Dinge aufzuhalten und das

Museum als privilegierten Kunstkontext zu bewahren. Die Forderung, das Museum aufzubewahren, wäre ohnehin paradox, denn das Museum ist der Ort der Aufbewahrung, und es kann keinen anderen Ort geben, an dem die Aufbewahrung selbst aufbewahrt werden könnte.

Vielmehr scheint es gerade heute interessant zu fragen, was das Museum ist, und damit von der neuen Fragwürdigkeit des Museums zu profitieren. Das Museum wird oft als Ort der Erinnerung verstanden, an dem alles das gesammelt und aufbewahrt wird, was sich als geschichtlich relevant, wertvoll, wichtig erwiesen hat. So erinnern historische Museen an wichtige Ereignisse, Automuseen an Autos, die nicht mehr fahren, und Flugzeugmuseen an Flugzeuge, die nicht mehr fliegen. Solche Museen gab es immer, gibt es weiter – und wird es immer geben. Deshalb sind solche Museen auch nicht das Thema dieses Sammelbandes.

Das Thema dieses Sammelbandes sind Kunstmuseen. An sie richtet sich die Frage: Was bedeutet es, Kunst zu sammeln? Darauf möchten die vorliegenden Texte antworten.

Auf den ersten Blick scheint es, daß Kunst zu sammeln sich nicht davon unterscheidet, Autos oder Flugzeuge zu sammeln. Man findet Kunstwerke, die sich in der Geschichte als relevant, wichtig, bedeutend, verführerisch gezeigt haben – und sammelt sie. Die ersten Schwierigkeiten beginnen sich allerdings abzuzeichnen, wenn man fragt: Wie und in welcher Funktion haben die Dinge, die wir Kunstwerke nennen, geschichtliche Bedeutung erlangt? Zumindest für die Zeit vor dem Entstehen des modernen Kunstmuseums handelt es sich um Gegenstände, die gewisse pragmatische Funktionen erfüllt haben und auch unter diesem Aspekt eventuell gesammelt werden könnten. So kann man Gemälde und Skulpturen der Vergangenheit in einem Museum sammeln, das den Lebensstil und die Wohnungseinrichtungen der früheren Zeiten dokumentiert, oder in einem Museum, das die religiösen Riten der Vergangenheit rekonstruiert. Daß bestimmte Gegenstände in ein Kunstmuseum gelangen, bedeutet also noch lange nicht, daß diese Gegenstände früher als Kunst fungiert haben. Ganz im Gegenteil: Als Kunst beginnen diese Gegenstände erst zu fungieren, nachdem sie ins Kunstmuseum aufgenommen wurden.

Alle Museen, nur nicht die Kunstmuseen, sind Friedhöfe der Dinge: Was dort gesammelt wird, ist seiner Lebensfunktion beraubt, also tot. Das Leben des Kunstwerks beginnt dagegen erst im Museum: Es ist von Anfang an ein Leben nach dem Tode. Das moderne Kunstmuseum ist nicht der Ort der Erinnerung, denn die in ihm gesammelten Gegenstände galten vor ihrer Musealisierung nicht als Kunstwerke. Vielmehr wird die Erinnerung an das frühere, vormuseale Leben der Kunstwerke durch ihre Aufnahme ins Kunstmuseum ausgelöscht. Dieser Erinnerungsverlust ist die Voraussetzung dafür, daß die Gegenstände des praktischen Lebens eine neue Funktion bekommen und ein neues Leben als Kunstwerke beginnen.

Das moderne Kunstmuseum ist also nicht ein Friedhof, sondern, wenn man will, eine Kirche für Dinge. Dort erleben sie ihre Umkehr, ihre Neugeburt, ihre Parusie. Dort bekommen sie ihre Taufe – oder ihre Portion vampirischen Blutes –, die sie zu neuem, ewigem Leben erweckt. Nur solche neugeborenen Dinge nennt man in der Moderne Kunstwerke. Das Museum hat die Kirche ersetzt, nachdem der Mensch infolge der Säkularisierung sich selbst als Ding begriffen und, wie es immer in solchen Fällen passiert, begonnen hat, die Dinge zu sakralisieren. Deswegen haben auch in der Moderne nur die Dinge eine Chance, ins Museum aufgenommen zu werden, die sich zunächst einmal als »Nicht-Kunst« zeigen. Eine Kunst, die sich von Anfang an als Kunst zeigt und an die musealen Vorbilder erinnert, wird dagegen als Kitsch abgelehnt. Man muß zunächst ein sündhaftes, »reales« Leben führen, um danach bekehrt und gerettet zu werden. Diejenigen, die sich von Anfang an zu fromm zeigen, werden als Heuchler entlarvt und verstoßen.

Sicherlich handelt es sich hier um den Begriff der Kunst, wie er sich erst in der Moderne, d. h. in der Zeit der Museen, herausgebildet hat – aber dieser Begriff ist der unsere. Die Kunst der Moderne hat alle möglichen Konsequenzen aus diesem Begriff gezogen, von denen das Readymade-Verfahren die konsequenteste ist. Und in der Tat: Wenn erst die Musealisierung im Kunstmuseum aus einem Ding ein Kunstwerk macht, kann jedes beliebige Ding zum Kunstwerk werden. Dazu wird nur die Entscheidung gebraucht, die die künstlerische Subjektivität hinsichtlich dieses Gegenstandes trifft. Das moderne Museum ist also der Ort, an dem sich die moderne Subjektivität als solche unmittelbar manifestiert – jenseits der Arbeit, des Werks, der Selbstobjektivierung, der Entfremdung. Die moderne künstlerische Subjektivität produziert nicht das Kunstwerk, sondern schafft dieses Kunstwerk durch eine pure innere Willensentscheidung, durch den Akt des reinen Schauens – nicht in der Zeit, sondern im Augenblick. Es kann selbstverständlich behauptet werden, daß eine solche pure Manifestation der Subjektivität de facto nie erreicht wird. Aber hier ist von der regulativen Idee des modernen Kunstmuseums die Rede, die, wenn sie sich auch nicht mit letzter Radikalität verwirklichen läßt, trotzdem die innere Dynamik der Kunst in der Moderne bestimmt.

Sicherlich werden auch in unserer Zeit Kunstwerke produziert, die ihren Platz nicht im Museum finden und trotzdem als Kunstwerke empfunden werden. Sie werden allerdings nur deswegen so empfunden, weil sie zumindest imaginär in den musealen Kontext gestellt werden. So kann man sicherlich »im Leben selbst« jedes beliebige Ding als Kunstwerk betrachten, ohne daß der entsprechende Gegenstand explizit ins Museum als Readymade aufgenommen würde, aber diese Fähigkeit wird uns vom Museum verliehen, indem wir das Funktionieren des Readymade-Verfahrens im Museum kennengelernt haben. Die freie Subjektivität kann sich also nur als frei zeigen, weil sie durch das Museum von der Arbeit der Kunstproduktion entlastet wird, indem das Museum diese Arbeit übernimmt. Der Unterschied zwischen Kunst und Nicht-Kunst ist selbst künstlich. Dieser Unterschied kann nicht begründet, entdeckt oder befohlen, sondern nur hergestellt werden: Das Museum ist der Ort, an dem der Unterschied zwischen Kunst und Nicht-Kunst hergestellt wird.

Jedes Kunstwerk besteht aus Wiederholung und Abweichung: Durch die Wiederholung wird das Kunstwerk als solches ausgewiesen, und durch die Abweichung zeigt sich die Originalität dieses einzelnen Kunstwerks, die auf die Individualität seines Schöpfers verweist. Indem das Kunstwerk ins Museum gestellt wird, ist es aber weitgehend von der Aufgabe entlastet, die Kunsttradition in sich selbst zu wiederholen, denn diese Aufgabe wird nun vom musealen Kontext übernommen. So kann das musealisierte Kunstwerk allein die Abweichung von der Tradition demonstrieren, d. h. die reine Individualität des Künstlers. Die kollektive Arbeit der Aufbewahrung, die ins Museum investiert wird, dient also zur Entlastung des einzelnen, der dadurch von der Aufgabe befreit ist, eine individuelle Arbeit der Wiederholung zu leisten. Und diese kollektive Arbeit ist enorm, denn der Bau, der Unterhalt und die Ausstattung der Museen kosten die Gesellschaft viel Geld und viele Anstrengungen, die dieser Gesellschaft, die moderne Kunst nicht übermäßig liebt und schätzt, seitens der aufgeklärten Staatsgewalt aufgezwungen werden. Die museale Inszenierung der freien künstlerischen Subjektivität geschieht dabei gemäß einem bestimmten ideologischen Auftrag des modernen Staates, der sich verpflichtet fühlt, die Individualität seiner Bürger zu schützen. Läßt diese Inszenierung nach oder wird sie nicht mehr attraktiv, bedeutet es nichts anderes, als daß die Individualität des einzelnen ihre symbolische Bedeutung verloren hat und keinen großen gesellschaftlichen Wert mehr darstellt.

Die Feststellung, daß die freie Subjektivität des einzelnen im Museum nur durch kollektive Arbeit inszeniert ist, bedeutet übrigens keine Geringschätzung der Subjektivität: Nur unter bestimmten – und problematischen – metaphysischen Voraussetzungen nämlich kann man zum Schluß kommen, daß die inszenierte Subjektivität in irgendeinem Sinne schlechter oder defizitärer ist als eine »wahre« Subjektivität. Die Subjektivität wird produziert, sie ist sogar das eigentliche Kunstprodukt. Aber als produzierte ist sie nicht weniger »real« als andere Produkte der Zivilisation. Die Entscheidung, die freie Subjektivität nicht mehr zu produzieren, wäre deswegen eine relativ folgenreiche Entscheidung. Und ebendiese Entscheidung würde getroffen, wenn die Museen verlassen würden, denn die Museen sind in der Moderne die effektivsten Produktionsstätten der Subjektivität.

Die Subjektivität wurde und wird durch Askese, Verbot und Verzicht produziert. Auch in diesem Sinne ist das moderne Museum Nachfolger der Kirche und des Klosters. Das moderne Museum ist ein geschlossener und lichter Raum, der sich von der Außenwelt deutlich abgrenzt und sie im Dunklen läßt. Zumindest in zweierlei Hinsicht schließt das Museum »das Andere« aus. Erstens werden alle Gegenstände außerhalb des Museums aus dem Blickfeld des Betrachters ausgeschlossen. Und zweitens wird das Museum selbst in seiner Materialität, in seiner Arbeit und in seiner Institutionalität unsichtbar, verborgen. So fühlt sich der Mensch innerhalb des Museums eingesperrt – und will aus dieser Einklammerung ausbrechen. Gerade durch dieses Verlangen entsteht die Subjektivität. Es ist also die primäre Funktion des Museums, die Illusion eines Freiraumes außerhalb seiner Wände zu erzeugen, der als Wirkungsfeld der freien Subjektivität fungieren kann. Wird das Museum abgebaut, so verschwindet der hinter ihm verborgene Freiraum. Und noch einmal: Die Illusion des Freiraumes unterscheidet sich in nichts von dem »realen« Freiraum. Mit der Illusion des Freiraumes verschwindet die Realität der Subjektivität.

Der Freiraum außerhalb des Museums ist die sogenannte Realität oder das »Leben« – aber verstanden als profaner Raum des potentiellen musealen Sammelns oder, anders gesagt, der künstlerischen Mission. Aus der gut beleuchteten Enge der musealen Innenräume heraus betrachtet, bietet sich die Realität als Summe all dessen, was »noch nicht« gesammelt, exponiert, beleuchtet, als Kunst wahrgenommen und erlebt ist – und deswegen im Dunklen verborgen bleibt. Die im Museum eingesperrte Subjektivität erlebt die Realität also »ästhetisch«, d. h. als potentieller Gegenstand der Aufklärung und der reinen Kontemplation im musealen Licht. Die Dinge der Außenwelt sollen bekehrt, gerettet, wiedererweckt, ans Licht gebracht werden: Sie sind in Not, und die künstlerische Subjektivität fühlt sich berufen, sie aus dieser Not zu befreien und in die Innenräume des Museums zu überführen, um sie für die Ewigkeit zu erhalten. Aus diesem Missionarsgeist heraus agieren die Avantgarden unseres Jahrhunderts, die immer wieder den Protest erheben, daß irgend etwas »anderes« immer noch nicht museal berücksichtigt, exponiert, aufgeklärt und gerettet ist. Die interne Logik der musealen Sammlung manifestiert sich also darin, daß die bloße Feststellung, daß das Andere das Andere – und damit neu für die museale Sammlung – ist, genügt, um diesem Anderen einen musealen Wert zu verleihen. Wenn immer wieder eine politisch, ästhetisch oder anders motivierte Forderung erhoben wird, das Andere, das Verdrängte, das Ausgeschlossene ins Museum aufzunehmen, dann ist diese Forderung eigentlich völlig überflüssig, weil sie der internen Logik der musealen Sammlung folgt.

Das eventuelle Verlassen der Museen darf man also nicht in die Tradition des Kampfes gegen das Museum stellen, den die moderne Kunst in diesem Jahrhundert geführt hat. Diejenigen, die heute das Museum verachten und die Argumente für ihre Verachtung bei den künstlerischen Avantgarden ausleihen, vergessen, daß die Option der Avantgarden für das Leben immer künstlerische, d.h. letztendlich museale, Bekehrung und Errettung dieses Lebens anstrebt. Die künstlerischen Avantgarden haben den Freiraum gesucht, der vom Museum selbst erzeugt worden war. Dabei wurden Askese, Verbot und Verzicht immer weiter verschärft. Jede Avantgarde ist in erster Linie reduktionistisch: Sie verbietet immer erneut, das zu tun, was früher getan wurde, sie praktiziert eine immer strengere Askese, sie nimmt dem Künstler immer mehr Möglichkeiten weg, bis ihm nichts mehr als der reine Blick in den dunklen, leergeräumten Raum (in das »Schwarze Quadrat« von Malewitsch, wenn man will) bleibt. Die Kunst der Avantgarde hat deshalb ihren alleinigen Ort im Museum, wo sie all das aufhebt und exponiert, was sie im Leben gesammelt hat, und damit das Leben selbst als großes Nichts, als den leeren Raum der Imagination deutet. Die Abschaffung des Museums würde also nicht bedeuten, daß der Freiraum jenseits der musealen Räume sich öffnete, sondern daß dieser Raum verschwände.

Die Abschaffung des Museums ist allerdings nicht die einzige Gefahr, die ihm droht. Eine andere und dem Museum immanente Gefahr besteht darin, den musealen Blick zu totalisieren und die ganze Welt als Museum zu begreifen, wobei die Grenze zwischen Museum und seinem Außenraum verschwindet. Das Museum wird dann zur Ideologie – und die Ideologien der Moderne können als unterschiedliche Übertragungen des musealen Blicks auf das Ganze der Welt interpretiert werden. In einem gewissen Sinne kann man sogar behaupten, daß eine solche Übertragung eine ideologische Operation par excellence ist, die eine Ideologie als solche konstituiert. Eine Ideologie schließt nämlich die Möglichkeit eines Außenraums aus: Sie ist im wesentlichen der Anspruch auf einen alles aufklärenden Überblick, auf eine vollständige Übersichtlichkeit. Die innere Dynamik des musealen Sammelns hat eine solche totale Übersichtlichkeit freilich als ihr Telos – und dieses Telos ist völlig legitim. Die Ideologie entsteht allerdings dort, wo man versucht, den Weg des mühsamen Sammelns, der immer unvollendet bleibt, zu überspringen und mit einem Sprung zum endgültigen Überblick zu gelangen.

In den folgenden Essays wird vor allem das Verhältnis zwischen der Logik der musealen Sammlung und unterschiedlichen modernen Ideologien der gesammelten Welt aufgezeigt und diskutiert. Dabei wird an einzelnen Beispielen demonstriert, wie die Logik der Sammlung unterschiedliche Ideologien hervorbringt oder sabotiert. Wie die Überlegungen im Essay über die »Logik der Sammlung« zeigen, bietet sich die kosmische, soziale und politische Welt dem museal geschulten Betrachter als Nebeneinander gleichwertiger Formen, die miteinander verglichen, beschrieben und archiviert werden können, aber kein hierarchisches oder organisches Verhältnis untereinander bilden und einen neutralen, homogenen Raum der Betrachtung voraussetzen. Dieser Raum der Betrachtung ist kontrollierbar, soweit es sich um den endlichen Raum des realen Museums handelt, aber er beginnt sich jeder Kontrolle zu entziehen, sobald die ganze Welt als Museum imaginiert wird – und die Institution Museum suggeriert, wie gesagt, einen solchen totalen musealen Blick.

Eine Variante dieses totalen Blicks stellen die Totalitarismen unseres Jahrhunderts dar. So wollte die Stalinzeit die kulturelle Überlieferung vom Ende der Geschichte her überblicken, um das Beste daraus auszuwählen. Dieser Versuch scheiterte, aber der museale Blick ließ sich dadurch nicht entmutigen. So versucht man in unserer Zeit, kulturelle Identitäten politisch festzuschreiben und gegen die zerstörerische Arbeit der Zeit und der Massenmedien zu verteidigen. In einer sanften Form will der modische Multikulturalismus weltweite kulturelle Stabilisierung und museale Aufbewahrung erreichen, die im Namen der Verteidigung der benachteiligten kulturellen Formen gefordert werden. In einer aggressiveren Form wird die gleiche Forderung von verschiedenen kulturellen Fundamentalismen aufgestellt. In einigen der folgenden Texte, darunter »Sammeln und gesammelt werden« oder »Fundamentalismus als Mittelweg zwischen Hoch- und Massenkultur«, wird diese innere Verbindung zwischen einer bestimmten kulturökologischen Argumentation, die im streng musealen Sinn dieses Wortes konservativ ist, und einem bestimmten Museumsverständnis erläutert. Hier wird die ganze Welt in der Nachfolge des Hegelschen Historismus als Museum, d. h. als Ort verstanden, an dem der kulturökologisch eingestellte Absolute Geist alle in der Weltgeschichte entstandenen kulturellen Identitäten betrachten kann. Eine Neuschaffung der Identitäten wird dabei ausgeschlossen, weil das Museum unter den Voraussetzungen des Hegelschen Historismus keinen Außenraum mehr hat: Nur der Verlust der kulturellen Identitäten bleibt möglich – und dieser Verlust wird deswegen als endgültig und bedauerlich empfunden.

Dieser Identifizierung zwischen Museum und Welt, dieser Totalisierung des musealen Blicks wird das Modell des fließenden Museums entgegengestellt, das die Formen ständig sowohl verliert wie auch gewinnt – und nie zu einem Abschluß, zu einem Ende der Geschichte kommt: Das Ausruhen beim gelungenen Werk, von dem im »Wille zum Ausruhen« die Rede ist, bedeutet noch nicht einen Abschluß jeder Bewegung. Ein solcher Abschluß der Geschichte ist übrigens auch im Modell des politischen Engagements vorausgesetzt: Man muß demnach zwischen den existierenden politischen Positionen bloß wählen, einen anderen Ausweg gibt es nicht. Am Beispiel von Trotzki und den mit seinem Namen verbundenen künstlerisch-politischen Diskussionen wird gezeigt, daß die kunstimmanente Forderung nach dem Neuen nicht mit dem politischen Engagement zu vereinbaren ist. Genauso vergeblich ist es, nach festen Identitäten mit den Mitteln der Fotografie zu suchen: Der Wahrheitsanspruch der Fotografie scheitert an ihrer Innovativität. Ideologisch wird über die Kunst oft mittels der Opposition Realität vs. Fiktion gedacht. Aber diese Opposition selbst ist mehr als problematisch. Kunst kann sich freilich nicht auf die Realität begrenzen, wenn unter der Realität die Summe dessen verstanden wird, was immer schon ist, denn die Kunst produziert neue Dinge, die früher nicht in der Realität zu finden waren. Auf der anderen Seite ist die Kunst keine Fiktion, denn sobald ein Kunstwerk produziert ist, wird es zum Teil der Realität. Die Kunst ist die Realität *in progress,* nicht zu verwechseln mit Fortschritt in eine bestimmte Richtung.

Das Museum hat übrigens sein Äußeres nicht nur im außermusealen Raum, aus dem das Museum die profanen Dinge in seine eigenen Innenräume transportiert. Darüber hinaus erzeugt die museale Exposition selbst einen anderen »immanenten Außenraum« oder, wenn man will, das Unbewußte des Museums. Der Innenraum des Museums ist durch unterschiedliche Verbote konstituiert: die ausgestellten Dinge nicht zu berühren, nicht umzudrehen, nicht zu zerlegen, in ihrem Inneren nicht zu untersuchen. Es wird nur erlaubt, die Außenseite der Dinge zu betrachten: Ihr Inneres, ihr Wesen, ihr materieller, ontologischer, formtragender Kern werden dem Blick des Betrachters entzogen. Das Museum ist somit keineswegs der Ort einer reinen Aufklärung. Die Dinge, die aus der profanen Wirklichkeit ins Museum transportiert werden, werden nicht nur beleuchtet, sondern auch in ihrem Inneren dem Blick entzogen. In der profanen Realität ist es möglich, die Form der Dinge zu zerstören, um zu ihrem Wesen zu kommen. Das musealisierte Kunstwerk verbietet dagegen einen solchen zerstörerischen Umgang mit seiner Form, der den Stoff, aus dem es gemacht ist, entdeckt und freilegt: Der Blick des Betrachters bleibt auf der Oberfläche, die dem Gegenstand selbst als Schutzschild dient.

Im Versuch, diese von ihm selbst verschuldete Verbergung des Inneren zu überwinden, beginnt das Museum, die symbolische Zerstörung des Kunstwerks zu inszenieren. Eine solche Inszenierung des Leidens, des Monströsen und des Zerfalls des Kunstwerks dient dazu, die innere, materielle Beschaffenheit des Kunstwerks sichtbar zu machen, seine Anatomie vorzuführen, die dem Betrachter durch den musealen Schutz unzugänglich wird. Verschiedene Strategien solcher Inszenierungen werden in einer Reihe der Texte im zweiten Teil des Sammelbandes beschrieben. Das Ziel dieser Strategien der Dekonstruktion ist es, alle möglichen Formen der Zerstörung der musealen Kunst im Innenraum des Museums zu sammeln. Natürlich läßt sich dieses Ziel nicht erreichen. Genauso wie der profane Raum nicht vollständig leergesammelt werden kann und die Differenz zwischen musealen und außermusealen Räumen erhalten bleibt, kann auch der immanente Außenraum der Sammlung nicht vollständig offengelegt werden: Jedes neue Sammelstück vergrößert diesen immanenten Außenraum, denn jedes Kunstwerk verbirgt sein Inneres immer erneut hinter seiner Oberfläche.

Diese Unmöglichkeit, das Innere der musealen Kunstwerke zu demonstrieren, wird beispielhaft von den fingierten Readymades demonstriert, die Fischli und Weiss herstellen. Diese Readymades sehen in einer musealen Exposition wie alltägliche Gegenstände aus. In Wirklichkeit handelt es sich jedesmal um ein Double solcher alltäglichen Gegenstände, das von den Künstlern aus Polyurethan geschnitzt und bemalt wird. In der profanen Realität ist der Unterschied leicht festzustellen: Die Doubles aus dem Polyurethan wiegen viel weniger als ihre realen Prototypen. Im musealen Kontext ist der Unterschied dagegen kaum festzustellen, weil das Material des Werks unzugänglich bleibt. Die Readymades Duchamps erwecken ein Vertrauen in den Stoff, aus dem sie gemacht sind. Wenn die Readymades auch nichts mehr in der Außenwelt bezeichnen und in diesem Sinne völlig autoreferentiell sind, bezeichnen sie immer noch ihr materielles Inneres. Wie Fischli und Weiss demonstrieren, kann aber auch diese Referenz falsifiziert werden. Jede musealisierte Kunst läßt einen Raum offen, in dem die Manipulation und die Täuschung möglich bleiben. Nie erreicht das Museum seine eigene Wahrheit. Es wäre allerdings verkehrt, daraus zu schließen, daß die Welt als Ganze das Reich der totalen Simulation sei, deren Realität sich verbirgt und jeder Erfahrung entzieht. Eine solche Verallgemeinerung bedeutet wiederum, daß die Welt mit einem totalisierenden musealen Blick betrachtet wird – bloß diesmal ist es nicht mehr der Blick der totalen Aufklärung, sondern ein immer schon dekonstruierter Blick. Nun gibt es jenseits des Museums eine Möglichkeit, die Erfahrung zu erringen, die im Museum dem Betrachter verwehrt bleibt. Und die Welt kann ebenfalls nicht als abgeschlossen gedacht werden: Eine weitere Erfahrung bleibt in der Welt immer möglich.

Wenn das Museum bestimmte Grenzen hat, scheinen diese Grenzen auf den ersten Blick doch nicht unüberwindbar zu sein. Auch wenn die Außenräume des Museums nicht vollständig museal besetzt werden können, kann das Museum sowohl die Gegenstände des profanen Außenraums wie auch die Bilder der Zerstörung aus dem immanenten Außenraum frei sammeln, ohne daß es auf ein Objekt stößt, das per definitionem nicht gesammelt werden kann. Und trotzdem gibt es ein solches Objekt, das nicht gesammelt werden kann: Es ist das Museum selbst. Das Museum kann nicht ein anderes Museum sammeln, ohne seine eigene Ordnung in Frage zu stellen. Diese Grenze, die in mehreren Texten der vorliegenden Textsammlung eingehend diskutiert wird, führt zu einer gewissen Krise des Museums in unserer Zeit. Große Wechselausstellungen, große Installationen, aber auch manche Privatsammlungen lassen sich nicht ohne weiteres in die museale Sammlung aufnehmen, weil sie ihrerseits museumsähnlich sind und eigene Ordnungen und Kontexte schaffen, die sich nicht in die existierenden Sammlungen integrieren lassen.

Aber nicht nur Museen sind durch die anderen Museen nicht integrierbar, sondern bestimmte andere soziale Phänomene, die als Museen strukturiert sind. So ist die heutige Stadt wie ein Museum strukturiert (»Die Stadt auf Durchreise«). Der Kommunismus war ebenfalls als Museum strukturiert und kann deswegen auch nicht leicht in den existierenden Sammlungen untergebracht werden. Und auch ein einzelner, z. B. ein Asylant, kann wie ein Museum strukturiert sein, indem er als Träger heterogener Zeichen auftritt, die er im Laufe seines Lebens von überall her angesammelt hat. Das Museum vermehrt sich in unserer Zivilisation. Vieles, viel zu vieles wird zunehmend museumsähnlich. Und da erfährt das Museum seine eigentliche Grenze. Das Museum ist ein endlicher Raum, in dem der Unterschied zwischen Alt und Neu kontrolliert werden kann. Vermehrt sich das Museum, tendiert die Zahl der museumsähnlichen Strukturen ins Unendliche, wird dieser Unterschied allmählich ausgelöscht: Die freie, unendliche Vermehrung führt zur Tautologie (»Die Zukunft gehört der Tautologie«). Im Unendlichen bewahrheitet sich die Einsicht Nietzsches in die ewige Wiederkehr des Gleichen.

Das Unendliche ist in unserer Kultur nicht durch das Museum, sondern durch die Medien repräsentiert. Und die Welt der Medien ist die Welt der Arbeit, weil die Entlastung durch das Museum dort nicht mehr stattfindet. Je größer das Publikum ist, das die Kunst erreichen will, desto mehr sieht sie sich genötigt, sich selbst zu wiederholen. In den Medien muß die Kunst nach der Tautologie streben, weil sie die ganze Arbeit der Selbstausweisung als Kunst übernehmen muß. Die Kunst in den Medien wird nämlich nicht mehr mit der Kunsttradition, nicht mehr mit dem Kunstkontext, sondern mit dem unendlichen profanen Raum der alltäglichen »Realität« verglichen. So muß die Kunst sich in den Medien dadurch ausweisen, daß sie das Ungewöhnliche, Nicht-Alltägliche, Nicht-Profane zeigt. Das Ungewöhnliche ist aber immer tautologisch, denn das Ungewöhnliche wird dadurch als ungewöhnlich ausgewiesen, daß es in der Tradition des Ungewöhnlichen steht. Das Neue ist das Banale, das Triviale, das Gewöhnliche, wenn es in den Kunstkontext gestellt ist. In den Medien ist es dagegen unmöglich, bloß ein gewöhnliches Pissoir auszustellen, wie Duchamp das gemacht hat. Wenn in einem Film ein Pissoir thematisiert würde, dann müßte es wohl lebendig werden und den Benutzer kastrieren, um als interessant und mediengerecht gelten zu dürfen. Aber dadurch würde dieses Pissoir tautologisch, denn die Kastration ist ein immer schon bekanntes mythologisches Thema. So verschwindet in den Medien die künstlerische Subjektivität, weil sie ihre eigene Banalität nicht mehr zeigen darf und dazu verurteilt ist, nur das traditionell Ungewöhnliche zu reproduzieren.

Als die totalitäre Kunst der 30er/40er Jahre die Medien als einen alternativen Raum zum Museum entdeckt hat, war sie zunächst begeistert und glaubte, den avantgardistischen Traum vom Freiraum jenseits des Museums realisiert zu haben. Aber relativ schnell zeigte sich, daß die Kunst unter den Bedingungen der Medien ihre avantgardistischen Reduktionen aufgeben und zur Arbeit der Tautologie zurückkehren muß, um sich vor dem Hintergrund der alltäglichen Trivialität behaupten zu können. Der Ausweg, diese Trivialität selbst zu thematisieren, blieb durch die Abschaffung der traditionellen Stellung des modernen Museums im totalitären System versperrt. In den

Medien der totalitären Staaten wurde die Kunst zum Klassizismus verurteilt, weil nur durch dieses Bekenntnis zum Klassizismus, als dem System der Wiederholung, der Künstler seine Arbeitsleistung nachweisen konnte. Sogar die Möglichkeit, die Bilderwelt der Medien selbst darzustellen, wie es beispielsweise die amerikanische Pop-art gemacht hat, ist die Folge der Kontextualisierung dieser Bilderwelt im musealen Vergleich. Die totalitäre Kunst ist dagegen nicht imstande, sich selbst zu zeigen, weil sie einen solchen Vergleich ausschließt.

In unserer Zeit kann ein Künstler seine künstlerische Professionalität freilich zum Teil dadurch demonstrieren, daß er sein technisches Können im Umgang mit Computern und sonstigen wunderbaren Geräten dieser Art unter Beweis stellt. Aus dieser Perspektive scheint die Zeit der Museen eine kurze Pause zu sein zwischen zwei Epochen des künstlerischen Könnens. Früher mußte der Künstler seine Fertigkeit im Umgang mit Farben und Marmor beweisen, heute soll er seine Fähigkeit demonstrieren, Computer zu benutzen. Beides erreicht er aber erst durch die Arbeit, im Schweiße seines Angesichts. Beides schließt die Inszenierung der freien Subjektivität aus. Zudem ist es fraglich, ob der Künstler des Medienzeitalters imstande wäre, auf den Klassizismus völlig zu verzichten, denn er hat keine andere Möglichkeit, sich von einem Medieningenieur sichtbar abzugrenzen, der ebenfalls ein entsprechendes technisches Können besitzt.

Es ist übrigens kein Zufall, daß in unserer Zeit der Sport die stärkste Aufmerksamkeit der Medien genießt. Der Sport nämlich ist nichts anderes als fleischgewordener Klassizismus. Der Sportler verkörpert ein klassizistisches, ein olympisches Körperideal, das er durch größte Anstrengungen und schwerste Arbeitsleistungen erreicht. Der Sport steht damit in der Kontinuität der ästhetischen Tradition, die die moderne Kunst in der Suche nach der Subjektivität verraten hat. Der Sport war auch deshalb unter den totalitären Regimen so beliebt, weil diese Regime klassizistisch gedacht haben. In den Medien wird die Kunst durch den Sport abgelöst – und kann nur als Kunstsport überleben. Durch die Medien werden die musealen Vorbilder, die als Kunst ausgewiesen sind, aus den Innenräumen des Museums nach außen transportiert und verbreitet. Die

Kunstdynamik ändert damit ihre Richtung. Für einen Medienbenutzer verliert das Kriterium der Neuheit seine Wirksamkeit: Alles, was aus den Medien bekannt ist, ist per definitionem neu. Dagegen wird von ihm eine hohe künstlerische Leistung, die nach klaren, nachvollziehbaren Kriterien erbracht wurde, besonders geschätzt und »genossen«. Gerade durch die Medien etabliert sich also endgültig eine Kunst, die man oft irrtümlicherweise als »museal« bezeichnet.

Aus diesen Überlegungen folgt allerdings keineswegs so etwas wie »das Ende der Kunst«. Wenn die Kunst das Museum verläßt, wird sich ihr Begriff sicherlich ändern, aber das wird der Kunst kein Ende setzen. Ganz im Gegenteil soll man eine Explosion der Kunst erwarten, wenn sie für sich neue Finanzierungsmöglichkeiten und mediale Märkte erschließt. Die traditionelle, handwerklich hergestellte Kunst wird ebenfalls durch das Medium des Kunsthandels weiter überleben können. Aber vor allem ist zu erwarten, daß die Museen nach wie vor dadurch ihre Relevanz behalten, daß sie für die Medien interessant bleiben – und mit ihnen überlebt auch die wirklich museale, d. h. innovative Kunst. Die Art dieses medialen Interesses wird sich aber wesentlich ändern.

Die Logik der musealen Sammlung, wie sie oben beschrieben wurde, ist nämlich nicht mehr transparent, wenn das Museum nicht von innen, sondern von außen betrachtet wird. Und darum geht es eigentlich: Der museale Blick von innen nach außen wird durch den medialen Blick von außen nach innen ersetzt. Für die museal erzogene Subjektivität ist der endliche, überschaubare, helle Raum des Museums der Ort des Lichtes, wobei der unendliche, unkontrollierbare Außenraum dunkel und gefährlich zu sein scheint. Für das mediale Bewußtsein ist dagegen nur das unendliche Feld der Kommunikation hell und transparent, wogegen das Kloster, das Museum und andere solche Stätten der Subjektivitätszüchtung undurchsichtig, dunkel, geheimnisvoll und suspekt anmuten.

Das bedeutet allerdings noch keine mediale Abwertung dieser Stätten, denn gerade das Verborgene, Dunkle und Undurchsichtige ist für die Medien besonders interessant. Für den musealen Blick ist das außermuseale Außen interessant. Für die Medien ist es dagegen besonders reizvoll, ins Verborgene und

Geschlossene Licht zu bringen, die Öffentlichkeit über ein dunkles Geheimnis aufzuklären und den isolierten, privaten Innenraum für die äußere Kommunikation zugänglich zu machen. Wenn sich das Museum durch den medialen Außenblick verdunkelt, dann wird die Logik der Sammlung für die Medien ebenfalls dunkel: Sie wird zu einem undurchsichtigen Schwindel – und damit zu einer interessanten Informationsquelle. Eine Informationsquelle oder ein Gegenstand der Berichterstattung und der Nachrichten sollen nämlich maximal undurchsichtig sein – sonst hat die Information keinen Sinn. Und die moderne, museale Kunst, wie auch vor ihr die Religion, ist für einen medial erzogenen Blick ein solcher undurchsichtiger Schwindel, der für die Medien allerdings einen besonderen Wert hat, weil es ein Schwindel ist, der nie vergeht. Die meisten Kriminalfälle finden nach ihrer Aufklärung ein Ende. Der Schwindel der Subjektivität kann dagegen nie völlig aufgeklärt werden, so daß man nie die Nachricht »Das Subjekt ist tot« senden kann, denn die Subjektivität, von außen gesehen, ist der Verdacht der Hypokrisie, der Simulation, der dunklen Manipulation, der Diskrepanz zwischen Innen und Außen – und ein solcher Verdacht kann nie endgültig entkräftet werden.

Im heutigen Museum als dem Ort der Subjektivität vermutet man also vor allem Verschwörung, Intrige und dunkle Machenschaften. Nicht zufällig beschuldigt Baudrillard, der Philosoph der Medien par excellence, in einigen seiner letzten Texte die heutige Kunst insgesamt, eine dunkle Verschwörung zu sein. Damit wird die moderne Kunst medial wieder interessant, d. h. sie wird insgesamt zur Nachricht – als spektakulärer Schwindel. Auf keinen Fall soll man als Kunstliebhaber sich dieses Urteils der Medien schämen oder dagegen protestieren. Vielmehr soll darin der Ausdruck des letzten Opfers, der letzten Askese gesehen werden: Wenn das Museum früher der Ort der Opferökonomie war, wird es jetzt selbst zum Opfer. Und dadurch wird das Museum in seinem Ganzen zur Nachricht für die mediale Außenwelt. Unter dem unentkräftbaren Verdacht, reine Manipulation zu sein, kann die Subjektivität auch unter der Herrschaft des medialen Außenblicks gut überleben.

Dabei ist es sehr charakteristisch, daß sich das Museum in letzter Zeit durch den Einzug der Medienkunst auch im direkten und nicht nur im metaphorischen Sinne verdunkelt. Je mehr von der Medienkunst im Museum gezeigt wird, desto dunkler wird es in ihm, denn in den Medien funktioniert die Verteilung des Lichts und der Dunkelheit anders als im Museum. Früher waren die Dinge, die ins Museum gebracht wurden, als solche dunkel und wurden erst im Museum beleuchtet. Die medialen Bilder, d. h. die Bilder des Kinos, des Fernsehens, des Computers usw., leuchten dagegen von selbst, wobei der Betrachter dieser Bilder im Dunklen sitzt und seine unmittelbare Umgebung nicht mehr oder nur schlecht sehen kann. Die medialen Bilder sind die Bilder der Nacht, wie Träume oder Visionen aus dem Jenseits: Sie kommen aus der dunklen Quelle und werden in der Dunkelheit empfangen. Nur die Bilder selbst haben Licht.

Deshalb bringt die Medienkunst, wie sie vor allem in der Form der Videoinstallationen ins Museum gebracht wird, die große Nacht mit sich. Sie macht das letzte Opfer im musealen Raum sichtbar: Der museale Innenraum opfert sein eigenes Licht, verdunkelt sich und versetzt den Betrachter in eine nervöse Trance, in der er fähig wird, die Signale aus dem Jenseits des Museums direkt zu empfangen. Damit zeigt sich das Museum für sich selbst als das, was es im Medienzeitalter geworden ist, d. h. als dunkler Ort des Geheimnisses, der Verschwörung, des Halbsichtbaren. Sogar die Verdunkelung selbst, der Einzug der Nacht ins Museum, wird kaum mehr registriert. Wie der Betrachter von früher das museale Licht übersehen hat, weil seine Aufmerksamkeit auf die Exponate gerichtet war, so übersieht man heute die Verdunkelung als Bedingung der Betrachtung der Medienkunst im musealen Raum. Vom Tod des Museums kann also keine Rede sein – aber von der musealen Nacht, vom Schlaf und vom Traum im Museum und vom Traum des Museums. Um diesen Übergang vom Tag zur Nacht oder vom Neuen zur Nachricht im Museum wahrnehmen zu können, sollte man also schon einen gewissen fremden Blick vom Außen auf das Museum werfen.

Gerade ein solcher Blick – von innen, aber zugleich von außen – wird in diesem Sammelband versucht. Das Museum wird hier immer noch in seinem vormedialen, wachen Zustand beschrieben, aber diese Beschreibung setzt das Wissen des Autors von der Verdunkelung des Museums unter der Herrschaft der Medien bereits voraus. Ein Paradies der Dinge ist von einer Vampirgruft nicht mehr unterscheidbar geworden – und es entspricht der allgemeinen Dynamik der Moderne. In der modernen Gesellschaft gibt es immer weniger Orte, an denen die Möglichkeit der reinen Kontemplation gesellschaftlich garantiert ist, und es gibt auch keinen gesellschaftlich anerkannten Stand mehr, der sich ausschließlich mit der Kontemplation beschäftigt, wie es früher solche Stände doch immer und überall gab. Wenn die Museen als Orte der Kontemplation und der Subjektivitätsinszenierung heute von den Medien zunehmend unter den Verdacht gestellt werden, Manipulation zu betreiben, so scheint dies dem allgemeinen Gang der Dinge zu entsprechen. Im Zustand der Verdunkelung wird das Museum aber zum besonderen Gegenstand der medialen Aufmerksamkeit. Es scheint ratsam zu sein, diesen Medienstrategien zu folgen und das moderne Museum, das lange als privilegierter Ort der Kontemplation fungiert hat, seinerseits zum Objekt der Kontemplation zu machen.

Logik der Sammlung

Die »ernsthafte«, »autonome« Kunst wird in unserer Kultur vornehmlich mit dem Ziel produziert, gesammelt zu werden. Sie wird nicht mehr wie früher als Bestandteil eines Tempels, einer Kirche oder eines Palastes konzipiert, sondern von Anfang an für den isolierten, »autonomen« Raum öffentlicher oder privater Kollektionen bestimmt. Dadurch unterscheidet sich heute die Kunstproduktion wesentlich von allen anderen modernen Produktionsformen. Alle anderen Produkte werden im Rahmen unserer Ökonomie für den Konsum bestimmt. Konsumieren bedeutet aber zugleich vernichten. Ein Stück Brot wird gegessen – und existiert danach nicht mehr. Ein Auto wird für eine Weile gefahren – dann gilt es als technisch oder ästhetisch veraltet und wird verschrottet. Ein Zeitungstext oder ein wissenschaftlicher Text wird gelesen, verstanden und dann in seiner ursprünglichen Form vergessen: Wenn man die entsprechende Information wiedergeben will, tut man es »mit eigenen Worten«: Der Text als Gegenstand wird im Augenblick seines Verstehens konsumiert, annulliert, vernichtet.

Ein Kunstwerk wird dagegen als Gegenstand nicht konsumiert, sondern aufbewahrt: Es darf nicht gegessen, benutzt oder auch restlos verstanden werden. Eine fest etablierte kulturelle Konvention schützt das Kunstwerk vor dem materiellen Verschwinden, vor der Erschöpfung in der Informationsvermittlung oder vor der endgültigen Auflösung in der Vielfalt der Interpretationen. Jedes Kunstwerk ist auch eine Ware, aber es ist keine Konsumware, sondern vielmehr eine Sammelware – und unterliegt deshalb einer anderen Ökonomie als der Ökonomie des Konsummarktes. Damit stellt sich die zentrale Frage jeder Kunsttheorie: Womit verdient ein bestimmtes Kunstwerk das Recht, gesammelt und aufbewahrt zu werden, wenn dieses Recht nicht seinem Marktwert entspringt? Welchen anderen, wenn man will, ideellen Kriterien muß dieses Kunstwerk entsprechen, um einen Sammelwert zu bekommen?

Es gibt so viele Antworten auf diese Frage, wie es Kunsttheorien gibt. Die meisten dieser Antworten haben allerdings etwas

Gemeinsames: Sie suchen die Kriterien des Sammelwertes jenseits der Sammlung selbst, d. h. in einer, wie auch immer verstandenen, äußeren Realität. Man kann z. B. behaupten, daß ein Kunstwerk an sich gültig sein soll, um die ständige Aufbewahrung in einer Sammlung zu verdienen: Dafür soll dieses Kunstwerk das Schöne, Gute, Göttliche, Menschliche, formal und qualitativ Perfekte, Vernünftige, Geometrische, Leidenschaftliche, Naturhafte, Unbewußte, Erotische, Linguistische, Sozialkritische, Demokratische oder meinetwegen auch Dekonstruktivistische verkörpern. Diese Antworten sind allerdings mehr als problematisch: Wenn ein Kunstwerk ohnehin in sich etwas Gültiges verkörpert, scheint es überflüssig zu sein, es zusätzlich aufzubewahren. Der Frage nach dem Grund für das Aufbewahren wird eigentlich nur ausgewichen, wenn diese Frage mit dem Hinweis darauf beantwortet wird, daß das entsprechende Kunstwerk an sich schon bedeutend und aufbewahrungswürdig ist.

Man hat weiter behauptet, daß gerade in der Moderne die Entscheidung über den Wert eines Kunstwerks frei, willkürlich, subjektiv geworden ist: Es wird das gesammelt und als Kunst proklamiert, was einem einzelnen gefällt, der sich von allen vorgefaßten Wertkriterien emanzipiert hat. In der Praxis folgt das Sammeln aber nicht dem persönlichen oder gesellschaftlichen Geschmack. Wir sammeln und sehen als wertvoll die Kunstwerke an, die uns wichtig, relevant, bedeutend zu sein scheinen – und nicht unbedingt diejenigen, die uns gefallen. Vor allem hat die Kunst der Avantgarde das Primat des persönlichen und gesellschaftlichen Geschmacks theoretisch in Frage gestellt und praktisch abgeschafft, indem sie vorgeführt hat, daß ein Kunstwerk gerade dann besonders sammlungsfähig und wertvoll sein kann, wenn es niemandem gefällt.

Schließlich versucht man immer wieder, die Kunstsammlung als Repräsentationsraum aufzufassen, in dem verschiedene Zeiten, Kulturen, Völker und alle anderen möglichen anderen ästhetisch repräsentiert werden. Eine Kunstsammlung verwandelt sich damit in eine erweiterte Version eines demokratischen Parlaments. Die Hauptschwierigkeit mit dieser Theorie besteht allerdings darin, daß der politisch oder ethnisch oder sexuell definierte »andere« nicht unbedingt auch eine andere

Kunst produziert. Die soziale, »reale«, außerkünstlerische Differenz garantiert keineswegs eine innerkulturelle, innerkünstlerische, ästhetische Differenz: Ein Kunstwerk, das aus einer »anderen« Kultur, kulturellen Schicht oder sozialen Situation stammt, kann sich im Kontext der Sammlung als völlig banal, konventionell, ästhetisch ununterscheidbar erweisen. Und umgekehrt: Innerhalb des gleichen sozialen Milieus können unter Umständen extrem unterschiedliche Kunstwerke entstehen, die durch unüberwindliche ästhetische Distanzen voneinander getrennt sind. Die Pluralität der Kunstphänomene ist nicht auf die Pluralität der von ihnen angeblich repräsentierten sozialen Gruppen zurückzuführen. Mit dieser Feststellung verliert die Kunst aber ihren Repräsentationswert.

Die Schwierigkeiten mit diesen und anderen vergleichbaren Antworten haben zu einem gewissen Zustand der Ratlosigkeit hinsichtlich der Frage geführt, nach welchen Kriterien Kunstwerke gesammelt werden und auf welche Weise ihr Wert in unserer Kultur entsteht. Es scheint daher naheliegend zu sein, zu versuchen, den Ausweg aus dieser Ratlosigkeit zu probieren, indem die Wertkriterien für das Sammeln und Aufbewahren der Kunstwerke nicht mehr außerhalb der Sammlung, sondern innerhalb der Sammlung und gemäß der immanenten Logik des Sammelns gesucht werden. Ein Kunstwerk wird nicht dann gesammelt, wenn es sich in der äußeren Realität als in dieser oder jener Hinsicht wichtig und wertvoll erwiesen hat, sondern erst dann, wenn es den internen Kriterien des Sammelns selbst entspricht. So wie ein Bild die äußere Realität nicht bloß abbildet, so bildet auch die Kunstsammlung in ihrem Ganzen die äußeren sozialen Zusammenhänge nicht ab, sondern folgt ihrer eigenen autonomen Logik.

Ein solcher Vorschlag verstößt auf den ersten Blick gegen die Hauptintention der modernen Kunstentwicklung: In der Tat protestieren die Künstler der Moderne ständig gegen die Macht der Sammlungen und der Sammler – und vor allem gegen die Macht der Museen, die in den Pamphleten der künstlerischen Avantgarde immer wieder mit Friedhöfen verglichen werden, wo Museumskuratoren als Totengräber arbeiten. Der Kampf der Moderne gegen die geschichtlich überkommenen, toten »musealen« Kunstkonventionen wird also im Kontext der künstlerischen Avantgarde als Kampf des Lebens gegen den Tod verstanden. Die Logik der Sammlung wird dementsprechend als die Logik des Todes, als tödliche Logik begriffen, der sich zu widersetzen die oberste Pflicht jeder lebendigen Kunst sein sollte. Eine wahrhaftig lebendige Kunst behauptet sich angeblich jenseits jeder musealen Konvention: Sie muß als äußerste Anstrengung des Lebens selbst begriffen werden. Nun ist es aber leider so, daß sich das Leben, solange es mit der kulturellen Logik des Todes nicht konfrontiert wird, nicht besonders anstrengt. Was bloß lebendig ist, ist ästhetisch banal. Das Leben wiederholt sich nämlich ständig. Erst vom Tod kann eine interessante Form erwartet werden. Wäre die Avantgarde tatsächlich von lebendigen Impulsen geleitet, hätte sie niemals etwas Originelles produziert. Jede kulturell bedeutende Produktion entsteht im Wettbewerb mit den Toten. Und so muß der Kunstproduzent sich zunächst als tot begreifen, damit er etwas für die Sammlung Wertvolles produzieren kann.

Die Voraussetzung für den avantgardistischen Kampf gegen die museale Sammlung war die Überzeugung, daß von den Museen nur die Kunst anerkannt und gesammelt wird, die sich in bezug auf die traditionellen Kriterien der künstlerischen Gestaltung und Qualität konform verhält. Das Museum wurde somit als Institution angesehen, die eine freie, originelle Kunst durch ihre kulturelle Übermacht verhindert. Dabei verhält es sich in Wirklichkeit genau umgekehrt. Dort, wo nicht gesammelt wird, ist es tatsächlich sinnvoll, dem Alten treu zu bleiben, der Tradition zu folgen, der zerstörerischen Arbeit der Zeit zu widerstehen. Früher hat man neue Kunstwerke im traditionellen Stil geschaffen, weil alte Kunstwerke ständig zerstört wurden. Wenn das Alte gesammelt und museal aufbewahrt wird, erübrigt sich eine solche Wiederholung und wird nicht mehr durch die Aufnahme in die Sammlung belohnt: Man braucht keine Wiederholungen gleicher Texte oder Bilder in den Sammlungen.

Die Museen des 19. Jahrhunderts waren von Anfang an – aber auf jeden Fall zum Ende des Jahrhunderts – ästhetisch sehr heterogen. Sie enthielten unterschiedlichste Beispiele europäischer, chinesischer, japanischer oder ägyptischer Kunst. Es war keine einheitliche Tradition mehr da, an die man sich hätte anpassen können: Vielmehr forderte die innere Struktur der musealen Sammlungen, in der jede historische Epoche durch einen nur für sie spezifischen ästhetischen Stil repräsentiert worden war, nach der Produktion neuer historischer Stile. Die historizistische Logik der musealen Sammlungen selbst hatte nach einer anderen, innovativen, alternativen Kunst verlangt, um diese Sammlungen zu erweitern. Die Avantgarde war von Anfang an die Antwort auf diese Forderung, denn eine die Tradition nachahmende, epigonale Kunst hatte keine Chance mehr, in den musealen Sammlungen einen Platz für sich zu beanspruchen: Sie wurde durch die museale Aufbewahrung der Tradition überflüssig.

Insofern die Avantgarde einen neuen historischen Stil schaffen wollte, hat sie – trotz ihrer oberflächlichen, vitalistischen Rhetorik – ihre eigene Gegenwart als eine schon tote, musealisierte Vergangenheit begriffen, die ihre besondere Stelle in einem musealen Vergleich aller Zeiten und aller Stile einnehmen sollte. Der Versuch, die Gegenwart und sogar, wie die Futuristen es wollten, die Zukunft ästhetisch zu repräsentieren, führte allerdings zur Entstehung einer Pluralität der Stilentwürfe, von denen keiner einen exklusiven Repräsentationsanspruch mehr erheben konnte. Zum ersten Mal in der Geschichte der Musealisierung wurde die ästhetische Repräsentation einer Epoche nicht mehr nachträglich festgelegt, sondern frei erfunden.

Einem zentralen historizistischen Vorurteil zufolge haben sich frühere, vormuseale historische Stile spontan und unreflektiert formiert, so daß im Museum bloß die Bedeutung dieser Stile für eine ästhetische Repräsentation des Geschichtlichen reflektiert werden könnte. Die Kunst der Avantgarde wurde dagegen von Anfang an im Blick auf ihre potentielle Position im historischen Vergleich produziert. Statt eine tatsächliche gesellschaftliche Entwicklung abzuwarten, um die durch sie eingetretenen ästhetischen Veränderungen festzustellen und zu musealisieren, begann die Avantgarde ihre künstlerische Aktivität in bewußter Opposition zur Kunst der Vergangenheit zu gestalten, um dadurch die Gegenwart und die Zukunft ästhetisch zu bezeichnen. Der museale Vergleich kommt hier nicht nach einer »natürlichen« ästhetischen Entwicklung, sondern dieser Vergleich geht einer solchen Entwicklung voraus, ermöglicht erst diese Entwicklung und bestimmt ihren Verlauf. Nicht die neue, außermuseal entstandene Kunst wird mit der alten Kunst verglichen, sondern der Vergleich findet vor dem Entstehen der neuen Kunst statt – und produziert überhaupt erst diese neue Kunst.

Die Kunst der Avantgarde ist Produkt eines solchen musealen Vergleichs, und ihre Formen sind so vielfältig, weil dieser Vergleich auf sehr unterschiedliche Weisen durchgeführt und interpretiert werden kann. Damit wird aber nachträglich deutlich, daß die ästhetische Repräsentation der Vergangenheit ihrerseits ebenfalls erst als Produkt des musealen Vergleichs zustande gekommen ist, denn aus der Masse der gewesenen Bildproduktion wurden nur die Beispiele ausgewählt, die eine bestimmte historische Epoche auf eine ästhetisch evidente Weise auszeichnen konnten. Alles Redundante und Sich-Wiederholende wurde dabei quasi-automatisch aus dem Blickfeld des Betrachters entfernt.

Im Museum werden also nur »Beispiele« gezeigt. Aber Beispiele wofür? Die »kreative« Minderheit, die diese Beispiele liefert, wird als solche dadurch ausgewiesen, daß sie sich im Verlauf der Zeit immer neu und anders darstellt. Die Mehrheit der Bevölkerung ist dagegen von dieser Pflicht entlastet – und darf wiederholen. Die historisch relevante Kunst einer Epoche ist damit nur für die Logik der musealen Darstellung repräsentativ und kann nur für diese Logik als Beispiel dienen – und nicht für die Epoche selbst, die von den Wiederholungen immer mehr als von den Innovationen bestimmt ist. Das gilt übrigens auch für die Zeiten, die von einer schnellen technischen, sozialen usw. Entwicklung beherrscht sind. Eine Rakete oder einen Computer nämlich kann man, wenn man will, mit den gleichen künstlerischen Mitteln darstellen wie auch einen Reiter auf dem Pferd. Es gibt keine notwendige Verbindung zwischen technischer und ästhetischer Innovation.

Die künstlerische Innovation entsteht also von Anfang an nicht als Ausdruck einer lebendigen künstlerischen Freiheit, die der gesellschaftlichen Aktualität ihrer Zeit einen Ausdruck geben will, sondern unter dem Zwang, anders und neu zu sein, der von der Sammlung auferlegt wird. Der Künstler muß das

Neue produzieren, um in die Sammlung aufgenommen zu werden. Dieser Zwang wird besonders in der Moderne oft durch die Rhetorik der künstlerischen Freiheit verdeckt. Die Verbindung zwischen Freiheit und Innovation wird dabei meistens auf eine sehr naive Weise aufgefaßt. Die wahre Freiheit des Künstlers bestünde eigentlich darin, sowohl das Alte wie auch das Neue produzieren zu dürfen. Solche Freiheit aber hat es in der Moderne nie gegeben. Die Wiederholung des Alten wurde vielmehr als Epigonentum, als Kitsch oder, wie man heute sagt, als Kaufhauskunst bezeichnet – und damit des Museums verwiesen.

Gerade die größten Künstler der Avantgarde haben immer wieder gefordert, daß in der Kunst alles erlaubt sein sollte. Kandinsky sagt, daß jede Form zugelassen sein darf, wenn sie auf den Betrachter wirkt. Tatlin behauptet, daß er weder das Alte noch das Neue, sondern das Nützliche anstrebt. Duchamp hat seine Readymades als die endgültige Abschaffung der traditionellen Grenzen der Kunst aufgefaßt. Aber gegen das Verbot der Wiederholung haben sich diese Stellungnahmen als machtlos erwiesen. Als Beweis dafür, daß in der Kunst alles möglich geworden ist, durfte der avantgardistische Künstler nur das Neue, das Noch-nicht-Ausgestellte anführen. Hat der Künstler dagegen versucht, wie etwa Malewitsch in seinen späteren Jahren, zum Alten zurückzukehren, wurde er sofort als Renegat kunstgeschichtlich disqualifiziert. Als einzig denkbare Entschuldigung darf in diesem Fall gelten, daß das Alte im Kontext der avantgardistischen Innovation zu wiederholen wiederum als eine Innovation interpretiert werden kann.

Die Kunst der Avantgarde kann also keineswegs als Ausdruck der persönlichen Freiheit eines einzelnen Künstlers gelten. Jeder Künstler der Avantgarde wechselte übrigens oft seinen Stil, um andere Künstler zu übertreffen, so daß vom »Authentischen« keine Rede sein kann. Der Künstler ging vielmehr strategisch vor und hatte immer die Gesamtsituation in Sicht, um sich selbst und seine Kunst in dieser Gesamtsituation besser zu situieren. Wenn die neue Kunst aber nicht als authentischer Ausdruck der Individualität des einzelnen gelten kann, darf sie genausowenig als Ausdruck ihrer Zeit oder ihrer Gesellschaft gelten. Vielmehr ist sie ihrer Zeit und ihrer

Gesellschaft immer fremd, weil sie sich auf die Sammlung der toten Kunst der Vergangenheit bezieht, deren Kenntnis Erfahrungen voraussetzt. Die Kunst der Avantgarde ist die Kunst einer elitär denkenden Minderheit, denn sie entsteht unter einem Zwang, unter dem die anderen, das breite Publikum eben, gar nicht stehen können. Das Publikum konsumiert die Kunst – und es kann in der Tat sowohl das Alte wie auch das Neue gleichermaßen konsumieren. Wer die Kunst produzieren will, muß sich dagegen sehr strengen Auflagen unterwerfen.

Der museale Raum der Sammlung ist also ungeschichtlich, obwohl – oder gerade weil – die Geschichte in ihm repräsentiert wird. Nicht die im »realen« geschichtlichen Leben entstandenen Kunstformen werden im Museum gesammelt, sondern die unter dem Druck der Sammlung produzierte Kunst wird in der außermusealen »Realität« verbreitet, vermarktet und konsumiert. Wir können also den Begriff der Innovation von seiner Verbindung mit der Linearität der geschichtlichen Zeit lösen – und damit lösen wir ihn auch von seiner Verbindung mit dem Begriff Fortschritt. Die Kritik am Fortschritt oder an den geschichtlichen Utopien der Moderne ist im Grunde die Kritik an der philosophischen Konstruktion einer linearen Zeit. Indem die künstlerische Innovation nicht mehr in den Termini der zeitlichen Linearität gedacht wird, entgeht sie jeder solchen Kritik. Und in der Tat passiert die Innovation nicht in der Zeit, sondern an der Grenze zwischen Sammlung und Außenwelt. Eine chinesische Statuette aus dem dritten Jahrtausend vor Christus kann für die Sammlung genauso neu – oder aber genauso nicht neu – sein wie Gegenstände aus Gegenwart und Zukunft. Die Grenzen der Sammlung fluktuieren ständig und sind offen für unterschiedliche Zeiten und Orte. Einzelne Innovationen, die darin bestehen, daß etwas in die Sammlung aufgenommen wird – oder aus ihr entfernt wird –, bilden daher keine lineare Geschichte, obwohl sie die ganze Verfaßtheit der Sammlung beeinflussen und die Logik späterer Innovationen verändern. Solche Veränderungen und Umstrukturierungen lassen sich aber nicht linearisieren, weil sie ihre eigene Vergangenheit immer erneut definieren oder sogar neu erfinden.

Die Innovation soll dabei nicht als Kreation verstanden werden. Der Mensch kann nicht aus dem Nichts schaffen – das bleibt ein göttliches Privileg. Deswegen sind alle Kunsttheorien mehr als problematisch, die das Kunstschaffen als Hervorbringung aus dem Nichts oder als Offenbarung des Verborgenen interpretieren wollen. Für eine Innovation liegt alles immer schon frei, unverborgen, zugänglich. Die Innovation besteht darin, daß etwas, das früher nicht in der Sammlung war, in diese Sammlung aufgenommen wird. Diese Beschreibung der Innovation verweist selbstverständlich in erster Linie auf das Readymade-Verfahren, das von Duchamp in die Kunst eingeführt wurde und heute die Kunstpraxis weitgehend beherrscht. Das Readymade-Verfahren soll aber nicht als eine bestimmte Kunstrichtung innerhalb einer Vielfalt anderer Methoden mißverstanden werden. Vielmehr ist das Readymade-Verfahren nur die Demonstration dessen, wie die Kunst immer schon produziert wurde.

Weder ein einzelner Künstler noch eine Institution sind übrigens berechtigt zu entscheiden, was als Kunst anerkannt wird und in die Sammlungen eingeht und was nicht. Das Readymade-Verfahren, das scheinbar die Subjektivität des Künstlers ermächtigt, die Entscheidungen darüber zu treffen, was Kunst ist, folgt eigentlich der äußeren Logik der Sammlung. Die Entscheidung vom Typ: »Dieser Gegenstand ist ein Kunstwerk« verlagert bloß die Forderung der Innovation vom Gegenstand auf die Entscheidung selbst. Der Künstler ist dann derjenige, der innovative ästhetische Entscheidungen trifft, wobei dem Publikum freilich das Recht zugestanden wird, alles zur Kunst zu erheben, was dem Publikum im Sinne des Bildkonsums gefällt. Dieses Recht bleibt allerdings für die Logik der Sammlung – und damit für die Geschichte der Kunst – folgenlos. Das Wachstum der Sammlungen folgt allein dem Gesetz der Innovation.

Das Kunstschaffen ist mit dem Kunstsammeln identisch. Das Readymade-Verfahren von Duchamp hat diese innere Identität zwischen Kunstschaffen und Sammeln dadurch anschaulich gemacht, daß die Readymades bei ihrer Valorisierung äußerlich gar nicht oder nur minimal verändert werden. So kann nicht mehr der falsche Eindruck entstehen, daß diese Veränderung, d. h. die gestaltende Intervention des Künstlers, und nicht die Logik der Sammlung die eigentliche Grundlage für die Wertschätzung der Kunstwerke bildet. Trotzdem findet eine solche gestaltende, künstlerische Intervention immer statt – und die Readymades Duchamps bilden hier übrigens keine wirkliche Ausnahme. Deshalb stellt sich die Frage, welches Ziel diese künstlerische Intervention hat. Für den Kunstkonsum, der gewissen Vorstellungen des Publikums hinsichtlich dessen entsprechen muß, was die Kunst ist und sein soll, interveniert der Künstler mit dem Ziel, sein Material den gängigen, traditionellen Regeln der Kunstproduktion anzupassen. In der Kunst, die für die Sammlung geschaffen wird, dient eine solche gestaltende Intervention dagegen zum Ziel, den jeweiligen ausgewählten profanen Gegenstand von allen möglichen Assoziationen mit der überkommenen Kunst zu bereinigen oder, anders ausgedrückt, diesen Gegenstand noch profaner zu gestalten, als er es in der profanen Realität immer schon ist.

Wenn man hört, daß heute in der Regel Nicht-Kunst statt Kunst produziert wird, ist das selbstverständlich richtig. Damit wird aber nicht gesagt, daß es sehr leicht ist, Nicht-Kunst zu produzieren. Es verhält sich nicht so, daß eine kleine Insel der Kunst von einem Meer der Nicht-Kunst umgeben ist, so daß es für den Künstler völlig genügt, einen kleinen Schritt über die Grenzen der anerkannten Kunst zu wagen, um an die Nicht-Kunst zu kommen. Die profane Realität ist von den Kunstprodukten übersättigt. Unsere visuelle Umgebung wird ständig künstlerisch gestaltet – und zwar im Sinne der Anpassung an die herrschenden Kunstvorstellungen. Darüber hinaus wurde sehr vieles aus dem profanen Bereich bereits ästhetisiert und in Sammlungen aufgenommen. Das bedeutet wiederum, daß es schwierig ist, in der profanen Realität das potentiell Neue zu finden, um dieses Neue in den Kontext der Sammlung zu stellen. Deswegen wird bei diesem »In-den-Kontext-Stellen« durch die Intervention des Künstlers am jeweils ausgewählten Gegenstand all das betont und anschaulich gemacht, was diesen Gegenstand in Opposition zu den schon bestehenden Vorbildern aus der Sammlung bringt. Bei einer solchen Intervention wird alles Kontrastive, Andere, Seltsame, Alternative herausgestellt, das beim oberflächlichen Betrachten unbemerkt bleibt. Die bewußten Stilisierungen der Bilder Wahnsinniger etwa sehen noch wahnsinniger aus als deren eigene Bilder. Und die Technik sieht in der Kunst noch technischer aus, das Spontane noch spontaner, das Häßliche noch häßlicher, das Primitive noch primitiver und das Exotische noch exotischer als in der profanen Realität.

Wir haben es hier mit einem Phänomen zu tun, das als negative Anpassung an die traditionellen Kunstregeln definiert werden kann. Man paßt sich diesen Regeln dadurch an, daß man mit ihnen bricht. Der Vorgang unterscheidet sich übrigens nicht wesentlich von der positiven Anpassung an die Regeln der Tradition, bei der diese Regeln möglichst strikt eingehalten werden. In beiden Fällen wird die Kenntnis der Regel vorausgesetzt, und der Bezug auf diese Regeln spielt bei der Herstellung des Werks eine entscheidende Rolle. In beiden Fällen ist das Ergebnis nicht die Darstellung der Realität, sondern eine Fiktion. Nur in einem Fall ist es die Fiktion einer positiven Anpassung, bei der das Leben genauso aussieht wie das überkommene künstlerische Ideal, wogegen im anderen Fall das Leben umgekehrt als Nicht-Kunst, als große Alternative, als das Andere dieses Ideals stilisiert und präsentiert wird. Die avantgardistische Nicht-Kunst ist genauso künstlich und nach bestimmten Regeln hergestellt wie die traditionelle Kunst – und das ist der Grund, warum beide gleichermaßen in den Sammlungen vertreten sein können.

Die Schwierigkeit der negativen Anpassung, d. h. der Produktion der Nicht-Kunst, wird mitunter – vor allem in letzter Zeit – nicht nur unterschätzt, sondern auch überschätzt, so daß immer wieder behauptet wird, daß nichts Neues mehr zu finden sei, da alle Grenzen überschritten und alle Tabus gebrochen sind: Die Sammlung unterscheidet sich angeblich nicht mehr von der profanen Realität. Diese Feststellung trifft aber nicht ohne weiteres zu. Es ist selbstverständlich richtig, daß die Kunst inzwischen sehr viel in sich aufgenommen hat, was früher als profan galt, und es ist ebenfalls richtig, daß die profane Realität mehr und mehr nach den Vorbildern der hohen Kunst gestylt, designed wird, so daß der Unterschied zwischen wertvollen Sammlungen und profaner Realität sich allmählich auflöst. Gleichzeitig darf aber nicht vergessen werden, daß Objekte der profanen Wirklichkeit, sofern sie in die Sammlungen gelangen, sich verändern – auch wenn sie »materiell« die gleichen bleiben. Diese Objekte werden nämlich in einem anderen Kontext und damit auch anders, neu gesehen.

Auch der Rückgriff auf alte, kunsthistorisch immer schon etablierte Stile, der in der sogenannten postmodernen Kunst praktiziert wird, ist kein Zeichen der Erschöpfung des Neuen. Der postmoderne Künstler fragt nach den Veränderungen, die die Kunststile der Vergangenheit in der profanen Realität der modernen Massengesellschaften und der Medien erfahren haben – und ästhetisiert diese Veränderungen. Dieser Vorgang wird oft mißverstanden, indem man meint, daß die postmoderne Kunst die Vergangenheit bloß zitiert. Dieser Vorwurf ist aber nicht berechtigt, denn zitiert wird nicht die Kunst der Vergangenheit selbst, sondern vielmehr die profanen Massenerscheinungen dieser Kunst in der Gegenwart, d.h. die Kunstklassik, die durch den Fleischwolf der Massenmedien und der Massenrezeption gegangen ist. Hier wird die Aufmerksamkeit von der Neuartigkeit der künstlerischen Form auf die Neuartigkeit des gesellschaftlichen, medialen, sprachlichen Umgangs mit der künstlerischen Form verlagert – und diese Verlagerung ist völlig legitim.

Es gibt aber einen noch viel tieferen Grund dafür, daß die Beschäftigung mit Nicht-Kunst nicht zum Verschwinden der Grenze zwischen Kunst und Leben oder zwischen Sammlung und profaner Realität führt. So wie jedes einzelne Kunstwerk der modernen Kunst viel profaner aussieht als Profanität selbst, so bildet die Sammlung insgesamt einen Raum, der profaner als die Lebenswelt ist. Besonders die heutige Kunst suggeriert das Bild der sehr weit fortgeschrittenen Entropie: Sie scheint beliebig, unverbindlich, grenzenlos pluralistisch und damit auch nicht mehr hierarchiestiftend zu sein. Man darf sich also nicht wundern, wenn die Frage nach dem Wert der Kunst gerade heute mit einer solchen Intensität gestellt wird und alle vorhandenen Sammlungen von totaler Abwertung bedroht sind.

Die traditionelle und immer noch gängige Vorstellung von der Kunst geht nämlich davon aus, daß im Kunstsystem Ordnungen und Hierarchien geschaffen werden, die der Kunst

Wert verleihen: Das Kunstwerk ist wertvoll, weil es höher steht als andere Gegenstände – und es ist höher, weil die Kunst hierarchische Ordnungen stiftet, die das Leben vermissen läßt. Daran hat sich auch in der Moderne wenig geändert. In der Absage an traditionelle Hierarchien, Vorbilder und Konventionen sieht man die Selbstbehauptung der menschlichen Freiheit, die neue Werte stiftet. Der neuen Kunst entspricht demnach eine neue Hierarchie, an deren Spitze der Nullpunkt der individuellen Freiheit steht. Gerade wenn die Kunst weder das äußere Bild des Lebens abbildet noch das innere Leben des Künstlers ausdrückt, kann der Kunst eine lebensfördernde Funktion zugeschrieben werden, die Nietzsche seinerzeit in der Tat als neue Begründung der Kunst behauptet hat. Die Kunst bekommt dadurch eine neue Berufung: noch lebendiger zu sein, als es im Leben möglich ist. Daraus ergibt sich eine Forderung an die Kunst, die die meisten modernen kunsttheoretischen Texte innerlich steuert: das zu leisten, was das Leben nicht leisten kann. Von der Kunst wird gefordert, eine unmögliche Utopie zu entwerfen, ein unmögliches Begehren oder das Sublime zu manifestieren, eine unerhörte Intensität zu erreichen, eine paradoxale Präsenz des Abwesenden anzudeuten, einen letzten Sinn oder eine letzte Sinnlosigkeit zu offenbaren, eine absolute Ordnung oder ein absolutes Chaos zu stiften oder alle derartigen Oppositionen zu dekonstruieren – und wenn das alles doch nicht geleistet werden kann, zumindest die Institution innerhalb der Institutionen zu kritisieren und sich selbst mit eigenen Mitteln zu reflektieren.

Aber auch wenn die künstlerische Subjektivität nicht mehr in der Mitte steht, weil sie aus dieser Position von verschiedenen Theorien des Unbewußten verdrängt wird, bedeutet es noch nicht, daß alle Hierarchien dadurch abgebaut werden. Die Theorien des Unbewußten schaffen ebenfalls ihre eigenen Hierarchien: In der Mitte steht jetzt die reine Materialität des Kunstwerks. Die Autonomie der Kunst wird demnach nicht mehr als Ausdruck der menschlichen Autonomie verstanden, denn der Mensch oder der Autor oder das Subjekt sind, wie bekannt, inzwischen für tot erklärt. Der Mittelpunkt der Kunst wird vielmehr vom Kunstwerk besetzt, das seine eigene Materialität jenseits jeder künstlerischen Absicht am konsequentesten manifestiert. Ein solches Kunstwerk soll, wohlgemerkt, nicht das Bild des menschlichen Unbewußten sein, sondern sein eigenes Unbewußtes sichtbar machen. Das »Schwarze Quadrat« von Malewitsch ist ein bekanntes Vorbild für die zahlreichen Versuche, den Nullpunkt der Malerei zu erreichen und das Unbewußte des Bildes zu offenbaren. Gerade wenn das Kunstwerk von allem Menschlichen, Allzumenschlichen gereinigt wird, bekommt es den höchsten Wert.

Das Gefühl der Krise aller Legitimationen, das heute so verbreitet ist, entsteht aus einem Zweifel an den Theorien sowie der Subjektivität wie auch des Unbewußten und seiner legitimierenden Kraft. Es scheint, als habe der Mensch von heute kein Unbewußtes mehr, weil ihm alles zugänglich geworden und erlaubt ist: Das Unbewußte ist vom »System« endgültig vereinnahmt. Auch autonome, referenzlose, bloß ihre eigene Materialität offenbarende Kunstwerke werden gesammelt. Und wenn man genug solcher Werke gesammelt hat – sammelt man andere. Das Unbewußte des Bildes zeigt sich dadurch als eine Form unter vielen anderen, genauso wie sich die Manifestation des freien künstlerischen Willens immer schon als eine Form unter anderen gezeigt hat.

Wenn heute etwas als Nullpunkt – und damit als Mittelpunkt – der Kunst dienen kann, dann nur das Museum selbst, das in der Kunst der letzten Jahrzehnte als »white cube«, als reine Leere reflektiert wurde. Man kann sich das Museum als leeren Raum ohne Kunstwerke vorstellen – und in einigen Installationen des Minimalismus oder bei Yves Klein ist diese Vision als visuelle Realität auch manifestiert worden. Es ist offensichtlich, daß diese Leere des musealen Raums die musealen Sammlungen innerlich strukturiert. Die Absage an das Modell des linearen Fortschritts bedeutet nämlich nichts anderes, als daß sich die heutige museale Exposition im diese Leere herum versammelt. Jeder Beobachter der heutigen Kunstentwicklung wird bemerken, daß ihre Dynamik sich daraus ergibt, daß jede Bewegung in eine Richtung fast unmittelbar eine gleichzeitige Bewegung in eine entgegengesetzte Richtung nach sich zieht: Wird in größeren Mengen eine asketische, konzeptualistische Kunst produziert, entsteht die Bewegung in Richtung einer bunten, expressionistischen Malerei usw.

Alle diese konträr zueinander laufenden Stilbewegungen lösen sich nicht mehr historisch ab, sondern werden gleichzeitig vollzogen. Zusammengenommen ergeben alle diese Bewegungen eine Nullsumme, den Zustand der Homäostasis, eine enthropische Leere. Es handelt sich nicht mehr um den Begriff der Mode, der immer noch eine zeitliche Linearität suggeriert. Es handelt sich um eine museale Leere, in der die Sammlung, indem sie die ganze Palette der entgegengesetzten künstlerischen Positionen darstellt, als Summe dieser Positionen die Null ergibt, die den Nullpunkt des leeren musealen Raumes wiederholt. Die museale Sammlung ist die Artikulation der Null in der Leere. Jede Sammlung strebt das Ideal der umfassenden Repräsentativität an. Eine umfassende Repräsentation der Kunst, die alle denkbaren Positionen mit einschließt, produziert aber insgesamt einen Nullpunkt. Gerade dieser Nullpunkt als Summe und als Mitte einer ideellen Sammlung verleiht dem sogenannten Kunstsystem seine relative formale Geschlossenheit, die nicht dadurch in Frage gestellt werden kann, daß man etwa auf die Abhängigkeit des musealen Raumes von der außermusealen, politischen Wirklichkeit verweist: Die eine solche Abhängigkeit reflektierende Kunst ergibt, wenn sie mit einer diese Abhängigkeit nicht reflektierenden Kunst summiert wird, die gleiche Nullsumme. Wird diese Nullsumme des Kunstsystems nicht gedacht, wird die Kunst bloß zum Teilsystem des gesellschaftlichen Ganzen, wie es in der Systemtheorie von Luhmann tatsächlich passiert: Die Kunst wird zur Kommunikation, ihr wird eine Aussage zugeschrieben, die zwar keine Nullaussage ist, aber trotzdem nicht eindeutig definiert werden kann, so daß das Ganze eine verworrene, wenn auch attraktiv mystische Dimension bekommt.

Trotz der geschichtlich mehrmals wiederholten expliziten Absage der modernen Kunst an die abbildende Funktion und an die Unterwerfung unter die sogenannte Realität, inklusive der Kommunikation, fällt es bis heute den meisten schwer, sich damit abzufinden: Zur Not wird diese Absage selbst als Ausdruck der Freiheit, des Unbewußten, der Utopie usw. interpretiert. Wie ich aber zu zeigen versucht habe, ist die Hypothese der menschlichen Freiheit für die Erklärung der Dynamik der modernen Kunst genauso überflüssig wie die Theorien des

Unbewußten. Diese Dynamik kann hinreichend aus der inneren Logik der Sammlung erklärt werden, ohne daß man sich auf das Wirken der äußeren Kräfte berufen müßte. Kunstwerke repräsentieren keine »realen« oder »lebendigen« Ordnungen. Das Wachstum der Sammlung folgt ausschließlich der inneren Logik des Sammelns.

Die Frage nach dem Sinn der Kunst läuft auf die Antwort hinaus, daß sie keinen Sinn repräsentiere – falls unter dem Begriff »Sinn« eine außerkulturelle, außerkünstlerische Realität gemeint ist, auf die Kunst verweisen könne oder solle. Auf der anderen Seite befindet sich die Kunst sicherlich in enger Komplizenschaft mit der außermusealen Wirklichkeit – vor allem mit der politischen Wirklichkeit. Der tiefere Bezug der Kunst zur Politik wird aber übersehen, wenn er als Sache eines persönlichen künstlerisch-politischen Engagements verstanden wird. Ein einzelner Künstler kann nämlich nicht frei darüber entscheiden, ob sein Werk politisch relevant ist oder nicht – er verfügt nicht über die Kriterien, die ihm erlauben würden, die politische Relevanz seiner eigenen Kunst einzuschätzen. Ein Kunstkritiker besitzt ebenfalls kein Kriterium zur Unterscheidung zwischen verschiedenen Kunstwerken hinsichtlich ihrer politischen Bedeutung und Funktion. Vielmehr ist die Sammlung, deren Logik die Kunst folgt, selbst eine bestimmende Figur des Politischen.

Die Politik findet in der Versammlung der Menschen statt, sie gehört zur Gestaltung des Kollektivs. Und die Menschen werden genauso versammelt, wie die Kunstwerke gesammelt werden. Die Art der Sammlung gibt dem sozialen Raum erst eine Form, in der sich die Politik entfalten kann. Die Sammlung bildet den Rahmen für die Versammlung oder für das Kollektive. Die Logik der Sammlung gestaltet und macht zugleich den Raum und die Zeit sichtbar, in denen sich das Politische abspielt. Die Kunst gibt dem Gesamtkontext des politischen Geschehens also eine bestimmte Form. Sie auf eine konkrete politische Einflußnahme innerhalb dieses Kontextes zu reduzieren bedeutet, ihre viel tiefere politische Rolle zu verkennen.

Zur Erläuterung des Gesagten möchte ich zumindest auf drei historische Formen der Sammlung verweisen, die ich eingangs schon erwähnt habe: Kirche, Palast und moderne Sammlung. In der Kirche oder im Palast werden, bei allen offensichtlichen Unterschieden, Kunstwerke streng hierarchisch präsentiert. Die Bedeutung eines jeden einzelnen Kunstwerks ist durch seinen Platz in diesen Hierarchien bestimmt. So werden die Versammlungen der Menschen dort entsprechend hierarchisch strukturiert. Und man kann sagen, daß auch jedes einzelne Kunstwerk in diesen Sammlungen deren allgemeine hierarchische Struktur in sich selbst wiederholt: Es wird genauso strukturiert und innerlich hierarchisiert wie der Raum der kirchlichen oder aristokratischen Sammlung als Ganzer. Die Voraussetzung für eine solche hierarchische Organisation bleibt aber, daß alle Elemente dieser Organisation durch andere substituiert werden können: Eine alte Freske oder eine alte Ikone können in einer Kirche ohne weiteres entfernt, zerstört und durch neue Ikonen und Fresken ersetzt werden, falls diese neuen Kunstwerke den gleichen religiösen Sinn vermitteln und sich auf der gleichen hierarchisch-geistigen Ebene befinden. Die Tatsache, daß die neuen Kunstwerke in ihrem Äußeren, d. h. unter der rein ästhetischen Perspektive gesehen, unter Umständen anders sein können, beeinflußt ihre hierarchische Position und damit auch ihren Sinn und ihren Wert nicht.

Die moderne Sammlung dagegen basiert auf dem Prinzip der Aufbewahrung des Alten, so daß die formal-ästhetisch unterschiedlich aussehenden Bilder nicht füreinander substituiert werden können. Für das moderne Museum genügt es nicht, daß die unterschiedlichen Bilder einen gleichen »geistigen Sinn« haben, um sie als identisch und substituierbar anzusehen. Entscheidend sind die äußeren, ästhetischen, formalen Unterschiede. Und zwei unterschiedliche Kunstwerke können ihrer Form nach nie völlig identisch sein. Deswegen werden auch die alten Kunstwerke museal aufbewahrt: Nicht nur ihre Aussage, die auch anders ausgedrückt werden kann, sondern vor allem ihre Form, die in allen ihren Einzelheiten unwiederholbar bleibt, macht ihre Identität aus. Die Zerstörung dieser Form kann also nicht durch die Umformulierung des Inhalts kompensiert werden. So werden alte und neue Formen als gleich aufbewahrungswürdig und ausstellungswürdig anerkannt, auch wenn sie ihrer Aussage nach, wenn diese nach den Kriterien des vorästhetischen Zeitalters eingeschätzt wird, tautologisch sind.

So findet das Neue in der Kollektion nicht anstelle des Alten, sondern neben dem Alten seinen Platz. Daraus ergibt sich eine Unmöglichkeit der Strukturierung und der Hierarchisierung, die den entropischen musealen Raum der Moderne charakterisiert. Der Raum der Kollektion, in dem das Neue mit dem Alten auf der gleichen Wertebene situiert wird, verliert dadurch seinen früheren hierarchischen Charakter: Er wird dehierarchisiert, neutralisiert, dekonstruiert, homogenisiert und dementsprechend auch unqualifizierbar, unbeschreibbar gemacht. Das moderne Kunstwerk reflektiert übrigens diesen neuen Raum der Kollektion in sich selbst genauso, wie früher die kirchliche oder die Palastkunst es getan hat. Das moderne Kunstwerk ist zunehmend auch in sich selbst dezentriert, dehierarchisiert, dekonstruiert, neutralisiert. Die moderne Kunst versucht nämlich immer wieder, den undefinierbaren, neutralen und sich deswegen jeder Darstellung entziehenden Raum der Sammlung in sich selbst aufzunehmen und im einzelnen Kunstwerk zu demonstrieren. Das gelingt aber nie vollständig, denn jedes neue Kunstwerk bekommt in diesem Raum der Kollektion einen eigenen Platz, den es in sich selbst nicht mehr reflektieren kann. Der eigentliche Raum der modernen Kunst ist der Raum der Kollektion, d. h. der Raum zwischen den Kunstwerken und nicht innerhalb dieser Kunstwerke.

Dementsprechend gestaltet sich auch eine moderne politische Versammlung. Der Mensch wird in der Moderne vor allem unter ästhetischen Gesichtspunkten aufgefaßt: Man betrachtet zwei Menschen als unterschiedlich, wenn sie unterschiedlich aussehen – auch wenn sie das gleiche denken, die gleiche gesellschaftliche Funktion erfüllen, den gleichen finanziellen Status haben usw. Nicht zufällig spielt die äußere Beschreibung des Menschen in den modernen Demokratien eine so große Rolle: Man denke an Fotos und Beschreibungen des Äußeren, wie Haut- und Augenfarbe, in Ausweisen. Indem jeder Mensch als eine reine Form, d. h. rein ästhetisch, d. h. als Kunstwerk, gesehen wird, entzieht er sich der Substitution (daher kommt die Angst vor der Klonierung des Menschen, die

die eigentliche Gefahr für das moderne Menschenverständnis darstellt und auf einer symbolischen Ebene durch die Musealisierung der Reproduktion seit der Erfindung der Pop-art bekämpft wird).

So erscheint die Menschheit unter dem museal erzogenen Blick als Kollektion unterschiedlicher Menschenformen, die in den demokratischen politischen Institutionen versammelt und repräsentiert werden sollen. Allerdings muß die demokratische Repräsentation ebenfalls als defizitär und provisorisch erlebt werden, weil sie viele ästhetische Unterschiede unter den einzelnen Menschen unterschlägt: Jede Repräsentation, inklusive der demokratischen, konstruiert einen Sinn, der es ermöglicht, unterschiedliche Menschenformen inhaltlich, d. h. identisch, aufzufassen. In jeder Gesellschaft gibt es nur eine relativ kleine Anzahl politischer Parteien oder Interessenverbände. Kein politisches System, inklusive des demokratischen, kann einen Menschen repräsentieren, der nur Vierecke und Dreiecke malt, oder einen Menschen, der Skulpturen aus Fett herstellt. Der moderne Künstler stellt eine Form her, die keinen Sinn hat, der sich wie auch immer repräsentieren ließe. Dadurch erweitert der Künstler den Raum der Menschenkollektion jenseits jeder Möglichkeit ihrer politischen Vertretung.

Der soziale Raum der Demokratie ist als musealer Raum der Sammlung gestaltet. Nur ist der Raum einer modernen Kunstkollektion in seiner Neutralität, Dekonstruiertheit und Entropie viel radikaler und viel größer als der Raum der politischen Repräsentation, der nach wie vor ziemlich eng und hierarchisch aufgebaut ist. Derjenige, der aus dem Museum in die Politik gehen wird, sucht also bloß nach mehr Gemütlichkeit und Übersichtlichkeit. Die Radikalität des Kunstraums sollte als Herausforderung an die Politik interpretiert werden, sich diesem Raum noch mehr anzunähern. Und darüber hinaus: In der Kunst ist die Menschenform selbst nur eine Form unter vielen anderen. Die Sammlung der Menschenformen, die die moderne Menschheit ausmacht, ist bloß ein Ausschnitt aus einer viel größeren Anzahl der unmenschlichen oder übermenschlichen Formen, unter denen das moderne Museum ebenfalls ein demokratisches Verhältnis der Gleichwertigkeit herstellt. So wie früher, etwa im Mittelalter, die menschlichen Hierarchien in die kosmischen und himmlischen Hierarchien eingeschrieben worden sind und daraus ihre Legitimation bekommen haben, so ist die Gleichheit der demokratischen Menschheit in die Nullsumme aller museal dargestellten Formen eingeschrieben. Das moderne Museum bietet dadurch sowohl die Legitimation der herrschenden demokratischen politischen Ordnung wie auch die Möglichkeit ihrer Kritik – genauso wie früher die Kirche die hierarchische Ordnung der weltlichen Macht sowohl legitimiert wie auch in Frage gestellt hat.

Die kürzeste Definition eines Raumes der modernen Sammlung wie auch dessen der modernen politischen Macht wäre also: er ist der Raum der Entropie. Diese Entropie der Kollektion ist allerdings genauso künstlich hergestellt wie die traditionelle hierarchische Ordnung. Der Begriff Entropie ist in der Regel negativ besetzt, weil man glaubt, daß das Leben, wie schon gesagt wurde, eine Ordnung braucht und daß die Entropie jedes Leben zu vernichten droht. Aber gerade diese Bedrohung, d. h. die Präsenz des Todes inmitten des Lebens, macht die Faszination der Entropie und des entropisierten Raums aus, denn die Sammlung ist ja sowohl ein Ort des Todes wie auch der Ort, an dem man versucht, den Tod zu überwinden. Die Kirche war ebenfalls ein solcher Ort des Todes, an dem man sich von der höheren Ordnung bedroht fühlte – und gleichzeitig auf eine Rettung hoffte. Früher verstand man den Tod als Subsumierung unter eine höhere hierarchische Ordnung. Heute versteht man den Tod als eine pure Auflösung in einer horizontalen Unendlichkeit – in einem neutralen Raum der Entropie. Der Raum der Sammlung ist also der Versuch, in der Entropie und durch die Entropie zu überleben – den entropischen Tod durch ihn selbst zu überwinden. Dieser Traum des Überlebens in der Entropie verursacht auch die Faszination der modernen Kunst insgesamt. Jeder Versuch, dieser Kunst eine neue, angeblich lebensfördernde Ordnung aufzuzwingen, gelingt nicht, weil ein solcher Versuch das eigentliche Problem übersieht und sich dadurch als naiv erweist.

Die Entropie greift nämlich tiefer als alle Oppositionen wie Chaos/Ordnung, Ekstase/Normalität, Originalität/Nachahmung, Sprechen/Schreiben, Verbrechen/Moral usw., mit denen Theorien operieren, die Kunst auf einen bestimmten Inhalt festlegen wollen. Durch den Prozeß des Sammelns werden alle diese Theorien nebeneinander gestellt und damit entropisch nivelliert. Unterschiedliche gegenwärtige Denk- und Stilbewegungen, die eine unreduzierbare Pluralität bilden, scheinen sich zu widersprechen und provozieren dadurch zum Kampf oder zur Wahl. In ihrem Ganzen bildet diese Pluralität aber den Zustand der Entropie, in dem der Raum der Sammlung sich entfaltet. Sie garantiert zugleich die Neutralität, die Unbeschreibbarkeit und die Nicht-Darstellbarkeit dieses Raumes, der von keinem einzelnen Kunstwerk wie auch von keiner einzelnen Theorie besetzt werden kann. Der unbesetzbare Nullpunkt dieser Pluralität steht deswegen jedem gleich offen – ohne Kampf und Wahl.

Der entropische Raum der Kollektion ist das größte und, wenn man will, das einzige Kunstwerk der Moderne. Die Gestaltung dieses Raumes vollzieht sich durch die kollektive Arbeit der Erweiterung und Veränderung der Sammlung, an der sich sowohl Künstler wie auch Kuratoren, private Sammler, Galeristen und Kritiker gleichermaßen beteiligen. Viel zu lange wurde die Aufmerksamkeit der Kunsthistoriker auf die individuellen Leistungen der modernen Künstler konzentriert. Die Rolle des Individuums wurde dabei maßlos überschätzt. Vielleicht erst jetzt kann man merken, daß gerade in der Moderne eine gewaltige kollektive Arbeit geleistet worden ist und daß die Heterogenität der einzelnen Beiträge im Endeffekt dem Ausbau eines einzigen unpersönlichen Raumes der musealen Kollektion diente, die unsere Zeit in ihrem Ganzen genauso gestaltet und auszeichnet, wie Kirchen- oder Palasträume die Vergangenheit gestaltet und markiert haben. In diesem Raum versammeln sich unterschiedliche Formen des Lebens um den Nullpunkt des Todes, den diese Formen allerdings in sich selbst tragen, weil sie in ihrem Ganzen eine entropische Nullsumme ergeben. So werden im Raum der Sammlung sowohl der anfängliche Big Bang einer explosiven Entfaltung aller Formen aus dem schwarzen Loch der Materie wie auch die eventuelle Implosion dieser Formen am Ende der Zeiten, d. h. der ganze kosmologische Mythos der Moderne, bildlich dargestellt.

Sammeln und gesammelt werden

Der Staat, aus dem ich ursprünglich komme, nämlich die Sowjetunion, hat sich vor relativ kurzer Zeit aufgelöst. Aber eigentlich hat sich die Sowjetunion selbst nie als Nationalstaat unter anderen Nationalstaaten verstanden, sondern vielmehr als Träger einer universalistischen, internationalistischen kommunistischen Idee. Die nationalen Identitäten und Interessen der großen Zahl unterschiedlicher Völker, die in den Grenzen der Sowjetunion gelebt haben, wurden deshalb diesem obersten Ziel untergeordnet: der Entstehung einer vereinten, kommunistischen Menschheit, die die Sowjetunion selbst eventuell überflüssig machen sollte.

Aber statt dieser strahlenden Zukunft führte die Auflösung der Sowjetunion bloß zur Entstehung einzelner Nationalstaaten auf ihrem früheren Territorium. Und erst infolge dieser Entwicklung konnte die Frage gestellt werden nach den national-kulturellen Identitäten dieser neuen Staaten und darüber, wie diese Identitäten in unterschiedlichen kulturellen Archiven, inklusive Museen, repräsentiert werden sollten. Mir scheint, daß wir im 20. Jahrhundert nicht den Zusammenbruch der Nationalstaaten beobachten, sondern vielmehr die Auflösung unterschiedlicher universalistischer Ideologien und imperialer Mächte, die sich mittels dieser Ideologien legitimieren wollten. Der Kommunismus war wahrscheinlich die letzte universalistische Ideologie dieser Art und die Sowjetunion der letzte Staat mit einem universalistischen Anspruch – beide landeten auf dem Müllhaufen der Geschichte.

Wie auch immer dieses Ereignis politisch beurteilt werden mag, es eröffnet eine neue Chance für das Museum, denn der Müllhaufen der Geschichte ist die Hauptquelle für die musealen Sammlungen. Die Übertragung der Artefakte aus der Realität in die musealen Sammlungen kann erst nach dem Zusammenbruch der alten sozialen Ordnungen beginnen, wenn Symbole der Macht, Zeichen des Kultus, der Ideologie und des Alltags ihre früheren Funktionen verlieren und sich in geschichtlichen Müll verwandeln. Das Museum hat seine moderne Gestalt als Folge der Französischen Revolution und der nachfolgenden Revolutionen und Kriege angenommen: Es wurde vom modernen Nationalstaat geschaffen, um die Überreste des *Ancien régime* vor der endgültigen Zerstörung zu retten. Symbolischer Erbe der alten übernationalen Ordnungen, die sich auf Religion und Tradition gründeten, ist das moderne Museum als System der universellen Repräsentation innerhalb eines nationalen kulturellen Kontextes aufgebaut oder als eine Art symbolischen Imperiums inmitten des Nationalstaates. Auch im Kontext der Moderne sammelt das Museum alles, was aus der Mode und aus dem Gebrauch kommt, sowie alles Fremde, Exotische, Andere. Das moderne Museum ist somit ein symbolischer Raum des Heterogenen im relativ homogenen Kontext des modernen Nationalstaates.

Und zugleich ist das Museum der Ort, an dem die kulturelle Identität des Nationalstaates definiert werden kann, denn es gibt keine andere Möglichkeit, die eigene Identität zu definieren als den Vergleich mit den anderen. Der Nationalstaat braucht diesen Raum der Heterogenität, um seine eigene Identität formulieren zu können. Und gleichzeitig stellt das Museum eine ständige Bedrohung dieser kulturellen Identität dar, weil im Museum alle möglichen kulturellen Formen präsentiert werden, die zu dieser Identität nicht passen. Diese ambivalente, paradoxale Position des modernen Museums gegenüber dem modernen Staat nährt zwischen beiden Institutionen eine permanente Gegnerschaft, stiftet aber zugleich eine ausgeprägte Komplizenschaft. Diese Situation ist eigentlich wohlbekannt und definiert das Museum als öffentliche Einrichtung.

In gewisser Hinsicht ist das Museum die charakteristischste Institution der Moderne. Man sammelte sicherlich immer, aber erst in der Moderne konnte das Museum, d. h. die staatliche Sammlung, ihre heutige zentrale kulturelle Position erlangen. Mit der fortschreitenden Aufklärung und Säkularisierung wurde es zunehmend schwieriger, sich auf das ewige Gedächtnis Gottes oder auf die ewigen Gesetze der Vernunft und der Natur zu verlassen, um Identität, inklusive kultureller Identität, dauerhaft zu sichern. Das ist der Grund, warum gerade in der Moderne ein künstliches Gedächtnis, ein kulturelles Archiv oder ein Museum geschaffen wurde, um Erinnerungen in körperlicher Form als Bücher, Bilder oder Artefakte zu erhalten. Die moderne Subjektivität kann sich nur noch durch das Sammeln definieren.

Da in der Moderne an keine metaphysische, vorgegebene Ordnung der Dinge mehr geglaubt wird, sind wir dazu gezwungen, diese Ordnung durch das Sammeln künstlich herzustellen. Susan Sontag hat einmal geschrieben, daß Karl Marx nur zum Teil recht behalten hat: Die Welt kann tatsächlich nicht mehr verstanden werden, aber die Welt kann auch nicht mehr verändert werden. Das einzige, was man tun kann, ist die Welt zu sammeln. Die metaphysische, religiöse oder ideologische Grundfrage von damals, nämlich die Frage »Was bleibt?«, ist zu einem technischen Problem des musealen Sammelns und Aufbewahrens geworden. Wir sind, was wir sammeln.

Aber diese Neubestimmung der Identität führt zu einigen unangenehmen Verwicklungen und Verstrickungen in praktische – und vor allem in finanzielle – Schwierigkeiten. Das Gedächtnis Gottes war nämlich nicht nur omnipräsent und ewig, sondern vor allem *kostenlos*. Der Zugang zu diesem Gedächtnis wurde durch gute Taten oder wahre Gedanken – und nicht primär durch die finanziellen Investitionen – eröffnet. Die musealen Sammlungen kosten aber Geld – und Geld ist nie in ausreichender Menge da. So werden wir mit einer ökonomischen oder vielleicht ökologischen, nicht aber metaphysischen Frage konfrontiert: Was soll aus dem ständig wachsenden Müllhaufen der Geschichte in den musealen Raum transportiert werden? Wohin mit dem ganzen kulturellen Müll? Wir sind heute in der Tat mit einer kultur-ökologischen Krise konfrontiert: Medien und Kulturindustrie produzieren einen Überfluß an kulturellen Artefakten, die durch die Macht der Natur und Zeit leider nicht mehr in genügender Masse zerstört werden. Auf die Frage: »Was bleibt?« gibt es nur noch eine Antwort: *Es bleibt zu viel.* So werden die Museen von heute Orte einer kultur-ökologischen Zensur: Ihre Funktion ist weniger, die zum Verschwinden verurteilten Artefakte der Vergangenheit zu retten, als vielmehr aus der Masse des sich anhäufenden kulturellen Mülls eine sinnvolle Auswahl zu treffen. Sinnvoll – aber in welcher Hinsicht? Die Museen sind Orte, an denen der kulturellgeschichtliche Müll zu kulturellen Identitäten verarbeitet wird. Somit sind die Museen kulturell-ökologische Wiederaufbereitungsanlagen, Recyclingmaschinen, die die Artefakte der Vergangenheit »präsentieren«, d. h. in die Zeichen der Gegenwart umwandeln. Dieser kultur-ökologische Vorgang bestimmt auch die Kriterien der Auswahl.

Welches sind diese Kriterien? Die Antwort hängt davon ab, wie das Endprodukt, also die kulturelle Identität, definiert wird. Die Arbeit der Museen ist auf jeden Fall sehr wichtig für das Funktionieren der heutigen Kultur – wie jede ökologische Arbeit überhaupt! Kulturelle Identitäten, wie sie Museen produzieren, werden später von der Politik, aber auch im Kontext der globalen Medienkultur verwendet; die Medien ihrerseits erzeugen heute so etwas wie ein virtuelles Weltmuseum. Als Orientierungshilfe in einer extrem heterogenen Realität schaffen die Medien so etwas wie eine kulturelle Weltkarte, auf der bestimmte Kulturregionen mit leicht erkennbaren Symbolen markiert werden: Pyramiden für Ägypten, Coca-Cola für Amerika oder das Lenin-Mausoleum für Rußland. Diese Symbole mußten aber zunächst einmal in den Museen ästhetisch recycelt werden, damit sie ihre mediale Rolle überzeugend spielen konnten: Pyramide und Mumien hätten ihre heutige universale Erkennbarkeit ohne Louvre oder British Museum nie erlangt, und auch die kulturelle Relevanz von Coca-Cola oder des Lenin-Mausoleums wäre ohne ästhetisches Recycling durch Andy Warhol und die russischen Soz-Art-Künstler nie wirksam geworden. Auf der anderen Seite beeinflußt das mediale, virtuelle Weltmuseum seinerseits die Gestaltung und das Funktionieren der traditionellen Hardware Museen, indem diese Museen unweigerlich dazu tendieren, sich in das virtuelle, universale Museum einzuschreiben, was hauptsächlich in zwei unterschiedlichen Varianten passiert: Im ersten Fall schafft man ein Museum, das im Kleinformat und entsprechend seinen finanziellen und sonstigen Möglichkeiten die Struktur des medialen virtuellen Weltmuseums wiederholt, so daß dort neben Mumien Andy Warhols Coca-Cola oder Reste des verblichenen Kommunismus zu finden sind – wie überall auf der Welt. Im zweiten Fall spezialisiert sich das jeweilige Museum auf ein bestimmtes regionales Thema und wird in diesem Sinne nicht mehr als Modell, sondern als Teil des weltumspannenden medialen Museums verstanden. In der Regel verfolgt man allerdings beide Strategien gleichzeitig, so daß das heutige Museum, wobei ich in erster Linie das Kunstmuseum meine, wie eine Kombination aus Bundestag und Bundesrat aussieht, d. h. regionale Belange wie auch internationale Kunstrichtungen repräsentiert.

Aber diese Homogenisierung gelingt nur zum Teil. Moderne Museen sind ihrer fundamentalen Beschaffenheit nach Sammlungen von heterogenen Gegenständen im homogenen Raum. Auch wenn diese Gegenstände nebeneinander hängen oder stehen, bilden sie trotzdem keine organische Einheit wie früher in der Kirche oder im herrschaftlichen Palast. Diese Abwesenheit der inneren organischen Einheit, diese unreduzierbare innere Heterogenität prägen nicht nur das moderne Museum, sondern auch die moderne Subjektivität als solche. Aber gerade diese Feststellung führt zu einer Frage, die merkwürdigerweise vielfach ausgeblendet wird, wenn man über das Verhältnis des Museums zu der in ihm repräsentierten kulturellen Identität, inklusive der national-kulturellen Identität spricht. Es handelt sich nämlich um die folgende Frage: Wenn wir über die Repräsentation der kulturellen Identität im Museum sprechen, meinen wir dann die Subjektivität des Sammlers oder die Subjektivität des Gesammelten? Es handelt sich hier um eine Differenz, die man immer wieder auszulöschen versucht, indem man vorgibt, sich selbst, seine eigene Geschichte zu sammeln und das museale Sammeln dadurch in eine selbstreflexive Praxis verwandeln zu können. Dieser Versuch gelingt aber nie – oder zumindest nicht vollständig oder dauerhaft.

Was repräsentieren der Louvre, das British Museum und alle anderen Museen, die nach ihnen entstanden sind? Manifestieren diese Museen die Subjektivität und die kulturelle Identität der Sammler, in diesem Fall der Staaten Frankreich und England während einer bestimmten Epoche ihrer Existenz? Das zu behaupten bedeutet allerdings den Anspruch dieser Museen auf eine neutrale, objektive Repräsentation der Weltgeschichte zu leugnen – den Anspruch, ohne den diese Museen überhaupt nicht relevant, nicht interessant sind. Im Sinne dieses

Anspruchs haben aber die entsprechenden Sammler selbst paradoxerweise gar keine feste Identität. So hat übrigens Hegel, der Vater des modernen Historismus, es auch gesehen: Das geschichtliche Bewußtsein, das sich u.a. in der Institution Museum manifestiert, reflektiert Geschichte, ohne selbst geschichtlich zu sein. Diese Hegelsche Vision des Absoluten Geistes als eines identitätsfreien Kurators seiner geschichtlichen Erinnerungen lebt übrigens auch heute noch im virtuellen weltweiten Medienmuseum, das als Museum ohne Autor, ohne individuellen Kurator, jenseits jeder bestimmten kulturellen Identität empfunden wird. Nur diejenigen, die in diesem Museum durch bestimmte Zeichen und Artefakte vertreten sind, also virtuell gesammelt und repräsentiert werden, bekommen Identität verliehen. Angesichts dieser inneren Spaltung der musealen Praxis müssen wir uns also fragen, was wir eigentlich wollen: Wollen wir sammeln oder gesammelt werden? Wollen wir Kuratoren werden oder Museumsgegenstände?

Die ganze kulturpolitische Sprengkraft dieser Frage kann freilich erst dann ermessen werden, wenn wir uns darüber klar werden, daß sowohl die überwiegende Mehrheit der auf dem Territorium der alten Imperien neu entstandenen Nationalstaaten und regionalen kulturellen Entitäten wie auch viele der alten Nationalstaaten Europas ihre Wahl eindeutig zugunsten des Gesammeltwerdens getroffen haben. Von allen Seiten hören wir heute Forderungen nach der Repräsentation national- oder regional-kultureller Identitäten. Dabei versucht jeder, der sich um eine solche kulturelle Repräsentation bemüht, sich von allen anderen Objekten in diesem virtuellen Museum möglichst deutlich abzugrenzen, damit seine eigene kulturelle Identität sichtbar und unverwechselbar wird. Die eigene Identität wird also definiert als eine spezifische kulturelle Form im Kontext anderer kulturellen Formen. Und das bedeutet wiederum nichts anderes, als daß die kulturelle Identität mit den Augen eines virtuellen Besuchers gesehen wird, der dieses virtuelle Museum aller kulturellen Formen betrachten kann. Die kulturelle Pluralität und der Kampf um die Repräsentation setzen also immer noch einen identitätslosen, musealen Blick voraus, der noch von Hegel thematisiert wurde.

Und dieser Rückgriff auf das 19. Jahrhundert oder auf noch frühere Zeiten ist nicht zufällig. Denn mit dem Ziel der Herstellung der kulturellen Identitäten werden Artefakte, Zeichen und Dokumente präsentiert, die auf die Zeiten vor der imperialistischen Eroberung, vor dem Aufkommen des Kommunismus oder des Nationalsozialismus verweisen, d. h. auf die Zeiten vor den Traumata, die diese Identitäten im Zuge der imperialistischen, universalistischen Projekte des 19. und 20. Jahrhunderts erlitten haben. Damit wird der Versuch unternommen, jene Zeiten zu überspringen und zu vergessen, in denen diesen kulturellen Identitäten Gewalt angetan wurde, die diese Identitäten unterdrückt, beschädigt oder sogar völlig ausgelöscht haben. Dabei wird allerdings vergessen, daß die fertigen Zeichen dieser angeblich ursprünglichen kulturellen Identität letztendlich den musealen Sammlungen entnommen sind, die ihrerseits ihre Entstehung den universalistischen Projekten der letzten zwei Jahrhunderte verdanken. Der universalistische Uniformierungszwang wird hier bloß durch einen nicht weniger universalistischen musealen Blick ersetzt. Die beschädigte, zerfallene, zum geschichtlichen Müll degradierte kulturelle Identität wird in den musealen Aufbereitungsanlagen recycelt, repariert und als fertiges Produkt nach Hause geliefert. So werden hier bloß ein Universalismus durch einen anderen, ein Imperialismus durch einen anderen ausgetauscht.

Natürlich ist es zu begrüßen, wenn die Zeichen der Vergangenheit vor dem Vergessen gerettet, gesammelt und zugänglich gemacht werden. Der Rückgriff auf die vormodernen Identitäten darf aber nicht zu einer Abwehrhaltung gegenüber der modernen Kunst führen, die mit den Traumata der eigenen kulturellen Niederlage in der Moderne assoziiert und als Zeichen des westlichen kulturellen Imperialismus angesehen wird. Diese Abwehrhaltung macht sich in vielen neuen Staaten bemerkbar, wobei dieses antimodernistische Ressentiment auch im Westen ein gewisses Verständnis findet. Die moderne Kunst manifestiert in der Tat die Auflösung der alten kulturellen Identitäten und bedroht damit deren vermeintliche geschichtliche Einmaligkeit, Originalität und Authentizität. Das gefällt den Hütern der national-kulturellen Identität sicherlich nicht, das gefällt aber auch dem internationalen Besucher des virtuellen Museums der Identitäten nicht, der sich nicht verwirren lassen will.

Deshalb entsteht eine wenig angenehme Komplizenschaft zwischen der fundamentalistischen nationalen oder regionalen kulturellen Zensur und dem internationalen kulturellen Tourismus, der heute die Besucher des weltweiten Museums der kulturellen Identitäten rekrutiert. Der postmoderne, globale, identitätslose Flaneur, der alle kulturellen Zeichen auf der gleichen Ebene plaziert, steht sicherlich jedem Anspruch auf die universale Wahrheit äußerst skeptisch gegenüber. Aber gerade diese grundsätzliche Skepsis erlaubt die Akzeptanz eines jeden kulturellen Standpunkts, sobald er sich als regional versteht und keine universale Geltung anstrebt. Und damit wird von diesem postmodernen Touristen auch der kulturelle Fundamentalismus akzeptiert, der eine absolute Wahrheit lediglich regional etablieren will. Gerade die Tatsache, daß die traditionelle Verbindung zwischen Wahrheit und Universalität heute aufgelöst wird, zeigt, daß die Welt von heute sich vollständig in ein virtuelles Kunstmuseum verwandelt hat, in dem wir schon daran gewöhnt sind, das Drama eines absoluten Anspruchs zu erleben, der sich allerdings bloß auf einige Quadratmeter einer Leinwand erstreckt und durch die weiße Wand hinter dieser Leinwand in den Augen des Besuchers gleich negiert wird.

Der postmoderne Tourist betrachtet dieses Drama mit einem müden, skeptischen Lächeln, aber er ist gleichzeitig nicht bereit, die entsprechenden Ansprüche völlig zurückzuweisen, weil er, wie ich gesagt habe, von Anfang an die ganze Welt als Museum sieht. Und jedes Museum ist so aufgebaut, daß die kulturellen Formen, die in ihm präsentiert werden, mittels bestimmter formaler und von außen identifizierbarer Verfahren voneinander unterscheidbar gemacht werden. Die konservatorische Arbeit des musealen Kurators besteht u. a. in der Stabilisierung und Sicherung dieser formalen Unterschiede. Der Museumskurator mag in dieser Hinsicht manchmal zu rigoros oder übereifrig sein, im Grunde aber bleibt er sympathisch, weil sein übertriebener Enthusiasmus letztendlich dem guten Zweck der Erhaltung der ihm anvertrauten kulturellen Identitäten dient. Einem museal trainierten Blick kommt ein regionaler fundamentalistischer Diktator, der seinen Untertanen eine stabile kulturelle Identität aufzwingt, wie ein etwas übereifriger, aber irgendwie doch sympathischer Kurator vor – denn wenn er seinen Eifer mäßigt, werden sich die entsprechenden Identitäten auflösen –, und die Welt wird langweiliger, eintöniger, einförmiger, nicht mehr so reizvoll, bunt und unterhaltsam wie früher. Der lokale fundamentalistische Identitätssucher und der internationale Tourist auf der Suche nach den kulturellen Differenzen sind also innerlich verbunden durch den gleichen musealen Blick. Die national-kulturelle Identität läßt sich deswegen auf dem internationalen touristisch-medialen Markt gut verkaufen, was inzwischen nicht nur die Kulturbürokratie der Dritten Welt, sondern auch einige westeuropäische Intellektuelle verstanden haben.

Da der Universalismus der modernen Ideologien heute durch den Universalismus der modernen Medien ersetzt ist, wird das Ideal der universalen Wahrheit von der Realität der universellen Zugänglichkeit abgelöst. Der universalistische, museale Blick führt mittlerweile zu einer Art negativem Universalismus. Hier entsteht eine innere Komplizenschaft zwischen dem musealen Blick und der repressiven Politik der Identität, die sich von allen äußeren Einflüssen, Beschädigungen und Verzerrungen reinigen will. Es wäre übrigens naiv, gegen diese restriktive Politik der nationalen Identität aus der Position des universalistischen Humanismus zu argumentieren.

Im Gegenteil: Hier wird ein musealer Blick von dem durchaus humanistischen Wunsch gelenkt, gesammelt und repräsentiert zu werden. Allerdings kann sich die moderne Subjektivität nicht damit begnügen, gesammelt und betrachtet zu werden – sie will selbst sammeln. Und das Sammeln hat seine eigenen Gesetze. Das wichtigste dieser Gesetze besteht darin, daß jede funktionierende Sammlung expandieren und ständig das Andere, das Fremde, in sich einschließen will. Das Sammeln ist beinahe per definitionem das Sammeln des Anderen, das in der Sammlung noch nicht da war: Das Tautologische, Redundante, Immer-schon-Bekannte ist dagegen für die Sammlung nicht mehr interessant. Die zentrale Position des Museums in der modernen Kultur erklärt deshalb, warum das Neue und das Andere in der Moderne – und vor allem in der modernen Kunst – vorgezogen werden. Indem das Museum die Artefakte der Vergangenheit aufbewahrt hat, hat es das Bedürfnis erzeugt, das Neue und das Andere zu entdecken, zu sammeln und den schon existierenden Sammlungen einzuverleiben. Das museale Sammeln ist der eigentliche Motor für die kulturelle – und vor allem künstlerische – Innovation in der Moderne, weil dieses Sammeln ständig eine Nachfrage nach den neuen Kulturprodukten erzeugte. Die Künstler der historischen Avantgarde am Anfang dieses Jahrhunderts haben gegen Museen und die sogenannte museale Kunst heftig protestiert. Und auch heute werden die Museen im Namen einer gerechten Repräsentation der anderen, Unterdrückten und Ausgeschlossenen kritisiert. Aber der eigentliche Protest der Künstler der Avantgarde galt nicht der Institution Museum als solcher, sondern vielmehr dem exklusiven Recht der Museumskuratoren, die Kunstgegenstände auszuwählen, zu sammeln und zu präsentieren. Die Künstler der Avantgarde wollten nicht bloß gesammelt werden – sie wollten selbst sammeln. Man kann das Aufkommen der modernen Kunst als Wechsel der Perspektive vom Sammlungsgegenstand zum Sammeln interpretieren: Der Künstler der Avantgarde hat den Kuratorenblick, den Sammlerblick verinnerlicht. So hat er begonnen, als Agent der Expansion der musealen Sammlungen zu fungieren, indem er ins Museum all das gebracht hat, was früher nicht gesammelt worden war. Der berühmte Springbrunnen von Duchamp, d. h. das Urinoir, war nur ein herausragendes Beispiel unter vielen anderen. Bald füllten sich die Museen mit dem Müll des modernen Lebens, den die Künstler der Avantgarde dort abluden. Die Kunst der Avantgarde wurde gerade deswegen zum festen Bestandteil der Museumslandschaft, weil sie in erster Linie der Expansion des musealen Systems diente. Die Künstler der Avantgarde waren in der Tat die besseren Kuratoren – und bald stellte sich heraus, daß die Produktion traditioneller, musealer Kunst am sichersten vor dem Museum schützte, denn diese Kunst war schon in den musealen Sammlungen genügend vertreten und wurde nicht mehr gebraucht.

Jetzt wird es deutlich, warum die Politik der kulturellen Identität notwendigerweise zum Konflikt mit der modernen

Kunst führt. Die Verfechter der kulturellen, inklusive nationalkulturellen Identität wollen nämlich die Perspektive des Gesammeltwerdens nicht verlassen. Sie empfinden sich selbst nicht als Sammler, der immer bereit ist, seine feste Identität zu opfern, um das Neue, Andere und Fremde zu sammeln, sondern als sich identisch bleibende Objekte der Betrachtung für den fremden Blick. Dagegen verändert sich der Sammler – und auch der Künstler als Sammler – ständig: Seine Identität fließt.

Die Opposition zwischen Sammeln und Gesammeltwerden, die das moderne Museum konstituiert, ermöglicht so, das Verhältnis zwischen Museum und Nationalstaat besser zu definieren. Historisch betrachtet sammelte der moderne Nationalstaat, vertreten durch die Museumskuratoren. Alles andere und alle anderen wurden gesammelt. Aber diese eindeutige Rollenverteilung gehört heute der Vergangenheit an. Seit den Zeiten der historischen Avantgarde leben wir zunehmend in einer Situation, in der wir sowohl sammeln wie auch gesammelt werden können, d. h. in einer gespaltenen Lage. Der Staat und seine Repräsentanten sind nicht mehr die einzigen Subjekte der Sammlung – wenn sie nicht zur direkten Gewalt greifen, um die modernen Strategien des Sammelns zu unterbinden. Diese Strategien gründen sich vor allem auf den Möglichkeiten der modernen Medien. Personalcomputer, Videorecorder, Kassettenrecorder und Online-Dienste verleihen dem einzelnen die Fähigkeit, nicht bloß ein imaginäres Museum aufzubauen, von dem noch Malraux gesprochen hat, sondern ein richtiges, wirkliches, individuelles Museum, das neue Datenträger zur Speicherung und Aufbewahrung der gesammelten Bilder, Texte und Musikstücke verwendet. Diese neuen Möglichkeiten des medialen Sammelns erweitern sich ständig.

Aber wenn es diese wunderbaren neuen Möglichkeiten des Sammelns gibt, warum hört das Gerede über die nationale kulturelle Identität doch nicht auf, sondern wird immer lauter? Warum will man immer noch gesammelt werden statt zu sammeln? Die Antwort besteht vielleicht darin, daß die sammelnde Subjektivität vor die beängstigende Frage gestellt wird, wie sie sich selbst in einem Museum manifestieren und aufbewahren lassen könne, wenn sie durch die ständige Expansion ihrer Sammlungen ihre eigene feste Identität verloren hat. Hegel wollte diese Angst der sammelnden Subjektivität vor dem Selbstverlust dadurch entkräften, daß er das Aufkommen des historischen Bewußtseins und die Entstehung des Museums als Ende der Geschichte begriffen hat. Der moderne Nationalstaat kommt für Hegel nach dem Ende der Geschichte. Und weil der Nationalstaat keine eigene Geschichtlichkeit mehr hat, kann er die ganze Geschichte als seine eigene Geschichte begreifen und sich im Anderen repräsentiert sehen, weil dieses Andere bloß eine Vorstufe seiner eigenen Entstehung darstellt. Damit werden Sammeln und Gesammeltwerden zu zwei Seiten der staatlichen Selbstrepräsentation. Nachdem die Avantgarde bewiesen hat, daß die Geschichte weitergeht, indem sie sich privatisiert und der privaten Subjektivität des einzelnen erlaubt, wie ein Staat zu agieren, d. h. in diesem Fall zu sammeln, kann die Spaltung zwischen Sammeln und Gesammeltwerden dagegen nicht mehr geschlossen werden. Im weiteren möchte ich zeigen, daß diese Spaltung die heutige museale Praxis bestimmt.

Unter anderem illustrieren die Versuche, den verblichenen Kommunismus zu musealisieren, das Dilemma des heutigen musealen Systems, denn diese Versuche führen in fast unüberwindbare Schwierigkeiten, die sich aus der Natur des modernen Museums ergeben. An der Oberfläche entstehen diese Schwierigkeiten dadurch, daß die Kunst der ehemaligen kommunistischen Länder sich dem musealen Blick als trivial, nichtinnovativ, nicht anders genug, nicht exotisch genug zeigt und daher in den musealen Kunstsammlungen keinen Platz finden kann. Ich erinnere mich noch sehr gut, wie hoch die Erwartungen der internationalen Kunstwelt waren, als der Kollaps der kommunistischen Regime – vor allem in Rußland – diese Kunstwelt erwarten ließ, daß jetzt eine völlig neue, exotische, authentische Kunst zu entdecken sei, die in der Isolation vom Westen entstanden war und deswegen endlich eine echte Chance für die westlichen Sammlungen bieten kann. Um so größer war die Enttäuschung, als sich herausstellte, daß weder die offizielle noch die inoffizielle Kunst der kommunistischen Länder sich von der westlichen Kunst auf der ästhetischen Ebene wesentlich unterscheidet. Die Hoffnungen auf eine Neuentdeckung, wie im Falle der japanischen oder afrikanischen Kunst am Anfang des Jahrhunderts, wurden enttäuscht, was eine gewisse Bitterkeit im westlichen Kunstmilieu hervorgerufen hat. Diese Enttäuschung ist aufschlußreich. Die kommunistische Zivilisation ist nämlich die erste moderne Zivilisation, die gestorben ist, und es ist anzunehmen, daß jede moderne Zivilisation ungefähr so endet wie die kommunistische. Deswegen ist es sehr signifikant, daß die kommunistische Zivilisation keine eigenen Monumente hinterlassen hat, die sich mit vormodernen Vorbildern messen lassen: keine ägyptischen Pyramiden, keine griechischen Tempel. Es ist aber auch nicht verwunderlich, denn in der Moderne werden die Kulturformen und Dinge nicht mehr eigenhändig produziert, sondern als fertige, massenindustriell – auch kulturindustriell – produzierte Readymades übernommen und individuell verwendet. Die moderne Subjektivität zeigt sich nicht durch die Produktion der Dinge, sondern durch ihre Verwendung. Das bezieht sich auch auf die Sowjetunion. Nicht die Dinge waren dort anders, sondern ihre Verwendung, die in der Tat sehr eigenartig war.

Wie kann man aber im Museum die Verwendung der Dinge zeigen – statt die Dinge selbst? Die moderne Subjektivität verschwindet bloß, wenn sie stirbt: Die Sammlungen, die sie gesammelt hat, werden aufgelöst, die Dinge aus diesen Sammlungen werden anders verwendet – es bleibt keine Leiche übrig, keine Pyramide, kein Tempel – nicht, was eine Dauerhaftigkeit hat, sondern bloß ein Müllhaufen, der entsorgt werden muß. Sich selbst hat die Sowjetunion übrigens als eine Art Weltmuseum begriffen. Der Kommunismus nahm für sich in Anspruch, die größten Errungenschaften der Menschheitsgeschichte für seine Zwecke zu verwenden. So blieb nach der Auflösung des Kommunismus im Grunde auch nichts übrig – wie nach der Auflösung eines immateriellen Gespenstes –, und der Kommunismus war von Anfang an entsprechend den berühmten ersten Worten des »Kommunistischen Manifestes« nichts anderes als bloß ein Gespenst, das die europäische Menschheit in Schrecken versetzt hat. Die Forderung nach der Schaffung einer eigenen, proletarischen, sozialistischen, formal-ästhetisch alternativen Kultur, die die russische postrevolutionäre Avantgarde immer noch erhoben hat, um diesem

Gespenst einen Körper zu geben, wurde bekannterweise abgelehnt. Die Sowjetunion der Stalinzeit wollte nicht gesammelt werden, sondern sammeln – am Ende der Geschichte, die als Geschichte des siegreichen Kommunismus verstanden wurde. Nicht zufällig wird nur die »proletarische« russische Kunst der früheren Jahre heute in den westlichen Museen gerne gezeigt: Wie kann man in der Tat Museum im Museum zeigen? Das ist allerdings die Frage, die für das heutige Museum von zentraler Bedeutung ist, denn es ist gerade die Angst der restlosen Selbstauflösung im Tod, die einen dazu bringt, das Gesammeltwerden dem Sammeln vorzuziehen. Noch Nietzsche hat gesagt, es sei besser, ein Kunstwerk zu sein als ein Künstler, weil dem Kunstwerk eine gewisse feste und aufbewahrungsfähige Identität zukommt.

Wir haben es hier mit dem Grundparadox des Museums zu tun: Museale Sammlungen dienen der Aufbewahrung der Dinge, aber diese Sammlungen selbst sind extrem unstabil, ohne eigene Identität, ständig im Fluß und unter der Gefahr der spurlosen Auflösung. In diesem Sinne ist das Sammeln ein Ereignis in der Zeit par excellence, obwohl die musealen Sammlungen dazu konzipiert sind, die Zeit zu überdauern. Es war eine der Illusionen des 19. Jahrhunderts, daß die musealen Sammlungen *permanent* sein können – eine Illusion, die u. a. mit dem Glauben an Dauerhaftigkeit und Allmacht des Nationalstaates verbunden war. Und es ist offensichtlich, daß die Ereignishaftigkeit der Sammlung inzwischen in der musealen Praxis selbst reflektiert wird, wobei ich sicherlich dabei vor allem an die Kunstmuseen denke.

Zunehmend ändert das Museum nämlich seine Bestimmung vom Ort der ständigen Sammlung zu einer Bühne für die wechselnden Großausstellungen, die wie Theaterstücke nur während einer gewissen Zeit aufgeführt und dann abgebaut und aufgelöst werden. Diese Großausstellungen werden in der Regel von individuell arbeitenden internationalen Kuratoren organisiert, die keinen eindeutigen staatlichen Auftrag haben und als Stars der internationalen Kunstszene weitgehend autonom agieren. Zusätzlich haben auch einzelne Künstler inzwischen angefangen, große Installationen zu inszenieren, die nur während einer gewissen Zeit gezeigt werden können und die im Unterschied zum traditionellen Kunstwerk ihre Identität nicht behalten, sondern aufgelöst werden. Sowohl die großen Wechselausstellungen wie auch die künstlerischen Großinstallationen sind im Grunde Museen auf Zeit: Sie sind Sammlungen der heterogenen Gegenstände in einem homogenen Raum, und sie vermitteln eine bestimmte historische Perspektive, die allerdings keiner staatlich beglaubigten Geschichtsschreibung entspricht, sondern eine subjektive Sicht der Dinge voraussetzt. Die Künstler und Kuratoren der heutigen Kunstszene sind ohnehin Migranten, die von einem Ort zum anderen ziehen, um ihren individuellen Umgang mit den Dingen zu demonstrieren – und die nationalen Grenzen dabei wenig beachten. Wenn die Ausstellungen oder Installationen abgebaut werden, bleibt von ihnen vielleicht nur ein Katalog oder eine Videoaufzeichnung übrig. Damit wird die Vergänglichkeit nicht nur in der Geschichte, sondern auch jeder geschichtlichen Ordnung demonstriert. Die Geschichte selbst wird geschichtlich. Die Forderung nach der Einschreibung einer kulturellen Identität in ein festes System der Repräsentation, die im Namen einer kulturellen, nationalen oder sonstigen Minderheit immer noch und immer wieder erhoben wird, verliert dadurch übrigens jeden Sinn, denn dieses Repräsentationssystem selbst beginnt zu fließen, wird vergänglich, verliert seine allgemeine Verbindlichkeit und erweist sich als von den jeweiligen subjektiven Entscheidungen eines Kurators oder eines Künstlers abhängig. Es gibt kein verbindliches universelles Repräsentationssystem mehr, so daß es nicht mehr lohnt, für einen Platz in diesem System zu kämpfen.

Museen wurden ursprünglich als Orte der Stille und der Beständigkeit konzipiert – inmitten des ständig und schnell fließenden modernen städtischen Alltags. Heute, wenn wir als Touristen in eine Stadt kommen und fragen, was es in dieser Stadt Neues gibt, erwarten wir in erster Linie die Antwort: Es gibt eine neue große Ausstellung. Die Zeit im Museum fließt heute schneller als jenseits seiner Mauer – in der Stadt selbst passiert in der Regel eben nichts Besonderes. Das Museum wird heute erlebt als ein privilegierter Ort der kulturellen Veränderung, des Ereignisses, der Innovation. Man trifft sich bei einer bedeutenden Vernissage, wie man sich früher bei einer bedeutenden Theater- oder Opernpremiere getroffen hat. Allerdings werden heutzutage immer die gleichen Opern aufgeführt – aber sehr unterschiedliche Ausstellungen. Diese Theatralisierung des heutigen Museums wird oft als seine Degradierung erlebt und beklagt. In dieser Theatralisierung sieht man nämlich nur ein Zugeständnis an Unterhaltungsindustrie und Medien. Die Theatralisierung des Museums hat aber einen anderen Ursprung: in der Performancekunst der 60er Jahre. Bloß handelt es sich heute nicht mehr um eine Kunstrichtung unter vielen anderen, sondern um die Verschiebung im System der musealen Repräsentation selbst. So manifestiert die Theatralizität, wenn man so sagen darf, der heutigen Ausstellungspraxis vor allem die Reflexion der Vergänglichkeit der Sammlung als Sammlung. Wir sind heute mit einem fließenden Museum, einem fließenden kulturellen Archiv konfrontiert, das alle Identitäten unsicher macht und unterwandert. In diesem Fluß sollen alle kulturellen Identitäten ständig neu definiert werden.

Vielleicht wirkt diese neue Situation des Museums auf einige frustrierend – ich sehe darin eine große Chance für die moderne Subjektivität. Jede Politik der kulturellen, inklusive der national-kulturellen, Identität, sei sie von links oder von rechts betrieben, ist in diesem fließenden Museum, wie gesagt, zum Scheitern verurteilt, denn es ist sinnlos und hoffnungslos, eine Identität fixieren zu wollen in einem Kontext, der selbst fließt. Auf jeden Fall kann der Nationalstaat diesen Kontext nicht mehr stabilisieren: Dazu fehlt ihm nicht nur das Geld, sondern auch der Wille. Das Museumsgeschäft wird zunehmend der Initiative des einzelnen überlassen – vor allem eines einzelnen Kurators, d. h. seiner Fähigkeit, Sponsoren zu finden, seiner Fähigkeit, das Interesse der Medien zu wecken, seiner Fähigkeit, eine innovative, originelle, attraktive Sicht der Dinge vorzuschlagen. Die Wechselausstellung oder die Großinstallation entspricht nämlich in ihrer inneren Beschaffenheit genau dem Grundparadox des Museums. Es handelt sich jeweils um eine Sammlung, die sich zeigt, d. h. es handelt sich jeweils um einen Versuch, die Perspektive des Sammelns und des Gesammeltwerdens zu versöhnen, die Differenz zwischen ihnen zu überbrücken. Das gelingt immer wieder – aber das gelingt nur vorübergehend, als Ereignis, auf Zeit. Dann zeigt sich die Differenz wieder, die Ausstellung oder die Installation löst sich auf – und eine andere Ausstellung soll neu konzipiert werden. Eine endgültige Versöhnung, eine endgültige Identität zwischen Sammeln und Gesammeltwerden, die Hegel angestrebt hat und die als eine permanente museale Sammlung vom Nationalstaat garantiert werden sollte, hat sich als unmöglich erwiesen. Man kann dieser Unmöglichkeit freilich widerstreben und versuchen, die staatliche Autorität und die Endgültigkeit der musealen Auswahl mit Begriffen wie »Qualität« oder »Tradition« oder eben »kulturelle Identität« vor dem Fluß der Zeit zu schützen, aber ich glaube nicht, daß dieser Schutz je gelingt. Vielmehr wird die schützende Macht einmal vom Winde verweht, wie es vor unseren Augen mit dem real existierenden Sozialismus tatsächlich geschehen ist.

Fundamentalismus als Mittelweg zwischen Hoch- und Massenkultur

Das Phänomen des modernen Fundamentalismus ist sicherlich zu vielschichtig, um in einem einzelnen Essay behandelt zu werden. So werde ich mich auf einen Aspekt konzentrieren. Ich möchte fragen, welchen Reiz der moderne Fundamentalismus auf einen Intellektuellen oder einen Künstler von heute ausübt. Zumindest für mich ist es evident, daß es einen solchen Reiz gibt. Viele Künstler und Intellektuelle haben heute nämlich – bei aller moralisch motivierten Ablehnung des Fundamentalismus – ein unbestimmtes Gefühl, daß der Fundamentalismus eine gewisse, wenn vielleicht auch falsche Antwort auf eine für sie wichtige Frage bietet. Und meine Frage ist die Frage nach dieser Frage: Woher kommt das Bedürfnis nach dem Fundamentalismus in der heutigen Kultur? Oder anders gesagt: Ich möchte hier zeigen, daß der Fundamentalismus ein durchaus modernes Phänomen ist, das aus der inneren Problematik der Moderne geboren ist, und nicht bloß ein Rückfall in die vormodernen Zeiten, der durch eine intensivierte Modernisierung überwunden werden kann.

Meine Hypothese behauptet, daß jene Sehnsucht, die den Fundamentalismus nährt, aus der Spaltung der modernen Kultur in die Hoch- und Massenkultur entsteht. Diese Spaltung ist für die Moderne aber nicht nur charakteristisch, sondern konstitutiv: die Moderne ist in gewisser Weise nichts anderes als diese Spaltung. Zugleich ruft diese Spaltung akute Frustration auf beiden Seiten hervor. Ernsthafte Autoren der Hochkultur fühlen sich durch diese Spaltung vom Massenpublikum getrennt und damit marginalisiert. Die Idole der Massenkultur wollen dagegen ernst genommen werden. So suchen alle nach dem Fundament einer neuen Kultur, in der das Ernsthafte populär und das Populäre ernsthaft werden könnte. Die Suche nach einem solchen verborgenen Fundament aber führt in den modernen Fundamentalismus.

Die traditionelle Kunst und Kultur waren inhaltlich auf bestimmte Themen begrenzt: in der Darstellung oder in der Reflexion beschäftigte man sich mit dem Sakralen, mit der Pracht der Macht, mit bestimmten »hohen« Gefühlen, »wahren« Gedanken, »schönen« Gegenständen usw. Diese Teilung des Lebens in zwei Bereiche – denjenigen, der theoretisch und literarisch behandelt werden durfte, und den, der es nicht durfte – wurde im Laufe der Moderne zunehmend als eine Zumutung empfunden, als eine willkürliche, rein äußerliche Begrenzung, die es zu überwinden galt. Und in der Tat wurden mit der Zeit alle einschlägigen Tabus gebrochen, alle Grenzen überwunden: deshalb das heutige Gefühl, daß »anything goes«, daß alles zum Gegenstand der Diskussion oder zum Gegenstand der Kunst, d. h. eigentlich zum Kunstwerk, gemacht werden darf – und gemacht wird.

Es ist vielleicht nur eine Kleinigkeit übriggeblieben: die Spaltung nicht des Inhalts der Kultur, sondern der Kultur als Form in eine hohe und eine niedrige Kultur oder in Avantgarde und Kitsch oder in reine und kommerzielle Kunst – es gibt unterschiedliche Möglichkeiten, diese Spaltung zu bezeichnen –, die es immer noch zu überwinden gilt. Aber diese Aufgabe, weil sie eine rein formale ist, scheint keine so große, heroische Anstrengung mehr zu erfordern wie die historischen, inhaltlichen Kämpfe der Moderne von damals. Offenbar genügt eine gewisse postmoderne Ironie, um zu hohe Ansprüche der hohen Kunst zu relativieren, in der Massenkultur ein Reich des Begehrens zu entdecken und damit einen weltweiten, homogenen kulturellen Raum zu schaffen, der keine Spaltungen und Unmöglichkeiten kennt und in dem sich der einzelne sowohl inhaltlich wie auch formal völlig frei in alle Richtungen bewegen kann.

Mir scheint allerdings, daß die Postmoderne hier ein Versprechen gibt, das sie nicht einlösen kann, und eine Hoffnung weckt, die enttäuscht werden muß. Und der Fundamentalismus jeglicher Art ist für mich ein Versuch, die Einlösung dieses Versprechens mit Gewalt statt Ironie zu erzwingen. Um das deutlich zu machen, möchte ich aber zunächst einmal auf die Frage eingehen, wie die Spaltung in die Hoch- und Massenkultur (high and low) funktioniert, wie sie entstanden ist und warum diese Spaltung mir so zentral zu sein scheint. Gleichzeitig möchte ich zeigen, wie sich das Fundamentale, wie es in der früheren Moderne gedacht worden ist, sich von dem unterscheidet, was wir heute, in der Postmoderne, als Fundamentalismus bezeichnen und inwieweit auf der anderen Seite die heutige Figur des Fundamentalismus in der Nachfolge der modernistischen Suche nach dem Fundamentalen steht.

Mit diesem Ziel möchte ich zunächst einmal an einen relativ kurzen Text erinnern, der die Spaltung der modernen Kultur zum ersten Mal und, wie es mir scheint, in einer bis jetzt immer noch unübertroffenen Weise beschrieben hat. Ich meine hier den Essay von Clement Greenberg aus dem Jahre 1939 mit dem Titel »Avantgarde und Kitsch«. Greenberg leitet diesen Text mit der Feststellung ein, daß die Kultur von heute zwei unterschiedliche Typen der Kunstprodukte erzeugt, die sich nicht unter einen Begriff subsumieren lassen. Seine ersten Beispiele sind: ein Bild von Braque und ein Titelblatt der Saturday Evening Post. Beide reagieren auf die Lage der Kunst in der Moderne, aber sie tun es in unterschiedlicher Weise. Nachdem die Kunst die ganze Welt ästhetisiert hatte, ist sie an ihre Grenzen gestoßen und spaltete sich innerlich. Die Avantgarde nimmt, nach Greenberg, das Kunstwerk selbst zu seinem Gegenstand: Sie verzichtet auf jeden äußeren, »realen« Inhalt und beschäftigt sich mit der Materialität des Kunstwerks selbst, mit seiner eigenen technisch-materiellen Beschaffenheit. Denn das Kunstwerk ist nicht nur ein Bild der Dinge, sondern es ist seinerseits ein Ding unter anderen Dingen – und die Avantgarde untersucht gerade die technischen Verfahren, durch die Kunstwerke wie alle anderen technischen Dinge hergestellt werden. Greenberg sagt, die Avantgarde imitiere die Kunst, die die Welt imitiert – und die Avantgarde ist imstande, die Kunst zu imitieren, weil die Kunst auch ein Teil der Welt ist.

Der Kitsch analysiert dagegen das Kunstwerk nicht, sondern setzt es in seiner Wirkung strategisch ein, wobei diese Wirkung im voraus bekannt ist: Das Kunstwerk ist in der Moderne ein gut erprobtes Instrument der sozialen Beeinflussung. Das bedeutet, daß im Rahmen des Kitsches das Kunstwerk ebenfalls – wie auch im Rahmen der Avantgarde – als ein technisches Ding aufgefaßt ist. In dieser Hinsicht sind Avantgarde und Kitsch identisch und gehören beide der Moderne an. Und so bringt Greenberg seine Analyse auf die berühmt gewordene Formel:

»Wenn die Avantgarde die Prozesse der Kunst imitiert, imitiert der Kitsch ihre Wirkungen.« Inmitten der modernen Kultur entsteht also eine Kluft, die nicht zu überbrücken ist: entweder macht man Avantgarde, oder man macht Kitsch. Avantgarde und Kitsch gleichzeitig zu praktizieren ist nach Ansicht Greenbergs strukturell unmöglich: wird das Kunstwerk analysiert, wird seine Wirkung suspendiert. Der Kitsch dient unmittelbar dem Begehren des Publikums: Sein Ziel ist eine symbolische Wunscherfüllung. Die Avantgarde ist dagegen asketisch, reflektiv, analytisch – und wirkungslos. Die Analysen von Greenberg erinnern sicherlich an die Analysen Adornos – aber die Dramatik, die das Kunstverständnis Adornos auszeichnet, ist Greenberg völlig fremd. Eine Kunst, die die Zerrissenheit der modernen Seele und ihre utopischen Aspirationen demonstriert und die für Adorno dadurch zur Kunst der Avantgarde wird, bleibt für Greenberg offenbar im Bereich des Kitsches. Das Kriterium der Unterscheidung liegt nicht darin, ob die Kunst eine Harmonie in affirmativer Absicht oder eine Disharmonie in kritischer Absicht demonstrieren will. Wenn eine Kunst überhaupt etwas demonstrieren, etwas ausdrücken will, gehört sie nach Greenberg zum Kitsch.

Obwohl Greenbergs Analyse theoretisch-neutral klingt, so daß sowohl Avantgarde wie auch Kitsch zu legitimen Aktivitäten nach dem Ende der traditionellen Kunst erklärt werden, bevorzugt er offensichtlich die Avantgarde – und zwar weniger aus ästhetischen als vielmehr aus moralischen Gründen. Die Avantgarde ist vor allem im moralischen Sinne rein: selbstgenügsam, selbstreferentiell, autonom. Der Kitsch ist dagegen manipulativ und strebt nach dem Äußeren. Diese moralische Präferenz zeigt sich aber in ihrer wahren Tragweite erst dann, wenn Greenberg in seiner Reflexion den vertrauten Bereich der westlichen, in sich gespaltenen Kultur verläßt und sich der Analyse der totalitären Kulturen des nationalsozialistischen Deutschlands und der Sowjetunion zuwendet, wobei die Problematik der sowjetischen Kultur eindeutig im Zentrum seiner Argumentation steht.

Die Analyse der totalitären und vor allem der sowjetischen Kultur ist für die Frage nach der Unterscheidung zwischen Avantgarde und Kitsch, wie sie von Greenberg vorgenommen wird, von eminenter Bedeutung: Es handelt sich nicht um einen Fall unter vielen anderen, sondern um einen Testfall für seine Theorie. Wie bekannt, erklärt Greenberg die ganze totalitäre Kunst, inklusive der sowjetischen Kunst, für Kitsch, da diese Kunst darauf ausgerichtet ist, bestimmte propagandistische Wirkungen zu erzielen. Das leuchtet sicherlich unmittelbar ein – und ist in einem gewissen Sinne auch richtig. Nur: Avantgarde und Kitsch werden bei Greenberg als Effekte der Spaltung inmitten der modernen Kultur definiert. Es handelt sich dabei um einen Dualismus, der eben nur als Dualismus überhaupt einen Sinn hat. Wenn aber gesagt wird, daß die ganze totalitäre Kultur *nur* Kitsch ist, dann verliert das Wort Kitsch sofort seine theoretische Relevanz und wird zum Instrument eines bloß moralischen Urteils: Das bedeutet dann eigentlich, daß die totalitäre Kunst moralisch schlecht ist. Damit wird aber das Totalitäre der totalitären Kultur nicht gedacht, nicht reflektiert. Denn dieses Totalitäre besteht gerade im Versuch, die Spaltung der modernen Kunst in Avantgarde und Kitsch zu überwinden, die entsprechende Grenze auszulöschen und einen homogenen – eben totalen – kulturellen Raum zu schaffen.

Dabei wurde das Projekt, die Spaltung der modernen Kultur zu überwinden, ursprünglich im Kontext der Avantgarde selbst formuliert. Von Anfang an haben Künstler und Theoretiker der Avantgarde die Entstehung dieser Spaltung gesehen – und von Anfang an haben sie diese Spaltung als eine neue und unzumutbare Begrenzung ihrer Kreativität empfunden, die anstelle der alten Tabus und Grenzen aufgetreten ist. Die formale Analyse des Kunstwerks war für die Künstler der Avantgarde nie ein Selbstzweck, sondern eine Vorstufe zur Entdeckung einer universalen formal-technischen Beschaffenheit der Kunst jenseits aller ihrer historischen, nationalen, regionalen, stilistischen und sonstigen inhaltlichen Bestimmungen. Das »Schwarze Quadrat« von Malewitsch ist beispielsweise eines der Ergebnisse dieser Analyse – das transzendentale Schema jedes möglichen Bildes sozusagen –, aber das »Schwarze Quadrat« wurde gleichzeitig von Malewitsch als Ausgangspunkt für eine neue Kunst gedacht, die die alte Kunst nicht nur analysieren, sondern auch eventuell ersetzen sollte. Hier wird das technische

Fundament der alten Kunst freigelegt, das früher von mannigfaltigen Formen der Tradition verdeckt wurde, damit die Zukunft auf diesem Fundament eine neue einheitliche Kultur bauen kann. Die Avantgarde ist nicht nur analytisch und universal, wie Greenberg meint – sie will auch fundamental sein: Ihre analytischen Entdeckungen sollen das einheitliche Fundament der neuen Kultur bilden, die für den Kitsch keinen Raum mehr haben soll. Diesen Fundamentalanspruch der Avantgarde übersieht Greenberg in seiner Analyse. Malewitsch würde die Greenbergsche Dualität von Avantgarde und Kitsch, die ihre Gleichberechtigung suggeriert, nie akzeptieren. Der Kitsch sollte für Malewitsch einfach verschwinden, um den Platz zu räumen für eine neue Kunst, die analytisch und zugleich unerhört wirksam sein sollte, indem sie infolge der vorher geleisteten analytischen Arbeit die Fähigkeit erworben hat, die Bedingungen ihrer Produktion und Rezeption selbst zu bestimmen. Malewitsch ist hier nur ein Beispiel unter vielen anderen. Das Bauhaus, de Stijl und alle anderen Richtungen der radikalen Avantgarde wollten den Lebensraum des Menschen in seiner Totalität neu gestalten und damit die Wirkung der Kunst mittels einer direkten Manipulation des menschlichen Unbewußten radikal steigern.

Der sowjetische Kommunismus war ebenfalls ein Versuch, die Totalität des Lebens zu gestalten und das Unbewußte des Menschen zu verändern, indem der Mensch in einen neuen, völlig anderen Lebenszusammenhang plaziert wurde. Zugleich denkt die sowjetische Ideologie den Kommunismus als Freilegung der universalen, fundamentalen Bedingungen des gesellschaftlichen Lebens, die früher unter allen möglichen historischen Partikularismen verborgen geblieben sind. Das gleiche gilt bis zu einem gewissen Grade auch für die Ideologie des Nationalsozialismus, wobei Klassenkampf durch den Rassenkampf ersetzt wird. Die arische Rasse wird dabei als bloß eine Rasse unter vielen anderen, aber zugleich auch als eine universale Rasse gedacht – genauso wie das Proletariat im Marxismus als eine Klasse unter vielen anderen und zugleich als Verkörperung der ganzen Menschheit gedacht wird. Der Begriff des Proletariats, wie auch der Begriff der arischen Rasse, exemplifizieren sehr gut das grundlegende Paradox des avantgardistischen

Universalismus: etwas Partikulares wird hier zugleich zum Universalen erklärt, so wie etwa das »Schwarze Quadrat« von Malewitsch zwar als einzelnes Bild unter vielen anderen fungiert, aber zugleich das universale Bild, das transzendentale Bild als solches darstellen soll.

Die totalitären, universalistischen Ideologien dieses Zeitalters konnten das obengenannte Paradox letztendlich weder auflösen noch aushalten – und zerfielen. Die Produkte dieses Zerfalls bestätigen übrigens, daß Greenberg im Unrecht war, als er die totalitäre Kultur als Kitsch definiert hat. Die totalitäre Kultur ist bestimmt keine hohe Kultur, aber Kitsch ist sie ebenfalls nicht – und allein deswegen, weil sie extrem langweilig ist und damit keine unterhaltende Wirkung hat, die man vom Kitsch zu Recht erwartet und verlangt. Die totalitäre Kultur leistet die gewünschte Wunscherfüllung nicht. Wer keine Chance hat, einen Striptease zu genießen, ist sicherlich bereit, sich zumindest eine Militärparade anzusehen, bleibt aber unbefriedigt. Die totalitäre Kultur konnte funktionieren, weil sie den äußeren, politischen Zwang, sie zu konsumieren, zu ihrem eigentlichen Thema gemacht hat. Verschwand dieser Zwang – verschwand mit ihm auch die unmittelbare Attraktivität dieser Kultur. Das Massenpublikum von heute will den Terminator 1 und 2 sehen, Hard Rock oder Techno hören – aber auf keinen Fall ideologisch belehrt werden. Die Auslöschung der Grenze zwischen Hoch- und Massenkultur, die die unterschiedlichen totalitären Regime der Moderne versucht haben, konnte nicht gelingen. Es ist nicht möglich, Wunscherfüllung und Askese, Begeisterung und Analyse bruchlos in einer Strategie zu vereinen. Die gleichen Kulturprodukte können ohne weiteres sowohl im Bereich der Hochkultur wie auch im Bereich der Massenkultur verwendet werden, wie es die Kunst der Pop-art exemplarisch demonstriert hat. Aber diese unterschiedlichen Verwendungsmöglichkeiten schaffen die entsprechende Grenze keineswegs ab – vielmehr bestätigen sie diese Grenze.

Darin liegt auch der eigentliche Grund aller bitteren Klagen, die man heute nach dem Zusammenbruch des sowjetischen Kommunismus nicht nur in Rußland, sondern weltweit hört. Das Verschwinden des Kommunismus verstärkt die Grenze zwischen den Intellektuellen und den Künstlern auf der einen und den Massen auf der anderen Seite, die eine Massenwirkung der Kunst verhindert. Darunter leiden übrigens nicht nur die linke, tendenziell prokommunistische Intelligentsia, sondern auch die rechten Antikommunisten aller Schattierungen, die ihren Anspruch auf gesellschaftliche Wirkung von dem gleichen kommunistischen Anspruch, wenn auch in einer negativen Form, abgeleitet haben. Vor allem leidet darunter die russische Intelligentsia, die lange von diesem Anspruch gelebt hat. Die russische Intelligentsia wollte in der Sowjetzeit Freiheit, sie wollte die Grenze überwinden, die sie von der Außenwelt, von der Welt der westlichen Moderne trennte. Jetzt ist diese Grenze verschwunden – aber die alte Grenze, die alte und tiefere Kluft zwischen Hoch- und Massenkultur ist wieder da. Und erst jetzt erinnert man sich, warum man früher überhaupt den ganzen Totalitarismus veranstaltet hat: um diese Kluft zu überwinden.

Ein russischer Schriftsteller, Filmemacher, Künstler unserer Tage ist voller Sorge um das tragische Schicksal seines Landes, er leidet, er opfert seine ganze Zeit, sein Geld – weil er mit seiner Arbeit nichts verdient –, sein ganzes Leben, um seinem Land nützlich zu sein. Er ist voll von tiefen Gefühlen und Gedanken, er ist authentisch, aufrichtig, er ist zutiefst erschüttert, wenn er beobachtet, was seinem Land widerfahren ist – und er will diese Erschütterung seinen Mitbürgern vermitteln, sie innerlich stärken, ihnen eine geistige Nahrung, eine geistige Kraft geben, um ihnen zu helfen, diese tragische Periode der Geschichte ihres Landes mit Würde zu überstehen und dabei etwas Wichtiges und Sinnvolles zu tun. Das sind lauter noble Ziele, von denen der Schriftsteller vermuten mag, daß sie auch von den meisten anderen geteilt werden. Nun schreibt dieser Schriftsteller seinen Roman – und stellt fest, daß keiner ihn lesen will. Weder die russische noch die internationale Öffentlichkeit will ihn lesen. Aus der Position der Hochkultur sagt man: Dein Roman ist trivial, banal, er reflektiert nicht den Prozeß des Schreibens, nicht Textualität, nicht Intertextualität – von Roland Barthes, Blanchot oder Derrida hat der Autor offensichtlich nichts gehört. Vergebens sucht man nach der Problematik des Körpers, des Begehrens und des Anderen.

Auch das Ende der Literatur bleibt unerwähnt. Also: keine Chance.

Das gleiche geschieht aber auch mit der Massenrezeption, denn das Massenpublikum findet das Buch langweilig, zu belehrend, zu umständlich, nicht unterhaltsam genug, nicht spannend genug – und kauft sich, wie überall auf der Welt, lieber ein neues Buch von Stephen King, Grisham oder Crichton. Unser braver Autor hat sich also in der Kluft zwischen hoher Kultur und Massenkultur wiedergefunden – in einer kulturellen Leere, in der nur ein freier Fall nach unten möglich bleibt. Alle seine noblen Gefühle verschwinden in dieser Leere – und finden in den Untiefen dieser Kluft ihr Grab. Denn sie gehören weder dem Kitsch noch der hohen Kultur, weder der Unterhaltung noch der Analytik des Kunstverfahrens. Unser Schriftsteller will aber keine Leere: Er will ein Fundament, auf dem er stehen könnte. Auf der anderen Seite glaubt der Schriftsteller an das universale Fundament der totalitären Epoche auch nicht mehr: Er weiß, daß dieses Fundament nirgendwo in dieser Leere zu finden ist. Alle einschlägigen Konstruktionen sind vor seinen Augen gescheitert – und die weißen Knochen ihrer Ingenieure sind noch in der Kluft zu sehen. Unser Schriftsteller hat den freien Fall der russischen Avantgarde, der totalitären sowjetischen Kultur und der »allgemeinen menschlichen Werte« der Ära Gorbatschows erlebt – und hat daraus seine Schlüsse gezogen.

Unser Schriftsteller steht also vor dem folgenden Problem: Er braucht dringend ein Fundament, denn er kann weder Avantgarde noch Kitsch produzieren, weil er von seiner Erziehung und seiner Vorgeschichte her dazu schlicht und einfach unfähig ist. Aber er weiß, daß es kein Fundament gibt. Und so wird unser Schriftsteller zum Fundamentalisten, denn als Fundamentalisten möchte ich denjenigen bezeichnen, der nach dem Fundament sucht, obwohl er genau weiß, daß es kein Fundament gibt. Die Einsicht, daß es kein Fundament gibt, eröffnet die Postmoderne: Auch der Fundamentalismus gehört in die Postmoderne. Die Einsicht, daß es kein Fundament gibt, kann nämlich zwei unterschiedliche Reaktionen hervorrufen. Man kann sich mit dieser Einsicht zufriedengeben. Aber man kann genausogut mit dem Projekt kontern, ein Fundament herzustellen, gerade weil es dieses Fundament nicht gibt. Hier liegt der zentrale Unterschied zwischen dem modernen Totalitarismus und dem postmodernen Fundamentalismus. Der Totalitarismus glaubte, das Universale und Fundamentale entdeckt zu haben (als Klasse, Rasse usw.), und wollte seine Entdeckung mit politischen Mitteln durchsetzen. Der Fundamentalismus muß das Fundament dagegen erst schaffen. Daraus ergeben sich alle weiteren Unterschiede in kulturellen und politischen Strategien, die so charakterisiert werden können: Statt einer globalen universalen Macht wird eine Allianz zwischen lokalem Fundamentalismus und globalem Pluralismus angestrebt. Diese Allianz ist auch möglich, weil die Postmoderne selbst, wie gesagt, eine Überwindung der Grenze zwischen Hoch- und Massenkultur anstrebt.

So wurden Kitschbilder oder Kitschtexte der amerikanischen Massenkultur im Rahmen der früheren amerikanischen Pop-art durch ihre Überführung in den Kontext der hohen Kultur in ihrer unmittelbaren Wirkung neutralisiert. Im Museum wird ein Bild aus der Werbung auch im Sinne Greenbergs wirkungslos. Im Museum sieht ein Plakat mit Marilyn Monroe wie das »Schwarze Quadrat« von Malewitsch aus: selbstreferentiell, autonom, eine pure Form, die nur das Verfahren ihrer eigenen Herstellung demonstriert. Mit der Zeit wurde eine größere und größere Zahl der Kitschformen oder verkitschten Formen der Tradition oder sogar verkitschten Formen der Avantgarde in dieser Weise in ihrer unmittelbaren Wirkung neutralisiert und dadurch zur Avantgarde im Sinne von Greenberg gemacht.

Auf der anderen Seite wurde die Autonomie der Kunst, wie sie bei Greenberg formuliert worden war, am heftigsten kritisiert. Die Kunst der Avantgarde wurde ihrerseits zunehmend als Ausdruck des Begehrens interpretiert oder in die politischen, sozialen und sprachlichen Kontexte gestellt, um ihre Abhängigkeit von allen diesen Kontexten zu demonstrieren. In der Postmoderne können wir also eine zweifache und scheinbar paradoxale Interpretationsbewegung beobachten: Kitsch wird als Avantgarde interpretiert und Avantgarde als Kitsch. Diese zwei scheinbar entgegengesetzten Interpretationsstrategien haben aber das gleiche Ziel: eine allmähliche Nivellierung der Avantgarde und Massenkultur und damit eine weiche, nicht-totalitäre Schließung der Kluft zwischen ihnen oder die Erfüllung des totalitären Programms mit demokratischen, liberalen, pluralistischen, weichen Methoden.

Damit wurde die Grenze zwischen Avantgarde und Kitsch allerdings nicht überwunden, sondern lediglich in das Innere eines jeden kulturellen Zeichens verlegt, denn jedes Zeichen hat dadurch eine autonome, elitäre, hochkulturelle, avantgardistische und zugleich eine »kitschige«, massenkulturelle, heteronome Interpretation bekommen. Jedes kulturelle Zeichen ist also heute in sich selbst gespalten. Die moderne Spaltung zwischen Avantgarde und Kitsch, zwischen reiner Form und ihrer realen Wirkung funktioniert heute nicht mehr als Spaltung des gesamten Zeichenfeldes, so daß wir, wie Greenberg im Zeitalter der Moderne, entscheiden könnten, ob ein Zeichen zur Avantgarde oder zum Kitsch gehört. Heute ist dagegen nicht das Zeichenfeld, sondern das Interpretationsfeld gespalten. Jedes Zeichen gehört heute zur Avantgarde und zum Kitsch zugleich. Das Interpretationsfeld jedes Zeichens ist dementsprechend gespalten – und wir können keine Wahl treffen zwischen diesen zwei Interpretationen. Darin besteht die Unentscheidbarkeit der Interpretation, von der Paul de Man spricht.

Und vor allem sind wir selbst solche in sich gespaltenen Zeichen. Denn in der Postmoderne werden Persönlichkeit, Individualität, Subjektivität als Zeichen oder als Maske gedacht, die keinen Referenten hat, die nichts bedeutet. Also sind wir innerlich gespalten zwischen der Fähigkeit zum freien Spiel mit allen möglichen kulturellen Masken, Identitäten und Qualitäten – und der Tatsache, daß wir immer schon eine Maske tragen, die unsere kulturelle Identität aufweist. Und wir können diesem äußeren Bild, das die Gesellschaft von uns macht und uns von außen aufzwingt, nicht mehr entgehen, wie es in der Moderne noch der Fall war. Wir können nicht mehr anstreben, unsere wahre, verborgene, innere, universale Identität zu entdecken und die äußere, falsche, partikulare Identität zu sprengen, weil als Alternative zu unserer äußeren Identität nur das allgemeine Zeichenspiel gedacht werden kann, in dem unsere kulturelle Maske einen bestimmten Stellenwert hat. Wir können unsere Maske also nicht mehr wegwerfen, um unser verborgenes, wahres Gesicht zu offenbaren – und wir können auch den anderen nicht »entlarven«, ihm seine Maske wegreißen, damit er sein wahres Gesicht zeigt. Die Maske ist Gesicht: Hinter ihr ist nichts mehr verborgen. Aber auf der anderen Seite können alle Masken ihre Plätze tauschen und einen totalen Karneval veranstalten, von dem noch Michail Bachtin im Rahmen seiner Theorie über die »Karnevalisierung der Kultur« sprach.

Die Postmoderne hat also ihr Versprechen, die Kluft in der modernen Kultur zu überwinden, nicht eingelöst: Sie hat diese Kluft nur in das Innere jedes Zeichens verlegt, hat jedes Zeichen innerlich ausgehöhlt und einen ständigen Zeichenaustausch inszeniert, in den jedes Zeichen gleich involviert wird. Dieser ständige Zeichenaustausch macht allerdings nervös. Und so entsteht der Wunsch, ihn einfach zu stoppen. Dieser Wunsch ist der Wunsch nach dem Fundamentalismus. Es geht nicht mehr darum, sich selbst vielleicht als Proletarier oder Arier zu offenbaren und die anderen vielleicht als Bourgeoisie oder Juden zu entlarven, zu demaskieren, wie es in der klassischen Moderne noch der Fall war. Vielmehr will man die Maske zum Gesicht erklären – wohl wissend, daß es sich um eine Maske handelt. Diese Erklärung bedeutet keine Entdekkung, keine Überwindung, keine Transformation des Bestehenden – und auch keine Unterwerfung des Pluralismus unter ein universales Prinzip. Das einzige, was dabei passiert, ist die Unterbrechung des ständigen Zeichenaustausches: Der Karneval kommt zum Stillstand und wird zu einer unbewegten Szene. Die Welt wird zur musealen Ausstellung. Die Zeichen des Deutschen werden nicht mehr mit den Zeichen des Amerikanischen ausgetauscht, die Zeichen des Russischen mit den Zeichen des Westlichen, die Zeichen der Avantgarde mit den Zeichen des Kitsches. Allerdings ist es eine Ausstellung ohne Betrachter, denn nur Gott könnte sie sehen – alles Menschliche wird dabei zum Bild. Und jedes Bild bekommt ein Fundament, an dem dieses Bild festgenagelt wird, um nicht ausgetauscht zu werden.

Die Beschaffenheit des Fundaments ist übrigens immer die gleiche, obwohl die Bilder unterschiedlich sind. Man kann deswegen über den Fundamentalismus als solchen reden, ohne präzisieren zu müssen, von welchem Fundamentalismus die Rede ist. Der Universalismus der Moderne war sehr vielfältig. Unterschiedliche Universalismen mußten gegeneinander kämpfen, um ihre Universalität zu beweisen. Die Klasse, die Rasse, das Unbewußte, die Struktur der Sprache und unzählige andere Universalismen führten gegeneinander einen ständigen Krieg. Der moderne Universalismus war also kriegerisch-pluralistisch. Der postmoderne Fundamentalismus ist dagegen in seinen theoretischen Voraussetzungen und kulturpolitischen Strategien extrem homogen. Die fundamentalistische Rhetorik des Absoluten, der letzten Wahrheit, der obersten Werte, des sakralen Opfers, der metaphysischen Gefahr, der unbedingten Hingabe und Verantwortung ist völlig austauschbar: In dieser Rhetorik kann jedes beliebige Zeichen verwendet werden, ohne daß diese Rhetorik irgendwelcher Korrektur bedürfte. Diese Rhetorik des Fundamentalen, des Letzten, des Höchsten, des Absoluten usw. entfaltet sich nämlich in der Leere, die durch den sogenannten Zynismus der Postmoderne geschaffen wurde. Diese Rhetorik sagt nur der postmodernen Bewegung der Zeichen: bleib stehen – und zwar egal, ob du schön bist oder nicht besonders schön. Eigentlich braucht man dazu nur ein Fundament, auf dem alle kulturellen Zeichen befestigt werden könnten – und keine Vielzahl der Fundamente, wie in der Moderne, so daß wir in der Tat berechtigt sind, über den Fundamentalismus als einheitliches Phänomen zu sprechen.

Dabei hat buchstäblich alles heute die gleiche Chance, das befestigte, fundamentierte Zeichen und damit der oberste Wert zu werden: die Robben, die aussterben, oder die alten Bräuche, die vergessen werden. Sie alle stellen an uns die unbedingte Forderung des absoluten Opfers, die wir nicht mehr abwehren können. Früher durfte man noch sagen, daß solche Forderungen durchaus berechtigt seien, daß es aber noch etwas Wichtigeres, noch Tieferes, noch Höheres gebe, wie etwa Gott oder die Vernunft, die Kultur, die Liebe zur Kunst oder die Nächstenliebe. So können wir heute nicht mehr argumentieren, denn alle Hierarchien und Gewichtungen sind von der Postmoderne abgebaut worden. Alle Zeichen vertauschen sich ständig, alle ruhen nebeneinander auf dem gleichen Fundament. In dieser Situation hat jedes Zeichen den gleichen Anspruch auf höchsten Wert und auf fundamentale Bedeutung. Das Fundamentale hat sich in der Postmoderne demokratisiert. Der Fundamentalismus ist die Ideologie und zugleich die rhetorische Praxis dieser Demokratisierung des Fundamentalen, der letzten Wahrheit, der absoluten moralischen Verpflichtung. Heute kann absolut alles absolut wichtig werden – gerade weil alles gleich unwichtig ist.

Aber das wichtigste dabei ist die Trennung zwischen dem obersten Wert und dem Universalanspruch, die der heutige Fundamentalismus vollzieht. Früher waren sie untrennbar. Nur das Universale durfte das moralisch Höhere sein: So wie partikulare Begriffe dem allgemeineren Begriff logisch untergeordnet werden müssen, so müssen – entsprechend der Tradition – partikulare Werte dem obersten, universalen Wert untergeordnet werden. Diese innere Verbindung zwischen Logik und Ethik ist in der Tradition des Denkens tief verankert. Sie gilt aber nicht mehr. Nachdem das poststrukturalistische Theoretisieren die Logik durch die Rhetorik ersetzt hat, kann man nicht mehr behaupten, daß ein Begriff dem anderen Begriff logisch unterzuordnen ist. Vielmehr gilt, daß jedes Wort mit jedem anderen Wort in einen rhetorischen Zusammenhang gebracht werden kann. Und so kann jedes kulturelle Zeichen durch seine rhetorische Verankerung im Fundamentalen zum Zeichen des höchsten Werts werden, ohne dabei einen universalen Begriff bezeichnen zu müssen.

So werden vor allem nationale Werte und Bräuche für besonders wertvoll erklärt, ohne den Zwang, ihre allgemeine Gültigkeit nachzuweisen. Wenn der Nationalsozialismus immer noch eine Verbindung zum Universalen gebraucht hat – der Name selbst bedeutet eigentlich nichts anderes als diese Verbindung des Partikularen (des Nationalismus) mit dem Universalen (dem Sozialismus) – kann jeder partikulare Nationalismus seinen absoluten Wert behaupten, ohne überhaupt die Frage nach der Universalität dieses Wertes zu stellen. Diese neue Lage ist besonders in den Ländern Osteuropas offensichtlich, die früher der universalistischen Ideologie des Kommunismus unterworfen waren.

Gerade Rußland befindet sich heute in einer kulturellen

Lage, für die man in seiner langen Geschichte keinen Vergleich findet. Zum ersten Mal stellt sich dort die nationale Frage, die Frage nach der Eigenart dieser Nation also, nach ihren nationalen Interessen, geographischen Grenzen, nationalen Werten und Zielen. Die verblichene Sowjetunion hat sich nie als Nationalstaat verstanden. Vielmehr definierte sich die Sowjetunion als Übergang zum weltweiten Sieg des Kommunismus – zu einer kommunistisch vereinten Menschheit, in der sich der sowjetische Staat als ein besonderes historisches Gebilde auflösen sollte. Der Machtanspruch der sowjetischen Führung entsprang dieser universalen Vision. Die Kommunistische Partei legitimierte ihre absolute Macht innerhalb der Sowjetunion dadurch, daß diese Gemeinschaft der über hundert unterschiedlichen Völker das Vorbild der ganzen kommunistischen Menschheit, jenseits aller nationalen, egoistischen Interessen darstellen sollte.

Nationale Gefühle der Russen wurden in der Sowjetunion deswegen genauso unterdrückt wie auch die nationalen Gefühle und Interessen anderer Völker. Die Schriften der meisten russischen Historiker und Philosophen, aber auch ein großer Teil der Literatur der Vergangenheit waren in der sowjetischen Zeit wegen ihrer angeblichen russisch-nationalistischen Haltung verboten. Die ganze russische Geschichte, auch die Geistesgeschichte, war offiziell auf die Entstehung der russischen kommunistischen Partei ausgerichtet. Die Religion – das russische, orthodoxe Christentum – wurde ohnehin verfolgt und totgeschwiegen. Damit war auch ein großer Teil der russischen nationalen Kultur aus dem offiziellen Kulturleben ausgeschlossen. Wenn das Russische positiv erwähnt sein durfte, dann nur als Kultur, die sich als fähig erwiesen hat, die frohe Botschaft des Kommunismus zu empfangen und ihm zum Sieg zu verhelfen.

Man spricht im Westen oft über den »West-Ost-Konflikt«, wenn von dem – heute historisch gewordenen – Kampf zwischen dem westlichen Kapitalismus und dem östlichen Kommunismus die Rede ist. Dabei vergißt man, daß die kommunistische Lehre westlichen Ursprungs und nicht »östlich«, sondern universalistisch ist. Diese Lehre fiel in Rußland gerade deshalb auf fruchtbaren Boden, weil sie Verwestlichung versprach, Integration in den Westen jenseits aller traditionellen religiösen und nationalen Differenzen, die jahrhundertelang vom Westen trennten. Im langen Bürgerkrieg, der der Etablierung der Sowjetmacht vorausging, kämpfte man auf der roten, sowjetischen Seite für »die Internationale« und auf der weißen, antisowjetischen Seite – für Rußland. Rußland hat diesen Krieg verloren. Die Internationale hat ihn gewonnen. Jetzt geht es um die Revanche.

Der Zusammenbruch des Nationalsozialismus bedeutete seinerzeit in erster Linie die Niederlage des Nationalismus – nicht des Sozialismus. Die heutige Niederlage der Sowjetmacht bedeutet die Niederlage des Internationalismus und den weltweiten Sieg des Nationalismus. Man hat sich oft gefragt, ob sich Nationalsozialismus und Kommunismus wesentlich voneinander unterscheiden würden. Egal, wie man diese Frage beantwortet, es bleiben gravierende Unterschiede in den ideologischen Nachwirkungen dieser Regime bestehen: Sie haben unterschiedliche kulturelle Haltungen, Argumentationsmuster und Theoriekonstruktionen kompromittiert und dadurch die späteren ideologischen Entscheidungen nachhaltig beeinflußt.

Der kommunistische Universalismus entlastet die postkommunistischen Länder von jeder historischen Schuld. Das Gespenst des Kommunismus, von dem im »Kommunistischen Manifest« bekanntlich die Rede war, ist an allem schuld – aber ein Gespenst kann nicht haftbar gemacht werden. Was die Menschen anbelangt, sind sie tatsächlich keine Kommunisten, sondern Russen, Ukrainer, Letten oder Georgier, die als solche unter dem gespenstischen kommunistischen Regime unterdrückt oder verfolgt wurden. Der Universalismus der kommunistischen Ideologie ist entlastend, wie der Nationalismus der nationalsozialistischen Ideologie belastend war. Deshalb schneidet der Kommunismus im Vergleich scheinbar besser ab. Aber die Erfahrung zeigt, daß viele Menschen unter einer postkommunistischen, unerträglichen Leichtigkeit des Seins mehr leiden als unter der Tragik der nationalen Schuld. Eine nationale Tragödie macht erhaben: Als Kind der Täter oder als Kind der Opfer wird man geboren mit einer Tragödie in der Brust, die auszeichnet und erhebt. So wird ein Schriftsteller, der ohne große persönliche Anstrengungen oder Unannehmlichkeiten tragisch sein will, seinen Stoff und seine Berechtigung immer in der nationalen Tragödie finden können. Und welche Nation kann keine Tragödie vorweisen? Die Selbstidentifikation mit der nationalen Vergangenheit versorgt den verunsicherten Intellektuellen oder Künstler mit dem tragischen Ernst, der seiner alltäglichen Existenz in der kommerziellen, oberflächlichen, bequemen Gegenwart offensichtlich fehlt. Jeder Intellektuelle oder Künstler will ernst genommen werden und auf der Höhe der großen und tragischen Kulturtradition stehen. Aber jeder fürchtet, daß dieses Ziel heute besonders schwer zu erreichen ist, weil die Zeiten nicht danach sind. So kommt man sich etwas billig und unseriös vor – und man fühlt sich deswegen gekränkt.

Der heutige nationalistisch ausgerichtete Fundamentalismus lebt von dieser Forderung nach dem Ernsten, Tragischen und Letzten, der der Nationalismus am besten entsprechen kann, weil er am ehesten ermöglicht, der eigenen Zeit zu entgehen und sich in den Zustand einer überzeitlichen Tragik zu versetzen, das eigene Leben als Teil eines lebendigen Ganzen zu begreifen und so zum Subjekt der historischen Tragödie zu werden. So glaubt man als Teil einer Nation etwas Großartiges zu erleben, wie es einem bescheidenen Leben vorenthalten bliebe. Das macht Freude und weckt Stolz. Dieser postmodernen Spielart des Nationalismus liegt es fern, die eigene Nation als überlegen und auserwählt zu verklären, denn der Anspruch der Überlegenheit setzt immer noch gewisse universale Kriterien voraus und kann unter Umständen auch widerlegt werden. Ein tragischer Nationalismus postmoderner Art meldet dagegen überhaupt keinen universalen Anspruch an. Es handelt sich allein um tiefe Gefühle und innere Verzweiflung, die einen über die Oberflächlichkeit seiner Gegenwart erheben – aber diese Art Erhabenheit ist freilich nicht meßbar.

Postmoderne und Fundamentalismus beschäftigen sich also gleichermaßen mit dem Bruch zwischen Höhen und Massenkultur, zwischen Avantgarde und Kitsch. Aber sie verwenden unterschiedliche Strategien. Die Postmoderne öffnet die Institutionen der hohen, ernsten Kultur für die Massenkultur und für den unendlichen Austausch aller Zeichen. Dadurch entsteht der Eindruck, daß die hohe Kultur innerlich ausgehöhlt worden sei, ihren Ernst verloren, sich im Fluß der Massenkultur und Unterhaltung aufgelöst und damit die große kulturelle Tradition verraten habe. So versucht man den umgekehrten Weg: Man sucht die Zeichen der Massenkultur – in Form der nationalen Tradition – an den fundamentalen Ernst der hohen, tragischen Absicht anzuheften. Hier soll die hohe Kultur über die Massenkultur endlich triumphieren: Die Aufhebung der Grenze zwischen Avantgarde und Kitsch vollzieht sich im Fundamentalismus als Unterwerfung des Kitsches unter den Ernst der autonomen, hohen Avantgarde. Damit wird dem frivolen, verantwortungslosen, postmodernen Spiel scheinbar Einhalt geboten. Die Grenze zwischen Hochkultur und Massenkultur aufzuheben bedeutet nicht länger, vor der Massenkultur zu kapitulieren, sondern einen Mittelweg zu finden, der erlaubt, oberflächliche Unterhaltung ebenso zu vermeiden wie elitäre Wirkungslosigkeit.

Diese Strategie ist sicherlich so verständlich wie berechtigt. Erfahrung und Theorie jedoch haben schon oft genug gezeigt, daß die besagte Grenze nicht aufzuheben ist: Sie kann höchstens verschoben werden. Auch der Fundamentalismus tauscht die Fundamente bloß aus.

Die Zukunft gehört der Tautologie

Die modernen Methoden der Erzeugung, Speicherung, Vervielfältigung und Übertragung von Texten und Bildern haben uns die Fähigkeit verliehen, mit immer größerer Geschwindigkeit immer mehr »Kultur« und »Kunst« zu produzieren. Dieser Texte- und Bilderüberfluß muß irgendwie begrenzt werden, damit wir im von uns produzierten textuellen und visuellen Müll nicht untergehen. So stellt sich die Frage nach den Kriterien, die es uns erlauben würden, gewisse Texte und Bilder auszusortieren und aufzubewahren – und die anderen zu entsorgen. Wir brauchen eine Zensur, um die kulturelle Produktion zu begrenzen und die Welt nicht in eine einzige Kulturmüllhalde zu verwandeln. Jede Zivilisation verfügt über eine solche ökologisch motivierte Zensur, die nur in einigen Fällen zugleich als ideologische oder politische Zensur funktioniert. Eine solche politisch-ideologische Zensur erweist sich übrigens oft als nicht genügend effektiv, weil nicht genügend radikal. So hat der vor kurzem verblichene sowjetische Sozialismus, trotz einer strengen politischen Zensur, Unmengen von Texten und Bildern produziert. Das zeigt, wie leicht es ist, sich einer solchen Zensur anzupassen, und wie ineffektiv sie ist, wenn es sich um eine konsequente Begrenzung des kulturellen Mülls handelt.

Früher operierte die entsprechende kultur-ökologische Zensur meistens – und sehr effektiv – mit dem Begriff »Qualität«. Kunstwerke, literarische oder philosophische Texte und sonstige kulturelle Artefakte wurden nach ihrer »Qualität« beurteilt und ausgewählt. Die Werke, die diese geheimnisvolle »Qualität« besaßen, wurden sorgfältig aufbewahrt, ihre qualitätslosen Kollegen hingegen mitleidlos weggeworfen. Die Qualität eines neuen Kulturprodukts ergab sich durch den Vergleich mit einem im voraus festgelegten Kanon der Meisterwerke. Falls ein gewisses »Niveau«, das diese Meisterwerke angeblich auszeichnete, vom neuen Werk erreicht wurde, durfte dieses neue Werk in die große Tradition aufgenommen werden. Wie dieses Niveau zu ermitteln ist, blieb absichtlich unklar, weil die explizite Angabe der Kriterien der Zensur die Anpassung an sie wesentlich erleichtern und die kulturelle Produktion zu sehr ankurbeln würde. Für Wissenschaft und Philosophie war Qualität als »Wahrheit« definiert, für die Kunst als »Schönheit«.

Damit Wahrheit und Schönheit erreicht werden können, müssen aber gewisse Regeln, nach denen man sie produziert, ihrerseits reproduziert werden. In den früheren, vormodernen Zeiten war die Reproduktion dieser Regel schwierig und verlangte viel Anstrengungen seitens des Künstlers und Wissenschaftlers. In der Moderne, die die neuen technischen, vom einzelnen Menschen unabhängigen Reproduktionsverfahren entwickelt hat, wurde die kulturelle Reproduktion und damit auch das Erreichen der ersehnten »Qualität« wesentlich erleichtert. Die begrenzende Wirkung der Zensur, die mit dieser Qualität operierte, wurde dadurch drastisch vermindert, und die kulturelle Überproduktion nahm ein bedrohliches Ausmaß an. Im Laufe der Moderne wuchs die Zahl der »qualitätsvollen« Kulturprodukte ins Unermeßliche. Zu viele Künstler haben gelernt, gut zu malen. Zu viele Schriftsteller haben gelernt, gut zu schreiben. Und zu viele Philosophen und Gelehrte haben angefangen, nach allen Regeln ihrer Kunst zu viel Wahrheit zu produzieren. So konnte die Qualitätszensur keinen richtigen Schutz mehr gegen den Überfluß der kulturellen Artefakte bieten.

Daraus entstand die Notwendigkeit einer Neubegründung der kulturellen Zensur. Der neue Begriff, der mit diesem Ziel eingeführt wurde und auch in unserer Zeit die herrschende Zensur immer noch legitimiert, heißt »Innovation«. Es wäre ein großes Mißverständnis zu glauben, daß die Valorisierung des Neuen in der Moderne eine kulturelle Dynamik, eine Entfaltung der kreativen Freiheit oder eine Beschleunigung der kulturellen Produktion begünstigte. Ganz im Gegenteil dient der Begriff des Neuen in der Moderne allein der Verlangsamung und Unterdrückung der durch die neue Technik beschleunigten Text- und Bildproduktion. Der Begriff des Neuen hat in der Moderne die ökologische Zensurfunktion übernommen, die früher der Begriff der Qualität erfüllte. Wenn man früher sagen durfte: »Weg damit, denn es ist nicht qualitätsvoll genug«, so darf man heute sagen: »Weg damit, denn es ist nicht innovativ genug.« Die Ablehnung eines Werks, sei es eines Kunstwerks, sei es einer wissenschaftlichen Theorie, wird heute in der Regel damit begründet, daß das betreffende Produkt nicht neu, nicht innovativ, nicht kreativ ist. »So etwas haben wir schon einmal gesehen oder gehört, oder gelesen«, hört man immer wieder, wenn eine negative Beurteilung erfolgt.

Dabei bleibt der Begriff »Innovation« im Grunde genauso vage, wie es früher der Begriff »Qualität« war. Wenn aber »Qualität« zu besitzen ungefähr das gleiche bedeutet wie an die traditionellen Vorbilder zu erinnern, bedeutet »innovativ« oder »kreativ« zu sein, etwas zu produzieren, was sich von diesen Vorbildern unterscheidet. Nun hängen aber sowohl Ähnlichkeiten als auch Unterschiede im wesentlichen davon ab, unter welchem Gesichtspunkt man das Neue mit dem Alten vergleicht. Was in einer Hinsicht sich als ähnlich darstellt, erweist sich in einer anderen Hinsicht als völlig anders. So kreisen alle Legitimierungsdiskurse in unserer Zeit um die Frage, wie man das Neue mit dem Alten vergleichen soll und darf. Die Meinungen sind immer gespalten. Während die einen beispielsweise glauben, daß die ganze postmoderne Kunst von der amerikanischen Pop art bis heute eine regressive, nicht-innovative, antimoderne Haltung verkörpert, weil sie die Dinge der Außenwelt abbildet, von denen uns die abstrakte Kunst schon einmal befreit hat, glauben die anderen, daß die abstrakte Kunst den gesellschaftlichen Status des Kunstwerks nicht radikal genug in Frage gestellt hat und daß die postmoderne Kunst, die gerade dies tut, deswegen viel innovativer ist, als die abstrakte Kunst es war. Der Vergleich vollzieht sich in diesem Fall offenbar auf zwei unterschiedlichen Ebenen, was den Begriff Innovation unscharf macht. Und trotzdem wird die Zensurfunktion des Begriffs Innovation dadurch nicht ernsthaft in Frage gestellt, denn sobald mit einer gewissen Plausibilität nachgewiesen werden kann, daß ein bestimmtes Werk in keiner relevanten Hinsicht innovativ ist, wird dieses Werk dem Müll gleichgesetzt und kulturell entsorgt.

Und damit wird das meiste, was in der Moderne produziert wird, automatisch zu Müll. Die moderne Zivilisation zeichnet sich nämlich, wie gesagt, vor allem durch ihre Fähigkeit zur genauen Reproduktion des Bestehenden aus. Über die technische Reproduktion der Texte und der Bilder wurde zumindest seit Benjamin genug geschrieben, aber eine vielleicht noch viel wichtigere Institution der kulturellen Reproduktion ist die allgemeine Schulbildung, die allen Kindern das gleiche Wissen vermittelt. Die modernen Medien reproduzieren massenweise bestimmte Formen der Alltagskultur und der Unterhaltung, internationale Hotel- und Restaurantketten servieren das gleiche Essen, und die psychologische Beratung in ihren verschiedenen Varianten reproduziert genauso massenweise bestimmte Muster des inneren Lebens. Über die Unifizierung der Arbeitsvorgänge in der Moderne wurde ohnehin genug gesprochen und geschrieben. Die moderne Zivilisation produziert in erster Linie Identitäten: gleiche Autos, gleich aussehende Menschen, die gleich denken usw. Es ist offensichtlich, daß vor diesem Hintergrund die Forderung nach dem Neuen, nach der Innovation, nach der Kreativität vor allem eine repressive Funktion hat, denn die meisten Kulturprodukte und die meisten Menschen werden durch diese Forderung kulturell disqualifiziert und als irrelevant abgestempelt. Die Forderung nach dem Neuen ist die neue Legitimation für die Elitebildung geworden, nachdem die traditionellen Kriterien des Wahren, Schönen und Guten sich als nicht mehr funktionsfähig erwiesen hatten, da das Wahre, Schöne und Gute durch ihre Über(re)produktion abgewertet worden waren.

Die gesellschaftliche Valorisierung der Innovation in der Moderne wurde oft als Ausdruck menschlicher Freiheit mißverstanden, weil sie irrtümlicherweise als Lizenz, das Neue zu tun, interpretiert wurde. Aber die Valorisierung des Neuen ist in Wahrheit ein Verbot, das Alte zu tun. Ausdruck der genuinen menschlichen Freiheit wäre die Möglichkeit, sowohl das Alte als auch das Neue zu tun. Diese Möglichkeit gibt es in der Moderne nicht. Statt dessen wird der moderne Mensch ständig mit mannigfaltigen und vielschichtigen Verboten konfrontiert, die durch die Ideologie der Innovation begründet sind. Erstens ist verboten, alles das zu tun, was früher war. Zweitens verbietet die Innovation sich selbst, denn sobald etwas schon gedacht oder gemacht ist, ist es nicht mehr neu und darf deswegen auch nicht wiederholt werden. So ist der Kreator dazu verurteilt, zu sich selbst ständig Distanz zu nehmen und sich selbst zu widersprechen: Er darf auch sich selbst nicht reproduzieren. Vor allem die künstlerische Avantgarde dieses Jahrhunderts, die das Prinzip am Neuen am radikalsten verkörpert, wird durch den Satz regiert: So geht es nicht mehr, so darf man es nicht mehr machen. Jede neue Innovation öffnet unter diesen Bedingungen kein neues fruchtbares Land, sondern hinterläßt eine neue Wüste, denn sie verbietet, wie gesagt, alles Dagewesene, inklusive ihrer selbst. Der Künstler der Avantgarde ist demgemäß kein Erkunder neuer Kontinente, sondern jemand, der ständig in die Wüste geschickt wird und dort zu überleben versucht.

Verbot und Repression bestimmen auch die innere Beschaffenheit des modernen Werks: Die Hauptverfahren der modernen Kunst sind Reduktion, Verzicht, Askese. Es wurde schon oft bemerkt, daß alle Elemente der modernen Kunst auch in den früheren Epochen zu finden sind: Abstrakte Malerei, Lautpoesie usw. können als Standard-Komponente der traditionellen Kunstwerke identifiziert werden. Was ist dann an diesen Formen neu? Die Antwort lautet: Neu ist allein die Reduktion des Werks auf diese bestimmten Komponenten, neu ist das Verbot, andere Komponenten zu benutzen, neu ist die Askese, die das moderne Kunstwerk bestimmt, neu ist das Verhängnis, immer nur Quadrate zu malen oder sinnlose Laute von sich zu geben. Auch die Postmoderne hat an diesem Verhängnis nichts geändert, denn sie zwingt den Künstler dazu, fremde Bilder abzumalen oder fremde Texte zu zitieren – und auf das Eigene zu verzichten. Der moderne Künstler ist wie ein frühchristlicher Asket oder wie ein indischer Yogi, der immer weiter in die Wüste gedrängt wird und seinen Körper in immer unnatürlichere, innovativere, unerträglichere Posen zwingt.

In letzter Zeit regt sich freilich zunehmend eine demokratisch motivierte Revolte gegen die Elitebildung durch das Neue. Auf viele unterschiedliche Weisen wird das Neue dabei theoretisch und praktisch unterminiert. Man verkündet seine Freude am Kitsch und an der Massenkultur. Man huldigt der Trivialität und der Popkultur. Und vor allem: Man stellt den universalen geschichtlichen Kontext in Frage, in dem das Neue ermittelt wird. Und in der Tat: Wenn wir über keinen allgemeinen kulturellen Kontext und über keine Vision der universalen Geschichte verfügen, können wir nicht mehr sagen, was neu ist und was nicht. Der Begriff Innovation zerfällt damit, so daß für einen partiellen Kontext und im Verlauf einer partiellen Geschichte etwas als neu anerkannt werden kann, das für andere partielle Kontexte und Geschichten keineswegs neu ist. Unter diesen Voraussetzungen der radikalen Pluralität kann buchstäblich alles als neu gelten, denn immer findet sich jemand, der von bestimmten Dingen immer noch nichts gehört hat, von denen alle anderen schon nichts mehr hören können.

Nun waren solche Unterminierungsversuche aber bis jetzt nur bedingt erfolgreich, denn der Ort für die Entstehung und Ermittlung des Neuen sind nicht personelle Geschichten, sondern kulturelle Archive wie Museen, Bibliotheken, Filmarchive usw. Mit Hilfe dieser Archive kann festgestellt werden, ob etwas neu ist oder nicht, unabhängig davon, ob es jemandem als neu erscheint. Mehr noch: Die Diskurse, die das Neue kontextualisieren, partikularisieren und damit unterminieren wollen, sind für die kulturellen Archive nur deswegen interessant, weil diese Diskurse selbst neu sind. Die postmoderne, populistische Kritik an dem Begriff des Neuen kann also in einer Kultur, die sich archiviert, eine Aufweichung der Zensur des Neuen, aber keine Abschaffung dieser Zensur erreichen, denn diese Kritik selbst kann sich nur durch den gleichen Begriff des Neuen legitimieren.

In der Moderne spielt das Archiv in bezug auf das Neue die gleiche Rolle, die der traditionelle Kanon in der Vormoderne in bezug auf die Qualität gespielt hat. Der Kanon war die Sammlung der relativ homogenen Vorbilder, mit denen das neue Werk verglichen werden konnte, um Ähnlichkeiten festzustellen. Das Archiv ist eine Sammlung von heterogenen Innovationen, von Abweichungen und Andersartigkeiten, die zu ermessen erlaubt, inwieweit ein neues Werk innovativ ist, d. h. inwieweit dieses Werk seinerseits eine Abweichung von alledem darstellt, was im Archiv schon gesammelt ist. Der Kanon produziert Identität, das Archiv produziert Differenz. Solange das Archiv existiert, wird die Innovation sowohl möglich als auch notwendig sein. Die Frage stellt sich aber: wie lange?

Mit der Zeit wird eine tiefe Krise der Archive immer offensichtlicher. Das Neue wird seinerseits immer schneller und in größeren Massen produziert, wie es früher mit dem Identischen der Fall war, weil die Menschen immer besser verstehen, was es heißt, innovativ zu sein. Zudem erlaubt es die heutige Technik, nicht nur Originale identisch zu reproduzieren, sondern einprogrammierte Abweichungen von diesen Originalen zu generieren. Ebenso wie die Identitäten können jetzt auch die Differenzen technisch, seriell produziert werden. Zusätzlich werden durch geschickte Uminterpretierung immer neue kulturelle Artefakte, die früher als »identisch« galten, als andersartig (wieder)entdeckt. Dadurch werden die Archive überfüllt, wie es früher die Sammlungen der als kanonisch geltenden Werke waren. Wohin auch immer man heutzutage blickt, sieht man Differenz. So werden die Begriffe des Neuen und des Anderen allmählich immer weniger tauglich, die kulturelle Überproduktion einzudämmen. Die Innovationszensur droht genauso ineffektiv zu werden wie die Qualitätszensur von einst. So stellt sich schon heute die Frage: Was kommt danach? Wie wird sich die Kultur vor ihrem eigenen Müll schützen können, wenn weder Identität noch Differenz diesen Schutz bieten werden?

In der Tat würde die Abschaffung der Innovationszensur mit höchster Wahrscheinlichkeit die Abschaffung jeder Zensur bedeuten, denn uns stehen keine weiteren legitimierenden Begriffe zur Verfügung jenseits von Identität und Differenz. So müssen wir mit der Möglichkeit rechnen, daß die kulturellen Institutionen, die den staatlichen oder gesellschaftlichen Auftrag haben, darüber zu entscheiden, was gut und was schlecht ist, endgültig ihre Legitimation verlieren. Unter diesen Umständen, wenn es keine Kriterien und keine unabhängige Instanz mehr geben wird, um den kulturellen Wert eines Werks zu bestimmen, wird es zu einer direkten Konkurrenz unter den unterschiedlichen kulturellen Ansätzen und Werken kommen, wie sie schon jetzt im Bereich der Massenkultur stattfindet. Dabei zeichnet sich bereits deutlich ab, welches Prinzip dieser Konkurrenz zugrunde liegt. Es ist das Prinzip Tautologie.

Wenn sowohl die kanonischen als auch die archivarischen Sammlungen der kulturellen Werke keine normative Kraft mehr besitzen und die Institutionen, die diese Sammlungen tragen, keine effektive Zensur mehr ausüben können, werden Texte und Bilder für ihre Rezipienten schwer verständlich, denn das Verstehen kann nur durch den Vergleich mit dem Bestehenden erfolgen. Ein solcher Vergleich ist aber im Meer der unzensierten Kulturproduktion nicht mehr möglich. Der einzige Ort eines Vergleichs wird, wenn Archive ihre Normativität einbüßen, die Seele des einzelnen Rezipienten. Aber niemand weiß, was in der Seele des anderen vor sich geht, wenn eine für alle in gleicher Weise bekannte und verbindliche Tradition fehlt. Das gilt sowohl für den Produzenten als auch für die Rezipienten der Kultur. Nehmen wir beispielsweise an, wir sehen zum erstenmal das »Schwarze Quadrat« von Malewitsch. Wir können dieses Werk für eine Revolution in der Malerei halten, wenn wir es mit den allgemein bekannten Werken im Archiv der Malerei vergleichen. Aber wenn dieser Vergleich fehlt, können wir vermuten, daß alle Russen immer schon schwarze Quadrate gemalt haben (z. B. als Teil einer rituellen Handlung) und daß das »Schwarze Quadrat« von Malewitsch dementsprechend keine künstlerische Revolution bedeuten kann.

Die Einschätzung der kulturellen Kompetenz des Produzenten wie des Rezipienten wird damit entscheidend für das Verständnis des Werks. Aber man weiß heutzutage kaum mehr, was die anderen Leute lesen, sehen oder denken. Diese neue Befindlichkeit äußert sich im Alltag beispielsweise durch das zunehmende Absterben des Humors als einer primären Form der kulturellen Kreativität. Da keiner mehr weiß, was der andere weiß, ist Humor unmöglich geworden: Wenn man eine Bemerkung hört, hat man keine Mittel mehr, um festzustellen, ob diese Bemerkung ironisch gemeint war oder nicht, denn in unserer pluralistischen Gesellschaft können wir keine Meinung von vornherein als »unseriös« einstufen. So zieht man es vor, auch bei einer offensichtlichen widersinnigen Bemerkung ernst zu bleiben, um den Sprechenden nicht zu beleidigen, falls er sie ernst gemeint haben sollte. Erst wenn der Sprecher versichert, daß seine Bemerkung ironisch gemeint war, zwingt man sich zum Lachen – jetzt um den Sprechenden nicht durch die ernste Miene zum zweiten Mal zu beleidigen.

Dieses kleine Beispiel zeigt in nuce, mit welchen Problemen der heutige Kulturproduzent konfrontiert wird. Erstens muß er erraten können, was die Menschen, an die er sich wendet, schon wissen. Zweitens muß er das, was er ermittelt hat, explizit wiederholen, damit sein Publikum weiß, daß auch er weiß, was dieses Publikum weiß. Dabei sind alle Formen der Ironie, Sinn- und Formverschiebung oder des Spiels, d. h. alle Formen der Differenz, ausgeschlossen, denn falls sie auftreten, wird das Publikum sie als bewußte, absichtliche Strategie nicht einschätzen können, sondern nur denken, daß der Produzent dank seiner Natur oder seinem kulturellen Background immer schon »anders« ist. Das Neue oder das Differente ist unter diesen Bedingungen nicht mehr möglich. Dagegen muß das Identische immer neu ermittelt werden, weil es nicht mehr im vorhinein festgelegt ist, wie es in den traditionellen oder totalitären Gesellschaften der Fall war. Die Identität, die Banalität, die Tautologie werden in einer pluralistischen Gesellschaft zum Problem. Und die Suche nach der perfekten Tautologie beherrscht zunehmend die heutige Massenkultur.

Vor allem in der amerikanischen Massenkultur macht sich die Suche nach der perfekten Tautologie bemerkbar, weil die USA kulturell besonders heterogen sind. Die Herstellung der Tautologie ist dabei nicht nur das Hauptverfahren, sondern auch das große Thema der amerikanischen Massenkultur. Amerikanische Filme oder Fernsehserien bieten immer wieder ein extrem heterogenes kulturelles Bild: Ihre Protagonisten entstammen nicht nur unterschiedlichen Rassen, sozialen Schichten und historischen Zeiten, sondern sind oft auch Monster, Außerirdische, Gespenster, diverse Tiere, phantastische Gestalten und verrückt gewordene Computer, Autos oder Kühlschränke. Im Laufe des Films oder der Fernsehserie müssen alle diese sehr heterogenen Helden aber feststellen, daß sie im Endeffekt gleiche Vorstellungen und gleiche Wünsche haben (beispielsweise Familie, gesellschaftliche Anerkennung, der eigene Platz im Leben usw.). Die Suche nach dieser Tautologie bestimmt die Handlung: Sie dient vornehmlich dazu, die Helden in eine extreme Situation zu bringen, die sie dazu zwingt, ihre innersten Wünsche und Gedanken zu explizieren, sie mit den Wünschen und Gedanken der anderen zu vergleichen und eventuelle Unterschiede und Mißverständnisse zu eliminieren. Die Handlung endet nicht, bevor alle Beteiligten erkennen und explizit formulieren, daß sie das gleiche denken und fühlen wie alle anderen auch. Die Erreichung der perfekten Tautologie spielt hier also die gleiche zentrale Rolle wie die Katharsis in der aristotelischen Ästhetik. Allerdings bleibt die einmal erreichte Tautologie nicht lange bestehen und muß, ebenso wie die klassische Katharsis, immer neu inszeniert werden. Diejenigen Film- oder Fernsehhelden, die an dieser Tautologie nicht teilhaben, werden übrigens im Laufe der jeweiligen Handlung eliminiert, aber ihr Tod bedeutet keineswegs, daß sie prinzipiell nicht an dieser Tautologie teilhaben können. So gewinnt Terminator 1 die nötige Einsicht erst in der zweiten Folge des Films, und man kann sich gut vorstellen, daß auch Terminator 2 in der dritten Folge wieder die gleiche Einsicht gewinnen mag.

Unter den Bedingungen der radikalen kulturellen Vielfalt, der herrschenden Andersartigkeit und der massenhaft produzierten Innovation wird also erst die Erlangung der Tautologie zum Hauptkriterium für eine kulturelle Leistung, wobei diese Tautologie, wie gesagt, durch keine traditionelle kulturelle Identität garantiert ist und deswegen jedesmal erneut und ad hoc ermittelt werden muß. Es ist offensichtlich, daß der Inhalt der ermittelten Tautologie nach Null, zum Nichts, tendieren muß, da die wachsende kulturelle Vielfalt immer weniger Überschneidungen zuläßt. Die Massenkultur ist also tendenziell nihilistisch, weil sie in der Suche nach der alles umfassenden Tautologie jeden konkreten Inhalt oder jede konkrete Bedeutung negieren muß. Aber Bilder und Zeichen, die sie verwendet, sind real, obwohl sie nichts bedeuten: Diese Bilder haben ihre eigene Realität, insofern sie auf einem bestimmten Zeichenträger aufgezeichnet sind. Je weniger Inhalt sie haben, desto mehr sind sie fähig, diese ihre eigene Realität zu manifestieren, die in ihrer Reproduzierbarkeit besteht. Inhaltlich zum Nichts tendierende Zeichen können am leichtesten kulturelle Immunsysteme und zivilisatorische Grenzen durchbrechen und sich unbegrenzt vermehren. Sie werden zu kulturellen Viren, die alle Seelen gleichermaßen infizieren.

Sicherlich ist es nicht einfach, solche Viren zu entdecken oder zu züchten: Was in Duisburg die Menschen infiziert, tut es nicht unbedingt in Singapur. Deswegen haben die Amerikaner den Vorteil, in ihrer kulturell pluralistischen Gesellschaft diese kulturellen Viren schnell testen zu können. Aber auch im Bereich der sogenannten hohen Kultur haben schon einige solche Viren produziert: Freud mit seiner Psychoanalyse, Sartre mit seinem Existentialismus, Picasso mit seinen Variationen alter Kunstwerke oder Warhol mit seinen Invarianten des Massengeschmacks. Sie alle haben die avantgardistische Reduktion betrieben. Aber weniger mit dem Ziel, sich in das Archiv der Innovationen einzuschreiben, als mit der Hoffnung, Tautologien zu entdecken, die für alle gleich einsichtig wären. So staunt der Leser von Freud oder Sartre darüber, daß sein Verhältnis zu Papa und Mama auch für die Philosophie von großer Bedeutung ist. Und der Betrachter einer Warhol-Ausstellung freut sich darüber, daß er wieder die Coca-Cola-Flasche sieht, die er gerade im Supermarkt gekauft hat. Unter solchen sich schnell verbreitenden Tautologien werden in der Zukunft große Konkurrenzkämpfe ausgetragen werden. Und der Sieger wird die Unterlegenen automatisch zu Müll degradieren. Eine zusätzliche Zensur wird überflüssig sein. Anstatt der Ideologie kommt die Tautologie.

Die Stadt auf Durchreise

Eine Stadt zu bauen bedeutet vor allem zu versuchen, der Zerstörung gewisser Dinge oder gewisser Lebensweisen oder gewisser kultureller Traditionen, die für die Menschen als besonders wertvoll und aufbewahrungswürdig gelten, entgegenzuwirken – der Zerstörung durch die Zeit, der alle Dinge in der Natur ausgesetzt sind. Man baut eine Stadt für die Dauer, für die Zukunft – vielleicht auch für die Ewigkeit. Die Stadt als solche hat eine ihr immanente utopische Dimension, weil sie sich jenseits der natürlichen Ordnung der permanenten Zerstörung situieren will und eine unnatürliche oder sogar widernatürliche Dauerhaftigkeit anstrebt, für die es in der Natur keinen Ort, keinen Topos gibt. Früher haben die Stadtmauern den Utopos umrissen, auf dem die Stadt gebaut worden war, und dadurch eine spezifische Unterbrechung in der natürlichen Kontinuität des Raumes verursacht, die die Stadt definiert. Je städtischer, je utopischer und dauerhafter eine Stadt ist, desto schwieriger ist es, diese Stadt zu erreichen und zu betreten, sei es das himmlische Jerusalem oder das tibetanische Lhasa.

Nicht nur einzelne Bauten werden in der Stadt so errichtet, daß sie möglichst längere Zeit intakt bleiben, sondern die ganze innere Ordnung der Stadt, ihre räumliche, kommunikative, soziale Grundstruktur, ihre besondere Lebensweise und die kulturelle Vision, die diese Stadt verkörpert, soll den nächsten Generationen hinterlassen – oder, wenn man will, sogar aufgezwungen – werden. Denn die nächsten Generationen sind dazu verurteilt – ob sie es mögen oder nicht –, in den Städten zu leben, die von ihren Vorfahren gebaut worden waren. Schon Descartes bemerkt am Anfang seiner Untersuchung über die Methode, daß man die Stadt, in der man lebt und die historisch gewachsen, nicht nach einem einheitlichen Plan gebaut und damit notwendigerweise unvollkommen ist, leider nicht einfach vollständig niederreißen kann, um auf dem gleichen Ort eine neue, vernünftige, vollkommene, methodisch einwandfreie Stadt aufzubauen. Nur eine solche vernünftige, einheitlich gebaute Stadt hätte aber nach Descartes die Chance einer wahren Dauerhaftigkeit, denn alles, was in der historischen Zeit durch Zufall und unter dem Druck der Umstände entstanden ist, muß in der Zeit vergehen. Darin sieht Descartes allerdings auch einen gewissen Vorteil.

Descartes ist nämlich kein Revolutionär, der, wie später etwa Le Corbusier, fordern würde, die historischen Städte zu sprengen, um an ihrem Platz neue, vernünftige, ewige Städte – oder zumindest die Städte der Zukunft – zu bauen. Vielmehr rechnet Descartes damit, daß die historischen Städte, soweit sie unvollkommen sind, von selbst verfallen, untergehen und allmählich durch ein gezieltes, methodisches Vorgehen und entsprechend der Vernunft, d. h. mit Blick auf die Ewigkeit, umgebaut werden können.

Diese reformistische Strategie von Descartes, die am Anfang der Neuzeit formuliert worden war, definiert im Grunde auch heute unser Verhältnis zur Stadt, soweit sie unsere eigene Stadt ist – die Stadt, in der wir leben. Dieses Verhältnis ist nämlich gespalten: Wir suchen ständig danach, was in unserer Stadt den Traum von der Ewigkeit am meisten verkörpert, um es zu festigen und zu erhalten, und zugleich wollen wir all das umbauen, verbessern oder sogar abreißen, was nach unserer Meinung keinen dauerhaften Bestand haben kann. Dabei sind unsere Vorstellungen von Ewigkeit und Dauerhaftigkeit allerdings wiederum einem historischen Wechsel unterlegen – und die Geschwindigkeit dieses Wandels nimmt, wie wir alle wissen, ständig zu.

Der technische Fortschritt gibt uns ständig neue Möglichkeiten, die Dauerhaftigkeit unserer Bauten zu sichern und für immer fernere Zukunft zu bauen. Gleichzeitig aber ändert dieser Fortschritt immer schneller unsere Bedürfnisse und unsere Vorstellungen von der Zukunft. Die Dauerhaftigkeit unserer Städte wächst also parallel zu ihrer Vergänglichkeit. Die Gebäude, die technisch gesehen immer sicherer gebaut und immer weniger zerstörbar sind, sind auf der anderen Seite schon im Moment ihrer Fertigstellung geschichtlich überholt und müssen im Grunde zu diesem Zeitpunkt bereits wieder abgerissen werden.

Der Traum von Dauerhaftigkeit, der den Bau der Städte stimuliert, behindert also zugleich diesen Bau, denn je dauerhafter man baut, desto schwieriger ist es, das Gebaute später abzureißen, um der »wahren« Dauerhaftigkeit Platz zu bereiten. Man träumt vom himmlischen Jerusalem, von der Stadt, aus der jede Natur und jeder Wandel vertrieben sind, wenn sie nicht selbst ein Teil der Stadt geworden sind. Diese Stadt soll ewig bestehen – sowohl in ihrer äußeren Pracht wie auch in den Ritualen des städtischen Lebens. De facto wird in unseren Städten dagegen ständig umgebaut, dazugebaut, zerstört oder restauriert, weil man in Wirklichkeit nicht einem einheitlichen Plan entsprechend bauen kann, sondern, wie Descartes bemerkt, nur vorläufig. Gerade das Vorläufige erweist sich aber in der Stadt ständig als das Dauerhafte.

Auch wenn man einen einheitlichen Plan für den Bau der wirklich dauerhaften oder sogar ewigen Stadt zur Verfügung hätte, hätte man zunächst einmal die Arbeiter, die diese Stadt bauen sollten, irgendwo unterbringen müssen. Man hätte weiter Fabriken, Krankenhäuser, Schulen, Sportplätze, Friedhöfe und vieles mehr für diese Arbeiter zu bauen, bis der richtige Aufbau der Utopie beginnen könnte. Ein solches vorläufiges Bauen braucht aber auch eine gewisse Vorbereitung – also kommt ein weiteres vorläufiges Bauen hinzu. So entsteht eine vorläufige Stadt zum Aufbau einer vorläufigen Stadt zum Aufbau ... usw. bis zum Aufbau einer ewigen, vollkommenen Stadt der Zukunft, die nicht mehr vorläufig ist und nie vergeht. Zunächst einmal lebt man aber immer noch – leben wir alle immer noch – in einer Stadt der unzähligen Vorläufigkeiten und Übergangsphasen, wo immer wieder etwas abgerissen und durch etwas anderes ersetzt wird, das offensichtlich später wieder abgerissen werden soll.

Eine solche Stadt der ewigen Vorläufigkeiten ist auch mehrmals literarisch beschrieben oder kinematographisch dargestellt worden: eine nicht mehr utopische, sondern distopische Stadt als Alptraum der ständigen Veränderung und intensivierten Zerstörung – intensivierter vor allem im Vergleich zur Zerstörung der Natur. Es ist dies die Stadt, wie sie z. B. in den Filmen »Blade Runner« oder »Terminator 1 und 2« dargestellt wird, in der alles ständig der Sprengung und der Verbrennung freigegeben wird, weil immer aufs neue versucht wird, für das

Kommende, für das Zukünftige einen freien Platz zu schaffen – und immer wieder wird die Ankunft des Zukünftigen verhindert und verschoben, weil die Überreste des schon Gebauten sich nicht vollständig abtragen lassen und die laufende Vorbereitungsphase nie zum Abschluß kommen kann. Wenn es in unseren Städten im Endeffekt überhaupt etwas Dauerhaftes gibt, dann nur diese ständige Vorbereitung zur Schaffung von etwas Dauerhaftem, ständige Verschiebung der endgültigen Lösungen, ständiges Umbauen, dauerhafte Reparatur und bruchstückhafte Anpassung an die neuen Notwendigkeiten.

Diese Unmöglichkeit, etwas wirklich Dauerhaftes und Endgültiges aufzubauen, hat sicherlich ihren tieferen Grund darin, daß alles, was in der historischen Zeit entsteht, in der historischen Zeit wiederum vergeht. Damit eine Stadt sich uns als etwas Beständiges darstellen könnte, das die Zeiten überdauert, muß diese Stadt noch vor dem Anfang der historischen Zeiten oder zumindest jenseits unserer Geschichte entstanden sein, d. h. in einer Vergangenheit, die für uns unzugänglich ist, die wir nicht erlebt haben, die zu unserer Geschichte, in der wir leben, nicht gehört. Und das bedeutet weiter, daß wir den Aufbau der dauerhaften Utopie nie unmittelbar erleben können: Eine Utopie muß irgendwo außerhalb unseres geschichtlichen Horizonts immer schon gebaut worden sein, um in unseren Vorläufigkeiten, Vorbereitungen und Verschiebungen nicht unterzugehen. Eine dauerhafte, eine utopische, eine ewige Stadt darf also niemals die unsere, sondern immer nur eine fremde Stadt sein. Wir können eine Utopie nicht aufbauen, aber wir können zu ihr reisen und sie besuchen. Die Utopie ist eine fremde Stadt auf der Durchreise, eine Stadt, von der wir nicht wissen, wie sie früher, vor unserer Anreise, aussah, und was mit ihr nach unserer Abreise passiert. Unsere Reise reißt diese Stadt aus ihrem geschichtlichen Topos heraus und transportiert sie ins Utopische: Anfang und Ende der Stadt, durch die wir reisen, sind für uns unbestimmt, ungeschichtlich – und das bedeutet, daß wir nur im Moment unserer Durchreise die Ewigkeit einer Stadt erleben können.

Die verwirklichte Utopie – die utopische Stadt – erschließt sich deswegen ihrem Wesen nach ausschließlich im Tourismus. Der Tourismus ist die Maschine zur Verwandlung des Vorläufigen ins Monumentale. Und in der Tat sind alle uns bekannten Erzählungen über die utopischen Städte Reiseberichte. Wenn man diesen Reiseberichten glaubt – und man muß ihnen glauben, denn es gibt keine anderen –, sind die utopischen Städte immer territorial weit entfernt, schwer erreichbar und sehen fremdartig aus. Oft befinden sie sich auf einsamen Inseln oder sind verborgen in beinahe unzugänglichen Bergen. Manchmal sind sie sogar unter Wasser oder auf anderen Planeten errichtet. In der Regel verlieren die Besucher dieser Utopien übrigens auf dem Rückweg die geographischen Karten, die sie erneut zu diesen utopischen Städten hätten führen können. Oder der Weg zurück wird – z. B. wegen eines Erdbebens – verschüttet, gesprengt, überflutet. Manchmal wird sogar die ganze utopische Stadt zerstört. Das ändert aber nichts an ihrer Vollkommenheit, denn sie verändert sich nicht in der Zeit, sondern verschwindet als Ganzes am Ende ihrer Zeit. Die utopische Stadt befindet sich diesen frühen Reiseberichten zufolge zwar außerhalb der Ordnung der Natur. Auf dem Weg dahin ist man dagegen allen natürlichen Gefahren ausgesetzt. Und die Ankunft in dieser Stadt ist auch mehr ein Zufall als Ergebnis einer Reiseplanung. Oft erreicht man eine utopische Stadt durch einen Unfall, der eigentlich tödlich ausgehen sollte: Ein Schiffbrüchiger kommt z. B. wieder zu Bewußtsein auf einer utopischen Insel. Man gerät in eine Utopie meistens auf dem Weg anderswohin.

Dem gleichen Muster folgen auch die Pilgerschaften zu den heiligen Städten, von denen alle Religionen berichten und zu denen sie ihre Anhänger oft direkt verpflichten. Hier kann man den eigentlichen Ursprung des modernen Tourismus sehen, denn der Weg zur Heiligen Stadt ist in der Regel planmäßig organisiert und nicht mehr dem Zufall und den Kräften der Natur überlassen, die seitdem nur eine negative Rolle spielen können. Aber vor allem besteht der Unterschied zu den früheren, beinahe unfreiwilligen Reisen darin, daß ein Gläubiger nicht mehr eine Stadt zu sehen erwartet, in der alles gleich heilig, gleich utopisch ist. Ein Gläubiger pilgert zu einem Monument, d. h. zu einem gebauten Zeichen dessen, was einmal – eigentlich noch vor dem Beginn der Zeiten – war, die Zeiten unverändert überdauert und in das apokalyptische, ewige

Reich eingeht. Die Utopie ist damit nicht mehr total. Es bildet sich eine Trennung zwischen dem Monumentalen und dem Vergänglichen. Die Stadt spaltet sich in eine monumentale, unvergängliche Komponente, die ihren Ursprung außerhalb der Zeit – oder zumindest vor unserer historischen Zeit hat –, und eine Komponente des Vergänglichen und Vorläufigen, inmitten derer wir geschichtlich leben. Statt Unzugänglichkeit im Raum bekommen wir hier eine Unzugänglichkeit in der Zeit, die das Monumentale ausmacht. Ein Monument steht in der Stadt neben allen anderen Gebäuden und ist einfach zu erreichen: Es gibt keine Mauer mehr und auch keine Naturkatastrophe, die den Raum dieses Monuments von allen anderen Räumen trennt. Gleichzeitig ist der Abstand zwischen einem Monument und einem Nicht-Monument, etwa zwischen dem Kölner Dom und dem Kölner Bahnhof, unendlich groß, denn sie gehören unterschiedlichen Ordnungen nicht des Raums, sondern der Zeit an: Fünf Minuten zu Fuß zwischen diesen zwei Gebäuden überbrücken einen Abgrund in der Zeit, denn der Bahnhof gehört der zeitlichen Ordnung des Vergänglichen an – wir können uns gut vorstellen, daß dieser Bahnhof einmal als veraltet eingeschätzt, abgerissen und durch ein anderes, zeitgemäßeres Gebäude ersetzt wird. Den Kölner Dom betrachten wir dagegen als unersetzbar, als Monument, das alle Veränderungen in der Zeit überdauern muß – und zwar unabhängig davon, ob wir an die Gültigkeit der Weltanschauung, die sich in ihm verkörpert, glauben oder nicht glauben. Mehr noch: Der Kölner Dom ist gerade deswegen ein Monument, weil er einer Epoche angehört, die wir nicht mehr als die unsere betrachten. Er gehört einem anderen Zeitraum an, zu dem wir keinen Zugang mehr haben, auch wenn wir den Dom ohne weiteres betreten können. Das Monumentale in der Stadt ist also für uns das Andere, das Unzugängliche, das Fremde in der Zeit – und deswegen auch das Unveränderbare im Raum: Man kann den Kölner Dom, wie auch eine utopische Stadt, zerstören, aber nicht verändern.

Eine touristische Reise in eine fremde Stadt ist also in erster Linie die Reise in eine andere Zeitdimension. Wenn man als Tourist in eine andere Stadt fährt, hat man zum Ziel, die Monumente in dieser Stadt anzuschauen, d. h., eine fremde Stadt präsentiert sich dem Touristen als eine ewige Stadt. Und es ist nicht so, daß die Monumente einer Stadt immer schon da stehen und auf den Touristen warten, um von ihm gesehen zu werden, sondern erst der Tourismus schafft diese Monumente, erst durch den Tourismus wird eine Stadt monumentalisiert; erst auf der Durchreise wird der ständig fließende, ständig sich verändernde städtische Alltag zum monumentalen Bild der Ewigkeit. Und die Zunahme des Tourismus bedeutet auch eine zunehmende Geschwindigkeit der Monumentalisierung. Wir erleben heute eine Explosion der Ewigkeit oder, genauer, der Verewigung in unseren Städten. Heute sind es nicht nur anerkannte Monumente wie der Kölner Dom, die uns aufbewahrungswürdig zu sein scheinen, sondern alles, bei dem wir das gut bekannte Gefühl bekommen: Ach, sehen Sie, es war doch immer so und wird immer so sein. Und so ein Gefühl bekommt man oft genug, wenn man reist – und wir alle reisen mehr und mehr. Man will deswegen heute eigentlich nichts mehr zerstören, verändern oder ersetzen. Jeder Versuch in diese Richtung ruft unweigerlich eine Bürgerinitiative auf den Plan, die alles Bestehende zu einem Monument erklärt, das nur besucht, aber nicht verändert werden darf, und seine drohende Veränderung als Sakrileg empfindet.

Auch wer etwa nach New York, nach South Bronx fährt und sieht, wie dort Drogendealer aufeinander schießen oder zumindest so aussehen, als würden sie gleich aufeinander schießen, bekommt dieses Erlebnis des Monumentalen und denkt: Ja, hier war es immer so und wird es immer so sein, diese malerischen Jungs und diese romantischen Stadtruinen und diese überall lauernde Gefahr. Und wenn man dann später in den Zeitungen liest, daß die Gegend saniert werden soll, ist man bestürzt und empfindet die gleiche Trauer, als wenn man erfahren würde, daß der Kölner Dom gesprengt wird, um durch ein Hertie-Kaufhaus ersetzt zu werden. Man denkt: Hier wird ein Stück authentischen, eigenartigen, anderen Lebens zerstört, hier wird alles erneut plattgemacht und banalisiert, hier geht das Monumentale unwiderruflich verloren.

Diese Trauer ist allerdings etwas verfrüht. Denn wenn man nach der Sanierung wieder in die gleiche Gegend fährt, denkt man: wie ist hier alles wunderbar platt, häßlich, banal – hier war es offensichtlich immer schon so platt und wird es immer so sein. Damit wird die Gegend re-monumentalisiert, weil das Alltägliche und Banale auf der Durchreise genauso als Monumentales erlebt wird wie das Außergewöhnliche. Nicht die innere Qualität eines Monuments entscheidet über seine Monumentalität, sondern diese Monumentalität ergibt sich aus dem ständigen Spiel der Monumentalisierung, De-Monumentalisierung und Re-Monumentalisierung, das allein durch die Dynamik des universalen Tourismus bestimmt wird. Alles, was touristisch gesehen wird, wird im Lichte der Ewigkeit gesehen. Und die Bürgerinitiativen können ruhig schlafen, denn ein Hertie-Kaufhaus ist nicht weniger monumentalisierungsfähig als der Kölner Dom.

Die städtischen Bauten und Lebensweisen präsentieren sich als Sieger über die Zeiten, als Unvergängliches und Monumentales inmitten des geschichtlichen Wandels nur deshalb, weil die Zeit ihres Entstehens dem Besucher unzugänglich ist. Auch wenn diese Zeit nicht so lange zurückliegt, gehört sie einem anderen geschichtlichen Zusammenhang an, bleibt für den Besucher nicht nachvollziehbar und scheint deswegen uralt zu sein. Wenn wir etwa nach Indien oder China als Touristen kommen, dann ist es für uns im Grunde kein Unterschied, ob einzelne Monumente zweitausend, zweihundert, zwanzig Jahre alt sind oder, wenn man will, gestern erst gebaut wurden: Für uns sind sie alle gleich Monument des ewigen Indien oder China, die in ihrem inneren Wesen doch für immer unveränderlich bleiben. Alle diese Monumente sehen für uns gleich uralt aus, alle vor dem Beginn der Zeiten entstanden, weil wir alle diese Monumente nicht innerhalb unserer eigenen Geschichte verorten können. Und genauso kann man sagen, daß sie für uns so aussehen, als ob sie erst nach unserer Geschichte, in der fernen Zukunft gebaut werden müssen, d. h. als zukünftige Visionen ihrer selbst. Wir stehen vor diesen Bauten und denken, daß alles vergeht in unserem Leben – aber diese Bauten waren immer da und werden immer da stehen; ein Gefühl, das auch Napoleon bekannterweise beim Anblick der ägyptischen Pyramiden überwältigt hat.

Deswegen reagiert man bei allen touristischen Reisen mit einem kaum zu unterdrückenden inneren Widerwillen auf übliche Erklärungen der Exkursionsleiter, daß die Monumente, die man sieht, viele Transformationen erfahren haben, oft umgebaut wurden und heute gar nicht so aussehen wie ursprünglich. Diese Erklärungen beleidigen uns innerlich, und wir versuchen ständig und nicht ohne Erfolg, sie zu überhören. Viele Exkursionsleiter beklagen die bekannte Tatsache, daß ihre historisierenden Kommentare nicht zur Kenntnis genommen werden, und wenn sie ihre Gruppen auffordern, Fragen zu stellen, dann fragen die Reisenden in der Regel, wie man am besten Geld tauschen, wo man gut, aber billig essen kann usw. Es handelt sich aber dabei offensichtlich nicht um Trägheit und Desinteresse, sondern um eine psychologische Abwehr gegen die unerwünschte Information. Der Tourist ist ein Reisender aus der Zeit in die Ewigkeit, die sich durch die Unveränderlichkeit der Monumente repräsentieren läßt, und wünscht sich selbstverständlich nicht, vorzeitig in die Zeit zurückversetzt zu werden. Viele Touristen kaufen übrigens Reiseführer und sagen dabei: Alle diese historischen Informationen werde ich lieber später lesen, wenn ich zu Hause bin, d. h., wenn ich zurück in meiner geschichtlichen Zeit bin – aber diese Informationen werden selbstverständlich auch zu Hause nicht gelesen, um die Erinnerung an die besuchte Ewigkeit nicht zu gefährden.

Lieber betrachtet man die Fotos, die man von der Reise mitgebracht hat und auf denen man mit seiner Familie und seinen Freunden vor dem Hintergrund verschiedener Monumente abgebildet ist. Durch diese Fotos, die einen dokumentarischen Charakter haben, belegt man im Grunde seine eigene Unsterblichkeit, denn man hat die ewigen Städte besucht, man ist neben den Pyramiden gestanden, neben denen auch die Pharaonen gestanden waren – oder vielleicht noch stehen werden, denn man weiß ja nie, was eigentlich in diesen Regionen alles geschah oder geschehen könnte. Es gab übrigens eine Studie, bei der Tausende von Fotos ausgewertet worden sind, die Touristen in Paris aufgenommen haben. Bei fast allen diesen Fotos handelte es sich um Bilder von den gleichen Orten, die als anerkannte Monumente auch auf allen Postkarten zu sehen sind. Die Autoren der Studie haben dieses Ergebnis so interpretiert, daß den meisten Fotografierenden der künstlerische Sinn fehle, so daß sie nur die Motive auswählen könnten, die ihnen durch die touristische Industrie vorgegeben würden. Nach der Meinung der Autoren sollten die Touristen in Paris wahrscheinlich nach den malerischen Sujets jenseits der vorgefertigten Codes suchen, um, wie man in solchen Fällen sagt, kreativ zu werden.

Was wäre aber der Sinn einer solchen Kreativität? Auf jeden Fall würde ein kreativer Umgang mit der Fotografie einen Verrat an das viel tiefere Projekt des Tourismus bedeuten. Die wichtigste Aufgabe bei jeder touristischen Reise besteht nämlich darin, alle Kontakte mit dem Vergänglichen, Vorläufigen, Unfertigen, Nicht-Monumentalen zu vermeiden.

Deswegen sind auch diese Reisen von den Reiseunternehmen so gestaltet, daß man nur mit dem Monumentalen konfrontiert wird und der Ordnung des Zeitlichen möglichst vollständig entkommt. In diesem Zusammenhang ist es besonders interessant, immer wieder neu zu erleben, wie eine Stadt, in der man einmal mit einem solchen Unternehmen auf der Durchreise war, sich plötzlich ganz anders erleben läßt, wenn man als einfacher Sterblicher etwa eine Geschäftsreise in die gleiche Stadt unternimmt. Der Effekt ist nicht weniger drastisch als im Falle des Verlassens einer utopischen Stadt, wie es in der klassischen utopischen Literatur beschrieben wird – wenn der Weg zurück nämlich für immer versperrt bleibt. Plötzlich wird alles wieder vorläufig, ungewiß, vergänglich. Man wird nicht mehr mit den Bussen, die immer gleich aussehen und schon dadurch die ewige Wiederkehr des Gleichen suggerieren, von einem monumentalen Ort zum anderen befördert, sondern sucht sich seinen eigenen Weg zu diesen Monumenten – durch Umwege, Verirrungen, Unsicherheiten und Verschiebungen. Dadurch bekommen diese Monumente aber seltsamerweise eine neue Geschichtlichkeit – zumindest schreiben sie sich in die Lebensgeschichte des einzelnen Suchenden ein. Und damit verlieren sie ihre Transzendenz, ihre Erhabenheit, die nur von den großen Reiseunternehmen gewährleistet werden kann, wobei auch die neutrale Eintönigkeit des Essens und Wohnens während der Reise nicht wenig zu diesem Erlebnis der Erhabenheit beiträgt. Das einzige, was einem nach einem solchen »untouristischen«, individuellen Besuch bleibt, ist die Trauer um die verlorengegangene Utopie und ein fester Entschluß, einen solch verhängnisvollen Fehler nie mehr zu wiederholen.

Nicht zufällig haben einige radikale Utopisten der russischen Avantgarde am Anfang dieses Jahrhunderts Projekte der Städte der Zukunft entworfen, in denen alle Wohnungen und Häuser erstens gleichförmig und zweitens beweglich sein sollten. Auf eine wunderbare Weise wird hier die touristische Reise selbst zum Reiseziel, die Reise selbst wird monumental: Die Stadt und die Reise zu dieser Stadt werden identisch. So schlug der Dichter Welimir Chlebnikow vor, alle Bewohner Rußlands in bewohnbare gläserne Zellen auf Rädern zu plazieren, damit sie überall fahren und alles sehen dürften – und zugleich auch ungehindert gesehen werden könnten. Und in der Tat: Durch das ständige Reisen von Monument zu Monument wird der Tourist selbst monumental. Die Touristen sind heute das Sichtbarste und Unvergänglichste, was einem bei der Konfrontation mit dem Monumentalen begegnet. Wo keine Touristen zu sehen sind, sieht die Stadt auch nicht mehr monumental aus. Kasimir Malewitsch hat übrigens das Projekt von Chlebnikow insofern weitergeführt, als daß er vorgeschlagen hat, einen jeden Menschen in ein individuelles kosmisches Schiff zu setzen, so daß er ständig im Kosmos schweben und von einem Planeten zum anderen Planeten fliegen könnte. Der Mensch wird hier endgültig zu einem ewigen Touristen, der ständig auf Reisen ist und dadurch selber, isoliert in seiner individuellen und immer sich selbst identischen Zelle, zu einem Monument wird. Das ist eine Vision, die man auch z. B. in der bekannten Fernsehserie »Raumschiff Enterprise« findet, wo das Raumschiff selbst zu einem sich ständig bewegenden utopischen oder monumentalen Raum wird, der sich durch die unzähligen Episoden dieser Serie nie ändert, obwohl – oder gerade weil – er sich ständig mit Lichtgeschwindigkeit bewegt.

Fotos, die Touristen im Kontext des Monumentalen zeigen, haben also die primäre Funktion, diese Touristen zu monumentalisieren, indem sie auf diesen Fotos vor dem Hintergrund des Ewiggleichen erscheinen, der jeder einzelnen Fotografie die Qualität und Bedeutung einer mittelalterlichen Ikone verleiht, auf der die Heiligen vor dem Hintergrund der Ewigen Stadt Gottes abgebildet werden. Ein sogenannter kreativer Umgang mit der Fotografie hätte diese ihre wesentliche Dimension einfach zerstört, ohne sie durch etwas anderes zu kompensieren.

Auf der anderen Seite könnte eine solche »originelle« oder »kreative« Fotografie allerdings eine wichtige und – in unserem Sinne positive – Rolle spielen, falls sie sich nicht nur auf das Private beschränken, sondern vielmehr der Ausdehnung des Monumentalen und Touristischen dienen würde. Der Bereich des Monumentalen, d.h. des touristisch Wertvollen, ist nämlich in jeder beliebigen Stadt begrenzt. Und so findet man in jeder Stadt eine beinahe unsichtbare, aber deutlich spürbare Grenze, die das Monumentale vom Nicht-Monumentalen trennt, wobei ich unter dem Monumentalen, wie gesagt, nur das verstehe, was für den Tourismus als wertvoll gilt. Die Stadt in ihrem Ganzen kann man sogar als Ort definieren, an dem diese Grenze verläuft und an dem sie ständig verschoben wird, indem das Monumentale und das Nicht-Monumentale in ein höchst dynamisches Verhältnis untereinander eintreten.

Die Expansion des internationalen Tourismus vollzieht sich nämlich als ständiger Prozeß der Monumentalisierung dessen, was früher nicht als monumental, nicht als für den Tourismus wertvoll angesehen wurde. Man klagt über den Trubel in den Zentren des Tourismus, über Veränderungen und Baustellen für Hotels oder Diskotheken. Auch das Essen sei schlechter geworden; deshalb fahre man lieber an einen Ort, wo es noch keinen Tourismus gibt, wo es noch ursprünglich, authentisch, menschlich ist, wo alles bleibt, wie es immer war und für immer sein wird – und außerdem viel billiger. Zwar macht der Tourismus das Monumentale erst möglich, oder, genauer gesagt, er produziert erst das Monumentale. Aber auf der anderen Seite und durch die gleiche Bewegung der Herstellung verhindert der Tourismus das Monumentale, entwertet es zum Nicht-Monumentalen.

Daraus wird notwendigerweise der Schluß gezogen, daß man entweder noch weiter wegfahren müsse oder daß man auch in der Nachbarschaft etwas Monumentales findet, das man früher übersehen hat. Die Kritik am Tourismus dient also immer nur der Expansion des Tourismus, weil sie nur den Hinweis auf authentischere, eindrucksvollere Ziele beinhaltet und damit die Grundüberzeugung des Tourismus bestätigt und sogar wesentlich verstärkt: daß nämlich das wahre, authentische, ursprüngliche Monumentale immer nur irgendwo anders, in der Ferne, als ein noch unbekanntes Reiseziel zu finden ist. Jede Kritik am Tourismus ist gleichzeitig eine Werbung für Tourismus. Tourismus expandiert gerade als diese kritische, immer unzufriedene Suche nach einem immer neuen Monumentalen, nach einer immer neuen Ewigkeit – durch die unterschiedlichen Strategien der De-Monumentalisierung und Re-Monumentalisierung.

Dabei spielt die Ästhetisierung durch die Kunst, besonders durch Fotografie und Literatur, eine entscheidende Rolle. Indem Darstellung und Beschreibungen gewisser Gegenden in den Kontext der Kunst und Literatur gestellt werden, ist schon ein erster wesentlicher Schritt zu ihrer Monumentalisierung getan. Die Kunstwerke sind Vorboten des modernen Tourismus – genauso wie der Tourismus in einem gewissen Sinne den meisten Stoff für die Kunst liefert. Die Rolle der europäischen Kunst und Literatur des 19. Jahrhunderts in dieser Hinsicht ist nicht zu überschätzen – nämlich die Rolle, die sie bei der Exotisierung und Musealisierung der übrigen, nicht-europäischen Welt gespielt haben. Aber eine noch viel größere Rolle kommt der Kunst und Literatur in ihrer anderen Funktion zu – nämlich bei der Selbstmonumentalisierung einer Stadt. Nicht zufällig sind in jeder Stadt die Museen, in denen diese Stadt sich bewußt ästhetisiert und den Fremden präsentiert, das erste Reiseziel. Eine solche Selbstmonumentalisierung findet insbesondere heute überall auf der Welt statt, und sie ist in erster Linie mit der Homogenisierung des Raumes des modernen Tourismus verbunden.

Früher konnte man nämlich noch relativ eindeutig zwischen Metropole und Provinz unterscheiden, wobei der Tourismus von der Metropole ausging. Die Metropole enthielt zwar immer sehr viel Denkwürdiges und Wundervolles, das einer aus der Provinz bestaunen konnte und sollte, aber die Metropole konnte nie zu einem Monument werden: Sie lebte in einem ständigen Prozeß der Selbstverbesserung, des Fortschritts und damit auch der Selbstveränderung, des Vorläufigen und des Unfertigen. Die klassische Metropole ist prinzipiell nicht monumentalisierbar, wie sie nie der Ordnung der Vergangenheit angehört, sondern immer in die Zukunft gerichtet ist. Die Provinz galt dagegen früher als historisch träge und damit als monumental. Noch monumentaler erschienen den Europäern die fernen Provinzen ihrer Imperien, die sie auf ihren Erkundungsreisen als etwas Vergangenes, Fertiges und Unveränderbares betrachteten. Aus der Provinz in die Metropole fuhr man dagegen, um am historischen Fortschritt teilzunehmen, sich und andere zu verändern, aufzusteigen. Diese Asymmetrie zwischen Metropole und Provinz verschwindet in unserer Zeit aber zunehmend: Heute ist jeder von uns nicht nur ein Reisender, sondern auch ein Reiseziel. Wir reisen ständig und in alle Richtungen. Nicht nur die Metropole inspiziert die Provinz, betrachtet sie und beherrscht sie zugleich, sondern auch die Provinz reist in die Metropole, um ihre Monumente zu sehen, ja um die Metropole selbst als Monument zu sehen.

Eine solche Homogenisierung des touristischen Raumes führt zu vielen wichtigen Konsequenzen in unserem Verhältnis zum Tourismus und zum Monumentalen. Wir beginnen zunehmend nicht nur in vertrauter Weise zu fragen, was wir in der Fremde als monumental empfinden, sondern inwiefern wir selber für die anderen, für dic Fremden monumental sein können. Wir stellen damit die Frage nach unserem eigenen touristischen Wert oder nach unserer eigenen kulturellen Identität, wie man es heute nennt – eine der seltsamsten und verhängnisvollsten Fragen, die der Mensch sich stellen kann. Und auch eine sehr neuartige Frage. Denn früher haben sich die Europäer, wie gesagt, immer nur als Betrachter und nicht als Betrachtete empfunden. Auch wenn etwa Montesquieu seine »Persischen Briefe« schrieb, um seine eigene Kultur als eine exotische darzustellen, war dies als feiner Witz, als literarisches Verfahren gemeint, um die Europäer zu ermahnen, alles abzulegen, was auf die anderen exotisch wirken könnte. Das Universale aber kann man nicht betrachten, nicht besuchen und nicht monumentalisieren. Das Universale ist a-touristisch. Der Verweis auf den eigenen touristischen Wert wurde demgemäß in der Aufklärung nur als Aufforderung verstanden, diesen touristischen Wert abzuschaffen, a-touristisch zu werden. Das Erlebnis der Selbstmonumentalisierung spielt in der Aufklärung eine wichtige, vielleicht sogar eine entscheidende Rolle, aber diese Selbstmonumentalisierung wird ausschließlich negativ gedacht, denn das Ziel bleibt immer, nur zu sehen, aber nie gesehen zu werden; nur wahrnehmendes Subjekt, aber nie Objekt für einen fremden Blick zu sein.

Übrigens hat sich früher nicht nur die Metropole, sondern auch die Provinz nicht als monumental empfunden. Ein Schamane wollte z. B. Regen über die Felder bringen und nicht ein Regenbeschwörungsritual für die Touristen vorführen. Heute sieht sich dagegen ein Schamane nicht mehr im Kontext der Landwirtschaft, sondern im Kontext des Tourismus. Dadurch unterscheidet er sich nicht mehr von einem europäischen Philosophen, der heute gleichfalls das Streben nach dem Universalen – z. B. als Logozentrismus verstanden – ausschließlich für eine europäische Eigenart, für ein Merkmal der spezifischen europäischen kulturellen Identität hält. In dieser Perspektive wird die Geschichte der europäischen Philosophie oder Kunst oder Literatur auf die gleiche Stufe gestellt wie das schamanische Regenbeschwörungsritual, d. h., als Spezifikum der europäischen kulturellen Identität, als Monument des europäischen Geistes interpretiert. Die Grenze der Monumentalisierung verläuft heute nicht mehr zwischen Metropole und Provinz, sie teilt nicht mehr den ganzen Raum in zwei heterogene Bereiche, sondern sie spaltet das Innere jeder Stadt und sogar jedes einzelnen Stadtbewohners. Jeder und jedes werden in das Monumentale und Nicht-Monumentale geteilt, wobei diese Teilung selbst von niemandem mehr kontrolliert oder überwunden werden kann, wie es noch die Aufklärung anstrebte, sondern diese Teilung folgt dem Spiel der De-Monumentalisierungen und Re-Monumentalisierungen, das sich im prinzipiell unübersichtlichen Kontext des internationalen Tourismus abspielt.

Das Erlebnis der eigenen kulturellen Identität und die Einsicht in eine Struktur ergeben sich dabei erst aus der völligen inneren Dissoziation von dieser Identität durch die Aneignung des fremden Blicks auf sich selbst und auf die eigene unmittelbare Umgebung – des Blicks aus der Perspektive des internationalen Tourismus. Die kulturelle Identität einer Stadt bietet sich nur dem Blick des Reisenden auf der Durchreise durch diese

Stadt von irgendwoher irgendwohin. Und die Aneignung dieses Blicks dient heute nicht mehr der Überwindung der kulturellen Identität auf der Suche nach dem Universalen und Transzendenten. Vielmehr wird dieser selbst-reflektierende Blick dazu benutzt, den dadurch entdeckten eigenen touristischen Wert zu fixieren, zum Monument zu valorisieren und als touristisches Ziel zu kommerzialisieren.

Der eigene touristische Wert wird jetzt positiv und nicht mehr negativ gedacht. Statt seine eigene kulturelle Begrenztheit in der Suche nach der Universalität zu transzendieren, will man sie im universalen touristischen Kontext kommerzialisieren. Man denkt nicht mehr universal, statt dessen reist man überallhin. Die Universalität der Vernunft, die in der Metropole ihren festen Ort hatte, ist überflüssig geworden und wird durch die Ubiquität des Tourismus ersetzt.

Die Strategien des Tourismus lösen heute die alten Strategien der Aufklärung ab. Vorurteile, Mythen, traditionelle kulturelle Bestimmungen und Grenzen sind nicht mehr definiert, um überwunden, sondern um touristisch verkauft zu werden. Die kulturelle Identität ist keineswegs mit sich selbst identisch, sondern ein Produkt des universalen Tourismus, der ständig erneut zur Selbstästhetisierung in Kunst und Literatur und weiter zur Selbstmonumentalisierung auffordert. Die dadurch erkannten oder, besser, produzierten Formen dieser Selbstmonumentalisierung sucht man zu stabilisieren, zu schützen – letztendlich zu verewigen. Man bietet sich selbst als Schauspiel für einen Besuch auf der Durchreise, als ein attraktives Reiseziel im internationalen Vergleich. Aber man ist zu diesem Kunststück der Selbstmonumentalisierung nur dann fähig, wenn man selbst ständig reist, d. h. wenn man aus der eigenen Erfahrung weiß, wie dieser internationale Vergleich aussieht und was für ein Image sich im Rahmen dieses Vergleichs am besten als die eigene kulturelle Identität präsentieren und kommerzialisieren läßt. Dieses Wissen soll ständig durch immer neue Reisen neu erworben werden, weil sich der Kontext dieses Vergleichs ständig im Spiel der De-Monumentalisierungen und Re-Monumentalisierungen ändert. Die monumentale kulturelle Identität hat also nur derjenige, der immer nur auf der Durchreise ist und den Überblick nie verliert.

Wir reisen also ständig, wie Chlebnikow das auch vorgesehen hat, durch andere und durch uns selbst hindurch und sehen dabei füreinander monumental aus.

Damit kommen wir zu einer doch ziemlich traditionellen Definition der Stadt und insbesondere der Metropole: Sie ist vor allem ein Ort der Reflexion und Selbstreflexion – die Stadt als Ort, von dem aus man die Natur im ganzen und seine eigene Natur erblicken und erkennen kann. Nur ist diese Bewegung der Selbstreflexion heute nicht mehr die vertikale Bewegung aus der Begrenztheit des Eigenen zum Universalen und Transzendenten, in der der Mensch seine unsichtbare, unobjektivierbare Innerlichkeit entdeckt, sondern vielmehr eine unendliche horizontale, touristische Reise von einem Monument zum anderen Monument, auf der man selbst zu einem transportablen Monument wird. Tourismus produziert in uns eine innere Spaltung, die uns erst die Selbstreflexion ermöglicht, aber diese Spaltung wird durch keine Selbstreflexion mehr geschlossen, weil wir auf dem Weg zu uns selbst das ganze Netz des internationalen Tourismus ständig durchlaufen müssen. So bleiben wir als reisende Monumente auf eine wunderbare Weise unüberwindbar schizophren – und leiden nicht einmal daran, sondern genießen dieses unser problematisches Schicksal.

Dieser Text ist ein Vortrag, den Boris Groys am 13. Dezember 1993 im Literaturhaus Hamburg im Rahmen der Reihe »Perspektiven metropolitaner Kultur« gehalten hat. Der gesamten Vortragsreihe wird eine Veröffentlichung in der edition suhrkamp gewidmet sein.

Trotzki
oder Metamorphosen des Engagements

Die Diskussion um die politisch engagierte Kunst scheint die Kunstwelt in diesem Jahrhundert zu zerreißen. Die Verfechter der absoluten künstlerischen Autonomie stehen den engagierten Künstlern unversöhnlich gegenüber. Zugleich aber ist die Idee der Autonomie der Kunst mit dem Anspruch auf Engagement zutiefst verbunden. Mehr noch: es ist nicht besonders schwer zu zeigen, daß die radikale Autonomie der Kunst sich nicht anders zeigen kann als durch ein radikales politisches Engagement. Und umgekehrt: erst derjenige, der völlig frei und autonom ist, kann sich engagieren.

In der Tat ist das Wort »Engagement« vor allem durch die Schriften von Sartre berühmt geworden. Sartres Existenzialismus definierte sich selbst als konsequenter Humanismus, d. h. als Behauptung der radikalen Autonomie des menschlichen Individuums. Das Individuum wurde dabei als reines Nichts verstanden, als absolute Freiheit der Wahl, als eine Existenz, die durch keine Essenz vorbestimmt ist. Der Mensch durfte demzufolge sein Wesen selbst wählen, aber zugleich *mußte* er sein Wesen wählen, denn wenn er im Nichts verweilen würde, würde dieses Nichts zu seinem Wesen. Nach Sartre ist der Mensch nichts anderes als sein Engagement: es gibt keinen »verborgenen« Menschen jenseits dessen, was der Mensch in der Welt tut.[1] Daher kann der Mensch, Sartres Existenzialismus folgend, seine absolute Freiheit nur durch ihre letzte Steigerung behaupten, die zugleich ihre Überwindung bedeutet, d. h. durch ein Engagement für eine bestimmte innerweltliche Haltung, die aber zugleich eine musterhafte Bedeutung für die ganze Menschheit haben soll, so daß dieses Engagement dadurch einen »absoluten Charakter« bekommt[2]. In Sartres Engagement ist also unschwer Kants »ästhetisches Urteil« zu erkennen: Für Sartre ist das Engagement, wie auch das ästhetische Urteil für Kant, durch das Paradox bestimmt, daß es sich zwar nicht begründen läßt, aber trotzdem eine universale Geltung beansprucht. Das politische Engagement als irreduzible und zugleich universal gültige Entscheidung der individuellen Freiheit kann also zunächst einmal nicht als Unterwerfung der Kunst unter die Bedingungen der Politik gedeutet werden, sondern vielmehr als Erweiterung der Struktur des ästhetischen Urteils, in dem die moderne Autonomie der Kunst durch Kant begründet wurde, auf die Gesamtheit des sozialpolitischen Lebens.

Die Möglichkeit des politischen Engagements schließt also vor allem jeden philosophischen Determinismus aus, der die ursprüngliche Freiheit des sich engagierenden Individuums nicht zuläßt und sein sozialpolitisches Verhalten durch historische Herkunft dieses Individuums und nicht als Folge seiner freien Entscheidung interpretiert. Damit deutet jedes Engagement auch die Möglichkeit eines Verrats an die Sache an, für die man sich engagiert, denn jede Wahl kann widerrufen werden. Und mehr noch: Erst durch den Widerruf zeigt sich eine Wahl als Wahl – und nicht als eine kausale Bestimmung. Die Möglichkeit des Verrats gehört also zum Wesen des Engagements. Wenn das Engagement nicht verraten werden kann, ist es kein Engagement, sondern bloß der Ausdruck einer äußeren oder inneren Notwendigkeit, der man sich passiv unterwirft, ohne sie zu beherrschen.

Damit die Kunst sich engagieren konnte, mußte sie daher zunächst einmal den Verrat lernen. Erst durch den Bruch mit der eigenen Tradition bekommt die Kunst die nötige Freiheit, um sich zu engagieren. Dabei soll dieser Bruch aber nicht als von einer inneren Notwendigkeit diktiert verstanden werden, wie es bei Kandinsky beispielsweise immer noch der Fall ist.[3] Vielmehr soll der Bruch mit der Tradition als ein purer Akt des Verrats begriffen werden, der die Freiheit des Künstlers begründet und in reinem Nichts verwurzelt. Erst eine völlig im Nichts begründete, d. h. sich aus allen kausalen Bindungen mit der Realität befreite Kunst kann und muß sich engagieren, um in dieser Form einen neuen Zugang zur Welt zu gewinnen. Wenn die Kunst nichts mehr darstellt oder bedeutet, muß sie sich nützlich machen.

Historisch erfolgte die Bestimmung der Kunst als Nichts am radikalsten in den ersten Dekaden unseres Jahrhunderts – vor allem im russischen Suprematismus wie auch im deutschen und französischen Dadaismus. Nicht zufällig wurde gerade in der Nachfolge dieser Strömungen die Frage nach dem politischen Engagement der Kunst mit äußerster Radikalität gestellt. Erst wenn man anerkennt, daß die Kunst keine ursprüngliche Beziehung zur Realität hat, will man diese Beziehung artifiziell produzieren. Damit wird Kunst als Kunst vollendet, denn auch ihr Bezug zur Realität wird künstlich gewählt, gemacht. So engagiert man sich für etwas, was man nicht ist – und vollendet sich damit als freier Künstler. Es ist charakteristisch, daß Malewitsch etwa, der vielleicht am radikalsten das Nichts als Wesen der Kunst behauptet hat, von den Künstlern der nachfolgenden Generation gerade dafür kritisiert wurde, daß er in seiner Kunst dieses Nichts immer noch passiv abbildet, statt sich für die Konstruktion der neuen, kommunistischen Welt zu engagieren und seine Kunst damit in der Tat als Nichts zu manifestieren. Schon damals schrieb Nikolai Tarabukin, die moderne, kommunistische Produktionsgesellschaft sei in sich selbst schon ein Werk der nicht-gegenständlichen Kunst, weil sie keinem bestimmten Zweck – im Sinne des Konsums – diene und nur die Produktion um der Produktion willen betreibe.[4]

Damit kündigt sich aber auch die Schwierigkeit an, die bei der Übertragung des ästhetischen Urteils auf die sozialpolitische Wirklichkeit in Form des Engagements entsteht. Es ist bekannt, daß die Wahl des Engagements in den einschlägigen Theorien zwar als frei postuliert wurde, diese Wahl in der Realität doch meistens zugunsten der verschiedenen Varianten des marxistischen Sozialismus und vor allem der internationalen kommunistischen Bewegung stalinistischer Prägung ausfiel. Dafür gibt es zumindest zwei entscheidende Gründe. Der erste Grund besteht darin, daß der Marxismus eine Gesellschaftstheorie ist, die im Menschen ein sich in der gesellschaftlichen Aktivität völlig veräußertes Wesen sieht. Jenseits seiner Lebenspraxis ist der Mensch für den Marxismus nichts. Und das kann genau als dieses Nichts interpretiert werden, das die moderne Subjektivität und insbesondere die moderne Kunst für sich als Freiheit und Quelle des Engagements beanspruchen.

Daher sympathisiert Sartre, der den Menschen ebenfalls durch sein innerweltliches Engagement definiert, mit dem Marxismus, auch wenn er dabei den ökonomischen Determinismus der marxistischen Theorie bekämpft, weil dieser Determinismus die Freiheit der autonomen Wahl bedroht.[5] Auch Bataille, der scheinbar eine entgegengesetzte Position vertritt, spricht gerade im Kontext der Analyse der stalinistischen Sowjetunion durchaus positiv über die Verdinglichung des Menschen im sowjetischen Kommunismus und findet in der Selbstidentifikation des Menschen mit dem Ding eine bestimmte Form der von ihm selbst angestrebten »Souveränität«.[6] Sogar Heidegger, der in seinem berühmten Brief über den Humanismus Sartres Existenzialismus einer scharfen Kritik unterzogen hat, die zum Niedergang seines Einflusses in Frankreich wesentlich beigetragen hat, obwohl oder gerade weil Sartre sich vielfach auf die Heideggersche Analyse des Daseins beruft, lobt den Marxismus ebenfalls für seine entfremdende Vision der Geschichte: »Was Marx in einem wesentlichen und bedeutenden Sinne von Hegel her als die Entfremdung des Menschen erkannt hat, reicht mit seinen Wurzeln in die Heimatlosigkeit des modernen Menschen zurück ... Weil Marx, indem er die Entfremdung erfährt, in eine wesentliche Dimension der Geschichte hineinreicht, deshalb ist die marxistische Anschauung von der Geschichte aller übrigen Historie überlegen.«[7] Die Heimatlosigkeit ist hier das andere Wort für die Freiheit: Die im Marxismus thematisierte Entfremdung der Geschichte gibt dem heimatlosen Menschen erst die Möglichkeit, sich für diese entfremdete Geschichte zu engagieren.

Der radikal autonome Künstler, der sich selbst und seine Kunst als Ort des Nichts versteht, und der Marxismus, der ihn ins Nichts schickt, scheinen also auf den ersten Blick füreinander geschaffen zu sein. Wenn die Kunst in diesem Jahrhundert als reine Praxis, als Summe der technischen Verfahren und nicht mehr als spontaner Ausdruck eines inneren Wesens verstanden wird, fühlt sich Kunst zugleich allmächtig und völlig machtlos: Sie kann alles, aber sie wird in ihrem eigenen, rein technischen Bereich eingeschlossen und bekommt ihren Auftrag von außen, wobei es sich im Kontext der bürgerlichen Gesellschaft immer um einen sehr begrenzten Auftrag handelt.[8] Erst die marxistisch-sozialistische Lehre erteilt dem Künstler einen äußeren Auftrag, der zugleich ein totaler Auftrag ist. Marxismus und moderne Kunst scheinen sich perfekt zu komplementieren. Aber die Geschichte des 20. Jahrhunderts hat uns gezeigt, daß diese Harmonie sich in der Praxis nie richtig eingestellt hat und daß die Beziehung zwischen Marxismus und moderner Kunst vor allem durch beiderseitige Ablehnung, Enttäuschung und Verrat gekennzeichnet war. Etwas funktionierte also in der perfekten Rechnung doch nicht.

Diese Disharmonie ist mit einem anderen wichtigen Grund für das marxistische, sozialistische Engagement der modernen Kunst in diesem Jahrhundert verbunden – nämlich mit der Erwartung, daß die sozialistische Gesellschaft *neu* sein wird in dem Sinne, in welchem auch die moderne Kunst selbst neu geworden ist und künstlerische Stile geschaffen hat, die in einem deutlichen Gegensatz zur Tradition stehen und damit den Bruch mit der Tradition für alle sichtbar bezeugen. Indem die moderne Kunst die Tradition verraten und sich für die neuen Kunstformen engagiert hat, wollte sie nicht nur frei *sein*, sondern ihre Freiheit auch *zeigen*. Damit wurden allerdings der Freiheit des Engagements gewisse Grenzen gesetzt, denn die absolute Freiheit als solche unterscheidet nicht zwischen Altem und Neuem und kann sich im Prinzip für jede ästhetische oder politische Form engagieren. Wenn freies Engagement sich als solches zeigen will, wird dieses Engagement allein durch diesen Wunsch unfrei, weil nur das Neue dann zu einem möglichen Gegenstand des Engagements werden kann. Bei Sartre wird diese Schwierigkeit durch seine Verurteilung des »falschen Glaubens« (mauvais foi) bemerkbar, der sich für Sartre in der Wahl des schon Bestehenden offenbart. Aber zugleich geht Sartre im wesentlichen davon aus, daß alle – alte und neue – Engagements gleichberechtigt seien.

Heidegger, auf den sich Sartre dabei bezieht, schreibt aber: »Das Denken ist nicht nur l'engagement dans l'action für und durch das Seiende im Sinne des Wirklichen der gegenwärtigen Situation. Das Denken ist l'engagement durch und für die Wahrheit des Seins. Dessen Geschichte ist nie vergangen, sie steht immer bevor.«[9] Mit anderen Worten fordert Heidegger, der seine eigene unglückliche Erfahrung des Engagements schon hinter sich hat, sich nur für das zu engagieren, was kein Seiendes und Gegenwärtiges ist, oder, anders gesagt, für das absolut Neue. Und viel später summiert Derrida sein marxistisches Engagement nicht anders, wenn er den Marxismus als apokalyptisches Warten auf das absolut Andere definiert.[10] Die Neuigkeit, die Unerhörtheit, die radikale Andersartigkeit werden hier zu den festen Kriterien eines authentischen Engagements. Nun hat sich aber diese Erwartung des Neuen in bezug auf die marxistisch geprägte kommunistische Gesellschaft nie erfüllt und nicht erfüllen können, denn diese Gesellschaft verstand sich von Anfang an sowohl als Fortsetzung der Tradition wie auch als Bruch mit ihr. Der Marxismus hat sich nie als einen neuen ästhetisch-politischen Stil definiert, denn eine solche Definition würde der marxistischen Dialektik widersprechen, die alle solche Festlegungen zu unterlaufen sucht.

Auf der Seite der Künstler wurde oft behauptet, daß der Grund für die Traditionsverbundenheit des Marxismus darin besteht, daß die marxistischen Funktionäre die neue, radikale, revolutionäre Kunst nicht verstünden. Das mag so sein. Offen bleibt die Frage, warum die Künstler, die diese Anschuldigung so oft formuliert haben, an den von ihnen entworfenen neuen Kunstformen so stur festhalten wollten. Wenn die Kunst nur eine Summe der Verfahren ist, wenn sie nichts »ausdrückt« und von keiner inneren Notwendigkeit diktiert wird, dann gibt es genausowenig Grund, auf dem Neuen wie auf dem Alten zu bestehen. Jedes Engagement muß, wie gesagt, wenn es wirklich frei ist, auch revidierbar sein, wobei nicht die ästhetische Konsequenz, sondern ausschließlich die Nützlichkeit des künstlerischen Verfahrens als Kriterium dienen dürfte. Für die kommunistische Führung lag deshalb die Annahme nahe, daß für die mit ihr verbündeten Künstler die Demonstration ästhetischer Freiheit und Innovationskraft wichtiger war, als sich in der Tat zu engagieren, d. h. auch von diesem ihren eigenen Stil frei zu werden. Die Kunst will sichtbar sein, sie will sich zeigen. Und wenn die Kunst frei sein will, will sie auch zeigen, daß sie frei ist. In der Politik ist es aber anders: Man ist gerade dann frei, wenn man seinen Standort nicht verrät. Die moderne Kunst hat sich in den meisten Fällen als unfähig erwiesen, diese unsichtbare und radikalere Freiheit der ästhetisch-politischen Manipulation anzueignen. Der moderne Künstler hat bloß gehofft, daß die Massenwirkung der kommunistischen Partei ihm das traditionelle Publikum ersetzt, daß er infolge seiner künstlerischen Innovationen verloren hat. Selbstverständlich wollte sich die kommunistische Führung nicht auf diese Weise ausnutzen lassen.

So haben sich Künstler und Intellektuelle immer wieder durch die kommunistische Partei verraten gefühlt und diesen angeblichen Verrat beklagt. Als Verrat wurde dabei empfunden, daß sich die Partei als durchaus traditionell erwiesen hat: politisch repressiv, bürokratisch organisiert, ästhetisch konservativ und ökonomisch gierig. Nun war dieser Verrat sicherlich bloß imaginär. Die kommunistische Partei folgte nicht der Tradition, sondern ging mit ihr rein manipulativ um. Der politische Kampf um die Macht, den die kommunistische Partei geführt hat, war auch der Kampf um die Macht über die Tradition, über die Vergangenheit, über die bestehenden Archive der Kulturformen. Der Verzicht auf die Tradition, den die Avantgarde gepredigt hat, mußte aus kommunistischer Perspektive als willkürliche Begrenzung der Macht der Partei empfunden werden, d. h. tendenziell als antikommunistisch. Nicht die kommunistischen Apparatschiks, sondern gerade die künstlerische Avantgarde blieb im Grunde immer noch zutiefst traditionsverbunden: Jeder ästhetische Bruch mit der Tradition ist notwendigerweise zugleich auch ein nächster Schritt in der Fortsetzung der Tradition, da die Tradition selbst nichts anderes als Geschichte der sich wechselnden Kulturformen ist, wie sie etwa durch die Hegelsche Dialektik beschrieben wurde.

Die marxistische Ideologie ist aber eine Ideologie nach dem Ende der Geschichte, nach dem Abschluß der Hegelschen Dialektik, als alle Gegensätze und Trennungslinien schon bewußt und überschaubar geworden sind. Eine Grenzüberschreitung, die die künstlerische Avantgarde praktizierte, war in dieser Situation kein weiterer Schritt nach vorne, der alte Grenzen aufgehoben hätte, sondern bloß ein Verrat. Für das post-hegelianische, marxistisch-sozialistische Selbstverständnis liegt jenseits aller Grenzen kein Neuland, das es zu entdecken gilt, sondern bloß ein feindliches Territorium, das längst schon geschichtlich besetzt ist. Der avantgardistische Künstler tat so, als ob er immer noch ein Kolumbus wäre, der auf der Fahrt ins Ungewisse einen unbekannten Kontinent entdecken kann.

Aber der marxistische Ideologe wußte, daß Amerika bereits entdeckt wurde und zu einer Zitadelle des Klassenfeindes geworden war: In unserer Welt, in der alle Grenzen schon markiert und alle Territorien besetzt sind, ist jede Grenzüberschreitung bloß eine Emigration, ein Überlaufen zum Feind. So konnte der avantgardistische Künstler, der sich immer noch für ein Vehikel des Geistes hielt, der die Grenzen des Bestehenden durchbricht, lediglich die schon markierten Grenzen bald in die eine, bald in die andere Richtung überqueren: Der Grenzüberschreiter ist zum Grenzgänger geworden, d. h. zu einem professionellen Verräter oder Flüchtling, wie ihn etwa Charlie Chaplin verkörpert, der in einem seiner Filme die Grenze zwischen USA und Mexiko entlangläuft.

Die marxistische Ideologie ist freilich auch eine Dialektik, aber sie ist eine *materialistische* Dialektik. Und das bedeutet, daß für sie die Grenzen nicht mehr im Geist, sondern nur in der materiellen Praxis aufgehoben werden können: Wenn beispielsweise die USA und Mexiko durch einen atomaren Schlag gleichzeitig vernichtet würden, würde auch die Grenze zwischen ihnen dadurch aufgehoben. Solange aber diese Staaten materiell existieren, bleibt eine rein imaginäre, geistige Überschreitung ihrer Grenze nur ein Positionswechsel in bezug auf diese Grenze, die diese Grenze als solche intakt läßt, d. h., wie gesagt, der Verrat. Die späte marxistische Dialektik, vor allem in ihrer stalinistischen Prägung, ist im Grunde eine Lehre über einen solchen Verrat: über den Verrat der Menschen und der Dinge. Für den dialektischen Materialismus entwickelt sich die Dramaturgie der Ereignisse kraft Negation der Negation oder kraft des Verrats an den Verrätern. Nichts bleibt auf seinem vertrauten Platz bestehen. Alles wird ständig neu positioniert. Freunde und Feinde werden ständig neu definiert. Menschen und Dinge wechseln gewollt oder ungewollt, aber auf jeden Fall permanent, ihre Stellungen hinsichtlich aller Grenzen. Jede Haltung verkehrt ständig in ihr Gegenteil. Was noch gestern reaktionär und verdammenswert war, wird heute progressiv und begrüßenswert – und morgen vielleicht wieder reaktionär. Aber nichts kann weder progressiv noch reaktionär, sondern bloß anders sein: Ein dritter Weg ist in einer zweigeteilten Wirklichkeit unmöglich.

Es gibt eine fest etablierte Meinung, daß der stalinistisch geprägte sowjetische Dialektische Materialismus eine dogmatische, unbewegliche Lehre ist, die das Leben vollständig und endgültig theoretisch erfassen will. Nichts ist weiter von der Wahrheit entfernt. Der Kern des Dialektischen Materialismus ist die Lehre über die Wirklichkeit als Einheit und Widerstreit der Gegensätze: Das Leben ist für den Dialektischen Materialismus ein Paradox, das theoretisch nicht aufzulösen ist, denn jede Theorie, wenn sie konsequent sein will und sich in eine bestimmte Richtung bewegt, überquert demnach früher oder später eine bestimmte unsichtbare Grenze und wird zu ihrem Gegenteil, so wie jemand, wenn er sich auf der Erdfläche ständig in eine bestimmte Richtung bewegt, einmal das Territorium seines Landes verläßt und zum Feind übergeht. Also muß er, um bei sich zu bleiben, einmal umkehren und sich in die Gegenrichtung bewegen: Dann weiß man allerdings nicht mehr, ob der Betreffende damit nicht einen feindlichen Angriff auf sein eigenes Land startet. Man hat es hier mit dem Paradox einer Dialektik nach der Schließung der unendlichen geschichtlichen Perspektive zu tun, wodurch eine neue Dialektik des Endlichen oder eine Dialektik der Reversibilität instituiert wird. Jedes Denken scheitert vor diesem Paradox, das nicht dialektisch überwunden werden kann – und zwar gerade weil es selbst das Prinzip jeder Umkehrung ist: Es ist nur möglich, dieses Paradox monoton zu wiederholen, um vor ihm zu kapitulieren und den Weg frei zu machen für das Leben selbst. Orwell hat diese innere Paradoxie der sowjetischen Ideologie gut parodiert in Losungen wie »Frieden ist Krieg«. Genauso kann man aber sagen: »Tradition ist Innovation« oder »Innovation ist Tradition«. Die Paradoxie des offiziellen sowjetischen Marxismus ist tiefer als das politische Engagement der Avantgarde.

So beginnt ein Intellektueller oder ein Künstler allmählich zu verstehen, daß das Engagement für eine Position im Kontext einer post-hegelianischen, post-historischen dialektischen Lehre, wie etwa des Marxismus, zugleich ein Engagement für das Gegenteil ist: Man engagiert sich als Freund und wird als Feind behandelt. Oder man engagiert sich als Feind und wird als Freund begrüßt. Die Grenzen bleiben immer die gleichen, aber die Positionierungen rotieren ständig, als ob die USA und

Mexiko ständig die Plätze wechselten. Die Differenz zwischen Differenz und Identität läßt sich nicht stabilisieren. So wird der avantgardistische Künstler, der nach dem Anderen sucht, als Verräter gesehen, aber zugleich auch verraten, wenn er in seinem Glauben an das gleiche verharren will. In diesem Sinne ist es übrigens auch naiv, heute über den Untergang oder das Ende des sowjetischen Marxismus zu sprechen. Die Sowjetunion, das Reich des Dialektischen Materialismus, wurde weder von äußeren Feinden noch von einem inneren Aufstand besiegt. Vielmehr hat dieses Reich seine politische Positionierung ausgewechselt. Das System hat sich in der Person von Gorbatschow, als seines höchsten Repräsentanten, selbst verraten, weil es von Anfang an ein System des Verrats war. So war auch dieser Wechsel des politischen Standorts nichts anderes als noch ein weiterer Sieg der marxistischen Dialektik.

Nun wird aber deutlich, warum das marxistisch-sozialistische Engagement der Intellektuellen und Künstler in der Regel zur Enttäuschung geführt hat: Dieses Engagement setzte eine gewisse Konsequenz voraus, sei es die Konsequenz in der ständigen Suche nach dem Anderen, sei es die Konsequenz in der Treue zur eigenen Entscheidung. Aber gerade diese Konsequenz hat sich als unmöglich erwiesen im materialistisch-dialektischen Spiel der totalen Reversibilität. Das Engagement, als sichtbare Wahl zwischen den Positionen, verliert sein ganzes Pathos, wenn alle Positionen austauschbar werden. Und die Suche nach dem Anderen wird verräterisch, wenn das angeblich unbekannte Andere sich als das längst bekannte Feindliche erweist. Und so beginnt der Künstler auch in der Politik nach jemandem zu suchen, der eine bestimmte, unumkehrbare Konsequenz zeigt, um sich für ihn zu engagieren. Zum Beispiel engagiert man sich für Trotzki nach dessen Bruch mit der stalinistischen Sowjetunion.

Hier sieht man endlich jemanden, der konsequent geblieben ist, der eine permanente Revolution will, der das Bestehende in jeglicher Form ablehnt. Trotzki hat freilich keine neuen Grenzen überschritten, sondern nur die schon existierende Grenze Rußlands noch einmal in Richtung Westen überquert, von dem er früher nach Rußland zurückgegangen ist, aus dem er noch früher emigriert ist. Damit hat Trotzki zwar durch sein eigenes Schicksal ebenfalls die Reversibilität der späten Dialektik demonstriert und lediglich mehrmals die gleiche Grenze in beiden Richtungen passiert. Aber er hat zumindest in Mexiko, d. h. in einem Land jenseits des unmittelbaren Ost-West-Konflikts, und dort auch noch im Hause eines Künstlers Zuflucht gefunden.

In der Person Trotzkis hat die Politik selbst die Kunst um Hilfe gebeten. Die Reaktion war leicht vorauszusehen. Die meisten Künstler und Intellektuellen haben diese Bitte zu Recht als Zeichen der Schwäche interpretiert und abgelehnt. Bei vielen Autoren, auch bei Sartre und Bataille, kann man nachlesen, daß der Trotzkismus wegen seiner historischen Schwäche keine Lösung ist und letztendlich eine westliche intellektuelle Strömung darstellt, für die es nicht lohnt, sich zu engagieren. Es darf nicht übersehen werden: Man wollte sich für den historischen Sieger und nicht für den historischen Verlierer engagieren. Die Kritik Trotzkis an den Zuständen in der damaligen Sowjetunion war im Westen bekannt. Sie hat das Verhältnis vieler westlicher Künstler und Intellektueller zum stalinistischen Rußland tief geprägt und sie gegen die stalinistische Propaganda wohl nicht völlig immunisiert, aber doch einige Zweifel geweckt. Das Bild des einsamen Vertreters des Weltgeistes, der durch die Welt irrt, war jedem Künstler und Intellektuellen aber zu gut vertraut, um besondere Begeisterung hervorzurufen.

Die vielleicht einzige prominente Ausnahme bildete das trotzkistische Engagement von Breton. Aber diese Ausnahme bestätigt die Regel, denn Breton hat den Surrealismus nie als einen rein ästhetischen Stil, sondern als Untersuchung des Unbewußten mittels der künstlerischen Verfahren verstanden. Die surrealistische Kunst hatte damit für Breton von Anfang an einen eigenen autonomen inhaltlichen Bereich und eine eigene äußere Aufgabe. Daher suchte Breton weniger das politische Engagement, d. h. die freiwillige Unterwerfung unter eine wirksame politische Kraft, die der formalistisch gewordenen Kunst erlauben würde, einen neuen Bezug zur Realität zu bekommen, als vielmehr einen politischen Verbündeten, der die Ziele der surrealistischen Revolution des Unbewußten unterstützen könnte. Die Weigerung Bretons, die Kunst als eine reine Form zu sehen und endgültig im Nichts zu verankern, hat etwas Altmodisches an sich: Der Surrealismus Bretons erinnert an den Realismus des 19. Jahrhunderts mit seinem Anspruch auf eigene Wahrheit und Wissenschaftlichkeit – auch wenn es sich bei den Surrealisten um die Wahrheit des Unbewußten handelt. So hat sich Breton für Trotzki nur deswegen engagiert, weil er im Grunde nach keinem freien Engagement suchte, sondern lediglich seinem Glauben an die Notwendigkeit des Surrealismus folgte.

Daher konnte Breton seinen Surrealismus in den 20er Jahren »au service de la revolution« stellen und zugleich die Autonomie der surrealistischen Arbeit mit dem Unbewußten fordern. Erst wenn ein Künstler völlig modern ist, d. h. seine Kunst auf dem Nichts gründet, wird er vor die Alternative gestellt, sich völlig von der Realität zu lösen oder sich ihr zu unterwerfen. Ansonsten bleibt der Künstler nicht frei genug, um sich zu engagieren, sondern immer nur determiniert. Und gerade dieses Gefühl der inneren Determiniertheit macht den Künstler von der Unterwerfung unter die äußeren Mächte frei. Hier ist der Punkt, an dem Trotzki und Breton sich in den 30er Jahren getroffen haben, denn auch Trotzki war ein marxistischer Determinist und vertraute daher der äußeren Freiheit der Kunst. In ihrem gemeinsamen Manifest »Pour un art revolutionnaire independant« (1938), das von Trotzki mitverfaßt, aber aus Zensurgründen nicht mitunterschrieben wurde, bestehen die Autoren auf der politischen Unabhängigkeit der Kunst, wenn sie auch eine reaktionäre, d. h. antikommunistisch engagierte Kunst ablehnen.[11] Dieser Versuch, einen autonomen Bereich der Kunst zu definieren, charakterisiert übrigens von Anfang an die ästhetischen Ansichten Trotzkis. Seine deterministische, traditionell marxistische Kunstauffassung hat ihn noch früher dazu gebracht, die Möglichkeit einer sozialistischen oder proletarischen Kunst unter den damaligen Bedingungen zu verneinen. Im Unterschied zur stalinistischen Dialektik der freien Wahl, die das sozialistische künstlerische Engagement forderte, indem sie von Künstlern verlangt hat, sich auf den Standpunkt der kommunistischen Ideologie zu stellen, hat Trotzki eine solche Forderung für unrealistisch gehalten, denn die gesellschaftliche Position des Künstlers wurde für ihn historisch konditioniert und konnte nicht im Sinne des bewußten Engagements künstlich geändert werden. So ist die Wahl zwischen Stalinismus und Trotzkismus gleichsam die Wahl zwischen innerer Freiheit, die zur äußeren politischen Unterwerfung führt, und der inneren Determiniertheit, die die äußere politische Freiheit garantiert.

Trotzki galt lange Zeit in der Sowjetunion als Inbegriff des Verräters an der Sache des sowjetischen Kommunismus. Gleichzeitig spricht aber Trotzki selbst von der »verratenen Revolution« und meint damit, daß die Revolution von der stalinistischen Führung verraten wurde, deren Sieg für Trotzki einen »Termidor«, d. h. den Anfang des konterrevolutionären Prozesses in Rußland bedeutet. Schon diese Parallelität der Vorwürfe zeigt, wie weit sich Trotzki von der kommunistischen Ideologie entfernt. Die Vorstellung, daß ein Land oder eine Partei einen Menschen verraten kann, ist der stalinistischen Ideologie völlig fremd, denn sie sieht bei dem einzelnen Menschen keinen zwingenden Grund, sich nicht den herrschenden Verhältnissen anzupassen: Jeder Mensch hat die innere Freiheit und zugleich die Pflicht, das geschichtliche Urteil zu akzeptieren. Diese Auffassung haben übrigens fast alle in der Stalinzeit verurteilten Bolschewiki geteilt und daher versuchten sie ständig, wenn auch vergeblich, ihre Loyalität zu beweisen. Trotzki dagegen fühlt sich verraten und besteht auf einer inneren Vision der Revolution, die für ihn zwingend ist und nicht Gegenstand einer freien Wahl oder des dialektischen Austausches werden kann. Sartre als Philosoph des Engagements lehnt vor allem den Determinismus der marxistischen Lehre ab. Trotzki verkörpert diesen Determinismus, der an die protestantische Lehre über die göttliche Prädestination erinnert. Stalin verkörpert die katholische Seite des Marxismus mit ihrer Betonung der freien Wahl, die nicht zufällig vor allem die postkatholische französische Intelligenzia fasziniert hat. Trotzki ist eine protestantische, deterministische Seele, die sich weigert, über ihre innere Wahrheit frei zu entscheiden oder entscheiden zu lassen. Damit bleibt Trotzki im Grunde angenehm konservativ, d. h. unstrategisch.

Das wird besonders deutlich, wenn man sich an seine frühere Polemik gegen den postrevolutionären russischen Futurismus erinnert, der den absoluten Bruch mit der Vergangenheit und die Schaffung einer neuen proletarischen Kultur forderte, in der die radikal neue, avantgardistische künstlerische Form mit dem ebenfalls radikal neuen kommunistischen Inhalt vereint und die im neuen Rußland obligatorisch werden sollte. Für Trotzki zeigt die Forderung nach dem Bruch mit der Vergangenheit lediglich, daß sich die Futuristen – wenn auch negativ – immer noch im Kontext der bürgerlichen Tradition definierten. Trotzki schreibt: »Der futuristische Bruch mit der Vergangenheit ist letzten Endes nur ein Sturm in der abgeschlossenen kleinen Welt der Intelligenzler... Die Futuristen haben sich von ihnen getrennt – und haben Recht daran getan. Man darf nur nicht die Technik der Trennung zum Gesetz der Weltentwicklung erheben.«[12] Die ästhetische Trennung von der Vergangenheit bedeutete nach Trotzkis Ansicht noch keine Trennung von der Bourgeoisie. Für ihn war der Übergang der Futuristen zu der Forderung nach der proletarischen Kultur lediglich ein Effekt eines von den Aktivitäten der Futuristen völlig unabhängigen Ereignisses, nämlich der Oktoberrevolution, die die bürgerliche Klasse entmachtet und eine Rückkehr unter ihre Obhut auch für die Futuristen unmöglich gemacht hat. Die Futuristen sind für Trotzki demnach nicht freie Künstler, die, von der Last der Tradition befreit, bereit sind, sich für die Sache des Proletariats zu engagieren, sondern vielmehr Opfer eines Wechsels der Verhältnisse, an die sie sich, wie alle anderen auch, anpassen müssen.

Trotzki macht den Futuristen ihre bürgerliche Tradition keineswegs zum Vorwurf. Vielmehr sieht er die Überlegenheit seiner eigenen Position darin, daß er seine eigene Determiniertheit durch die Geschichte anerkennt: »Wir Marxisten haben immer in Traditionen gelebt und haben gerade dadurch nicht aufgehört, Revolutionäre zu sein... Wir, die wir im Rahmen einer organisch gewachsenen Epoche erzogen wurden und in den Kampf gingen, lebten in den Traditionen der Revolution.«[13] Der Unwille der Futuristen zu akzeptieren, daß ihre ästhetische Revolution auch eine Tradition hat, verleitet den Futurismus zu der Forderung einer proletarischen Diktatur in der Kunst. Aber die proletarische, also sozialistische Kunst kann nach Trotzki erst innerhalb einer geschichtlichen etablierten sozialistischen Ordnung entstehen: Die neue Kunst entsteht nicht durch eine individuelle freie Entscheidung, sondern als notwendige Folge einer veränderten gesellschaftlichen Determination.

Mehr noch: Trotzki bestreitet die Möglichkeit einer proletarischen Kultur auch in der Zukunft, weil das Proletariat im Unterschied zur Bourgeoisie historisch keine Chance hatte, sich kulturell zu bilden. Die proletarische Diktatur kann keine ihr angemessene Kunst hervorbringen, weil diese Diktatur ihrem Wesen nach nur eine Übergangsperiode zur zukünftigen klassenlosen Gesellschaft darstellt: »Hieraus muß man die allgemeine Schlußfolgerung ziehen, daß es eine proletarische Kultur nicht nur nicht gibt, sondern auch nicht geben wird; und es besteht wahrhaftig keinerlei Veranlassung dazu, dies zu bedauern: das Proletariat hat ja gerade dazu die Macht ergriffen, um ein für allemal der Klassenkultur ein Ende zu setzen und der Menschheitskultur den Weg zu bahnen.«[14] Im Grunde bestreitet Trotzki hier die übliche Interpretation der »permanenten Revolution«, deren Begriff mit seinem Namen assoziiert wird und gemeinhin gerade als Aufruf zur Trennung von der Tradition als Gesetz der Weltentwicklung verstanden wird. Trotzki verstand die permanente Revolution lediglich als einen Übergang von der bürgerlichen zur proletarischen Revolution, die allerdings eine neue Epoche ohne historische Brüche einleiten sollte. Dabei stellt die Kunst für Trotzki erstens einen autonomen Bereich der Meisterschaft dar und zweitens eine Darstellung der Realität, deren Charakter durch die soziale Determiniertheit des Künstlers bestimmt wird und deshalb nicht von außen diktiert werden kann: »Die marxistische Methode bietet die Möglichkeit, die Entwicklungsbedingungen für die neue Kunst zu beurteilen, alle ihre Quellen zu beobachten und die fortschrittlichsten unter ihnen durch kritische Durchleuchtung der Wege zu unterstützen – mehr aber nicht. Die Kunst muß ihre Wege auf eigenen Füßen zurücklegen. Die Methoden des Marxismus sind nicht die Methoden der Kunst. Die Partei lenkt das Proletariat, nicht den historischen Prozeß.«[15]

Diese Formulierungen sind sicherlich von der Forderung

nach Parteilichkeit weit entfernt, wie diese in der Stalinzeit verstanden wurde: Die parteiliche oder, wenn man will, engagierte Kunst soll die Wirklichkeit frei formen und nicht bloß abbilden. Für Trotzki bleibt dagegen die Kunst vor allem der Gegenstand der marxistischen Analyse und Diagnose, die nur dann zutreffen, wenn die Kunst ihrer inneren Logik folgt, die sie notwendigerweise mit dem historischen Prozeß verbindet, den man nur reflektieren, aber nicht lenken kann. So schreibt Trotzki im Kontext der Polemik gegen den Futurismus: »Die Kunst – sagt man uns – sei kein Spiegel, sondern ein Hammer: sie spiegelt nicht wider, sondern formt um ... Um sich zu rasieren, muß man einen Spiegel haben. Und wie sollte man sich selbst, sein Leben umbauen, ohne in den ›Spiegel‹ der Literatur zu blicken.«[16] Diese Passage zeigt deutlich, warum Trotzki später so vehement gegen die Kontrolle über Kunst und Literatur in der stalinistischen Sowjetunion protestiert hat: Die stalinistische Kulturpolitik hat die Forderung der radikalen Avantgarde nach einer Kunst, die die Welt nicht abbildet, sondern umformt, übernommen und durchgesetzt – allerdings in eigener Regie und unter der Anwendung anderer Kunstmittel. Damit wurde die Kunst aber ihres diagnostischen Wertes beraubt und konnte nicht mehr als Spiegel des Lebens dienen. Nur die Kunst, die sich nicht engagiert, ist deswegen für den Marxisten Trotzki eine gute, eine für die marxistische Analyse taugliche Kunst. Eine freie Kunst jenseits jeder inneren Notwendigkeit wird dagegen nur eine Komplizin der politischen Manipulation. Diese Einsicht Trotzkis hat sich mit der Zeit bewahrheitet.

Die Geschichte des Engagements der neuen Kunst zugunsten der neuen Politik zeigt am Ende unseres Jahrhunderts vor allem die Fragwürdigkeit des Anspruchs auf absolute Freiheit, mit der diese neue Kunst am Anfang des Jahrhunderts aufgetreten ist. Wenn sie diese ihre innere Freiheit konsequent durchsetzen wollte, mußte sie aus ihrem eigenen Bereich austreten, ihr ursprüngliches Verhältnis zur Wirklichkeit verleugnen und sich für äußere Ziele engagieren: sie mußte, wie Majakovskij sagte, »auf den Hals ihres eigenen Gesangs treten«. Sie mußte das Eigene durch das Fremde ersetzen und bereit sein, unaufrichtig und unglaubwürdig zu werden.

Damit war die neue Kunst aber auch unter den Zwang geraten, die für die späte Dialektik typische Reversibilität aller Dinge anzuerkennen und auf die Identifizierbarkeit ihres eigenen Engagements zu verzichten. Wer sich für die Welt der Politik entscheidet, entscheidet sich für das Ganze dieser Welt und unterwirft sich dem ständigen Austausch zwischen Freund und Feind. Die Freiheit der Wahl verliert dabei ihren Sinn, weil das Gegenteil dieser Wahl immer mitgewählt wird. Wenn die neue Kunst aber eine ästhetische Konsequenz wollte, mußte sie auf den Anspruch der absoluten Freiheit verzichten und sich durch eine Art Notwendigkeit legitimieren – sei es die innere Notwendigkeit des Unbewußten, sei es die äußere Logik der künstlerischen Formentwicklung. Damit blieb eine solche ästhetisch konsequente Kunst allerdings hinter den Erfahrungen ihrer Rezipienten, die in diesem Jahrhundert längst gelernt haben, jede innere Notwendigkeit zu überhören und rein strategisch zu denken und zu agieren. So blieb auch Trotzki alleine mit seinen deterministischen Analysen der stalinistischen Gesellschaft, die ebenfalls schnell gelernt hat, jede innere Determination rein äußerlich zu simulieren.

Anmerkungen

1 Jean-Paul Sartre: *L'existentialisme est un humanisme*, Paris 1970, S. 58.
2 Ibid., 71.
3 Wassili Kandinsky: *Über das Geistige in der Kunst.* Bern 1952, S. 78ff.
4 Nikolai Taraboukine: *Le dernier tableau*, Paris 1972, S. 69.
5 Sartre, op. cit., S. 81.
6 Georges Bataille: *Die Aufhebung der Ökonomie*, München 1985, S. 175ff.
7 Martin Heidegger: *Platons Lehre von der Wahrheit, mit einem Brief über den »Humanismus«*, Bern 1947, S. 87.
8 Peter Bürger: *Theorie der Avantgarde*, Frankfurt a. M. 1974, S. 66ff.
9 Heidegger, op. cit., S. 54.
10 Jacques Derrida: *Spectres de Marx*, Paris 1994, S. 111f.

11 Helena Lewis: *The Politics of Surrealism*, New York 1988, S. 146f.
12 Leo Trotzki: *Literatur und Revolution*, Berlin 1968, S. 110.
13 Ibid., S. 112.
14 Ibid., S. 158.
15 Ibid., S. 184.
16 Ibid., S. 116.

Die Wahrheit in der Fotografie

Wenn man über die Frage der Identität in bezug auf die Fotografie spricht, stellt sich unweigerlich zunächst eine andere Frage: ob dieses Sprechen über die persönliche, besondere Identität, Individualität oder Subjektivität der Fotografie und des Fotografen überhaupt berechtigt wäre, ob die Fotografie überhaupt fähig wäre, die Wahrheit der Subjektivität wiederzugeben, sei es die Subjektivität des Fotografen, sei es die besondere Identität des fotografierten Gegenstandes. Die Fotografie basiert offensichtlich auf einem mechanischen Vorgang, der an sich unpersönlich ist und auf keine Subjektivität oder Individualität verweist. Man trifft beim Fotografieren bestimmt eine Auswahl der Themen und der Standpunkte, aber damit realisiert man nur die Möglichkeiten, die der Fotografie objektiv und technisch vorgegeben sind: Man kann sich nämlich vorstellen, daß alle Objekte aus allen möglichen Perspektiven schon einmal aufgenommen worden sind – dann beinhaltet jede einzelne Fotografie keine wesentliche Kreation und die Individualität des Aufnehmenden wird völlig austauschbar –, seine innere Identität, was das auch immer sein sollte, bleibt in diesem Fall nach wie vor verborgen, bekommt keinen wahren, authentischen Ausdruck. Damit unterscheidet sich die Fotografie von der traditionellen Malerei, bei der die Individualität des Künstlers sich in einer unreduzierbar persönlichen Malweise äußert, die den originellen Ausdruck einer künstlerischen Individualität darstellt. Wie auch immer die Kritiker und Historiker der Fotografie versucht haben, die Fotografie als Kunst im Sinne der traditionellen Malerei zu etablieren und die künstlerischen Individualitäten der einzelnen Fotografen zu konstruieren, sie konnten die Grundbedingung der Fotografie – nämlich ihre Mechanizität, die jeden Anspruch auf die individuelle Identität zunichte macht – theoretisch nicht überwinden.

Aber dieses grundsätzliche Fehlen der Individualität, Subjektivität und Identität in der Fotografie soll, wie man inzwischen weiß, nicht unbedingt als ein Mangel aufgefaßt werden.

Wenn man die Kunstgeschichte der letzten Jahrzehnte verfolgt, stellt man fest, daß es das Ziel fast aller einflußreicher Kunstbewegungen dieser Zeit war, die künstlerische Individualität auszuschalten, aufzulösen oder zu entgrenzen, um zu den Sachen selbst zu kommen, d. h. zu einer unbewußten, automatischen, quasi-mechanischen oder quasi-maschinellen Kunst. Eine solche Kunst strebt nicht die Wahrheit der Subjektivität an, sondern eine tiefere Wahrheit der Realität selbst. So strebte der Surrealismus die »écriture automatique« – das automatische Schreiben – an. Die Ästhetik der Readymades nach Duchamp stellte die Unreduzierbarkeit der künstlerischen Individualität in Frage. Auch verschiedenste Strömungen des Konstruktivismus oder Konzeptualismus wollten eine Auslöschung der Subjektivität erreichen. Und die expressionistische Malerei dieses Jahrhunderts versuchte eigentlich wiederum, die Grenzen der bewußten Subjektivität zu sprengen und das Unbewußte, das Unpersönliche, das Maschinelle im Menschen selbst zum Ausdruck kommen zu lassen. Statt die Welt auf eine subjektive, individuelle Weise zu repräsentieren, wollte der Künstler jetzt, daß die Welt durch ihn unmittelbar ihre Spuren hinterläßt. Die Fotografie steht am Ende dieses Prozesses – sie verkörpert, wenn man will, das Telos der modernen Kunst, indem sie die individuelle Malweise oder individuelle Sehweise als eine Verzerrung der Wirklichkeit anscheinend völlig überwindet und den Abdruck der Welt selbst produziert – jenseits jedes subjektiven künstlerischen Willens.

Die Fotografie verzichtet explizit auf die Illusion der totalen gestaltenden Macht des Künstlers über sein Werk, die die traditionelle – aber auch noch die moderne – Kunst beherrscht. Auf einer Fotografie erscheint immer etwas, das nicht bis zum letzten Grad geplant werden kann. Der Zufall, die außerplanmäßige Wirkung der Wirklichkeit selbst, sind in der Fotografie immer mit eingerechnet. Das entspricht einer anderen wichtigen Strategie der Entmachtung der Individualität, die die Kunst insgesamt auch längst praktiziert hat – dem Versuch, dem Zufall ein gestaltendes Recht zu geben. Auch hier erfüllt die Fotografie ein Versprechen, das die traditionelle Kunst nie wirklich halten konnte. Der Übergang von der traditionellen Kunst zur Fotografie, die Künstler wie Alexander Rodtschenko schon in den 20er Jahren gefordert haben, scheint also von der inneren Logik der Kunstentwicklung selbst diktiert zu werden – von der Logik der kontinuierlichen Entgrenzung und Entmachtung der Subjektivität oder, was das gleiche ist, von der zunehmenden Auflösung aller festen Identitäten, um dem anderen, dem Unbewußten, dem Automatischen und dem Maschinellen den Weg zu öffnen.

Aber wenn es so ist, warum fragt man dann jetzt plötzlich wieder nach der Identität, Subjektivität und Originalität gerade in der Fotografie, die alle diese Gespenster der Vergangenheit scheinbar glücklich überwunden hat? In dieser Fragestellung kann man vielleicht sogar eine reaktionäre Rückbesinnung auf die vergangenen Werte diagnostizieren. Ich glaube aber, daß hier wirklich ein Problem vorliegt – eine Wiederkehr des Verdrängten sozusagen, diesmal in Form der Subjektivität selbst.

Die Erfüllung des Wunsches nach Entpersönlichung und Differenz, die die Fotografie geleistet hat, teilt ihre konkrete Art mit vielen anderen Wunscherfüllungen der Moderne. Diese Wunscherfüllung ist nämlich vor allem technisch hergestellt und technisch garantiert. Damit unterscheidet sich die Fotografie wiederum von der traditionelleren Kunst. Denn der Künstler der Moderne wollte sich selbst in ein Medium des Unbewußten, des Automatismus, des Anderen verwandeln – und er hat dafür mit seiner Authentizität garantiert. Ein solcher Künstler war ehrlich und asketisch wie Mondrian oder Breton – oder scheinbar umgekehrt ständig unter Drogen oder betrunken wie viele andere. Auf jeden Fall wollte der Künstler der Moderne auch in seinem Inneren entgrenzt sein: Sein Lebenswandel, sein ganzes inneres Wesen sollten die Garantie dafür bieten, daß er seine Individualität, Subjektivität, Identität zerstört, aufgegeben hat, daß er höchste Risiken eingeht, daß er bis zur Selbstauslöschung zu einer leeren Fläche wird, wo die Welt ihre Spuren hinterlassen kann. Der Fotograf braucht dagegen all diese heroischen Anstrengungen gar nicht – für ihn genügt es vollständig, seinen Fotoapparat angemessen zu betätigen, der von Anfang an technisch so konstruiert ist, daß er die Welt jenseits jeder bewußten künstlerischen Intervention abbilden kann. Das existentielle Drama erübrigt sich. Eine moralische oder existentielle Garantie wird durch die technische

Garantie ersetzt – und das unzuverlässige Bewußtsein scheinbar einfach ausgeschaltet.

Ist das, was dann auf der Fotografie erscheint, aber wirklich »wahr«? Bedeutet die komplette Ausschaltung der individuellen, bewußten Kontrolle, daß die Dinge sich selbst so präsentieren, wie sie tatsächlich sind, und daß die bildende Kunst damit zum ersten Mal endlich »wahr« und nicht nur schön geworden ist? Die Beantwortung dieser Frage hängt sicherlich davon ab, wie man die Wahrheit generell definiert. Seit Plato war die europäische Philosophie nämlich der Überzeugung, daß über die ständig fließende Realität nichts Wahres gesagt werden kann, da diese Realität sich permanent ändert. Das Wahre kann man nicht unmittelbar erfahren, sondern nur denken, denn die Wahrheit soll eine gewisse Stabilität haben, um erfaßt und vermittelt zu werden. Damit kann das Wahre nur unsichtbar sein, denn das Sichtbare ist nicht stabil und mit sich selbst nicht identisch. Das Ziel des Denkens war für Plato, diese unsichtbare, mit sich selbst identische wahre Realität zu erkennen. Deshalb hat Plato die bildenden Künste seinerzeit scharf verurteilt, weil sie nur das Äußere und damit auch das Unwahre abbilden. Um so mehr sollte dann Plato die Fotografie verurteilen, denn die traditionellen bildenden Künste sind doch näher an der Wahrheit, wie sie platonisch verstanden wird. Der Künstler bildet nämlich nicht bloß ab, sondern er schafft aus vielen verschiedenen Erfahrungen und Beobachtungen ein synthetisches Bild eines Gegenstandes – jenseits seiner ständigen Veränderungen in der Wirklichkeit. Damit will er das Wesen dieses Gegenstandes erreichen, das von seinen Erscheinungen sowohl offenbart wie auch verborgen wird. Der Fotograf ist zu einem solchen Begreifen des Wesens unfähig. Er kann nur Erscheinungen fixieren, die alle gleich weit von der Wahrheit entfernt sind. Aus dieser platonischen Perspektive scheint die Fotografie als solche zur Unwahrheit verurteilt – aber mit ihr auch die ganze moderne Kunst, die auf das Begreifen des inneren Wesens der Dinge verzichtet.

Wir haben hier eine interessante Konstellation. Für die einen ist die Wahrheit das, was hinter den Erscheinungen sich verbirgt, stabil und selbstidentisch bleibt – das, was das Wesen der Dinge ausmacht. Dieses Wesen der Dinge soll dann auch der Gegenstand der Kunst sein, der »seriös« sein will. Das ist ja gerade die Definition der seriösen, hohen, wahren Kunst – daß sie sich mit dem beschäftigt, das verborgen, unsichtbar ist und erst durch die Kunst sichtbar gemacht werden kann. Daraus ergibt sich auch eine klare und deutliche Abgrenzung zwischen Kunst und Nicht-Kunst, die übrigens auch dann aufrechterhalten bleibt, wenn man an das Wesen der Dinge gar nicht mehr glaubt. Denn man kann genauso sagen, daß dieses verborgene Wesen der Welt nur ein Produkt der menschlichen Imagination, eine Lüge, eine Einbildung, eine romantische Fantasie ist. Trotzdem bleibt diese Lüge sozusagen eine erhabene Lüge – und rechtfertigt damit die Kunst, die sich mit ihr beschäftigt. Die Fotografie wird dann eindeutig als Nicht-Kunst definiert, die in der Unendlichkeit und Banalität der bloßen Erscheinungen untergeht.

Für die anderen ist die wesenhafte Stabilität und Selbst-Identität dagegen gar nicht erreichbar – weder als Realität noch als Illusion, denn auch die Illusionen ändern sich ständig. Für sie ist die einzige Realität sowohl des äußeren wie auch des inneren Lebens nur der Fluß der Erscheinungen, von dem man völlig erfaßt ist und dem man – ob man will oder nicht – nicht entkommen kann. Die Grenze zwischen Kunst und Nicht-Kunst verschwindet dann vollständig – sie wird in diesem unendlichen Fluß aufgelöst, der sich in einer unbegrenzten Vermehrung der Bilder äußert. Hinsichtlich dieser Bilderflut können dann praktisch keine anderen Unterscheidungen mehr getroffen werden – alle Bilder erweisen sich als Spuren der Wirklichkeit und werden gleichwertig, wobei der Fotografie eine paradigmatische Rolle zukommt, denn die fotografischen Bilder haben vor allem die Fähigkeit, sich unbegrenzt zu vermehren, alle sozialen, hierarchischen und kulturellen Grenzen durch ihre Überflutung auszulöschen und alle festen Identitäten zu zerstören.

Wir werden jetzt bei dieser moderneren – oder, wenn man will, postmoderneren – Wahrheitsauffassung bleiben, weil gerade sie der Fotografie zu ihrem heutigen Siegeszug verholfen hat und weil sich in ihrem Kontext ein aktuelles Problem stellt, das auch mit dem Problem der Identität zu tun hat – nämlich die Frage: Wie kann man aus dieser Bilderflut eine sinnvolle

Auswahl der wichtigen Bilder treffen, wenn wir keine Kriterien mehr haben, diese Bilder nach Wichtigkeit, d. h. nach ihrer Nähe zum Wesentlichen, zu unterscheiden? Für die Fotografie ist diese Frage besonders relevant, da in diesem Fall die Äquidistanz aller fotografischen Bilder von der hinter ihnen verborgenen Wirklichkeit – oder, wenn man will, Imagination – besonders offensichtlich ist. Trotzdem trifft man Unterscheidungen, begründet Sammlungen und organisiert Ausstellungen. Nach welchen Kriterien aber tut man das? Und: In welcher Beziehung stehen diese Kriterien zu der Frage nach der Wahrheit der Fotografie oder, genauer gesagt, zu dem spezifischen Wahrheitsverständnis, mit dem die Fotografie innerlich verbunden ist? Bevor ich versuche, diese Frage zu beantworten, möchte ich aber zunächst dieses Wahrheitsverständnis etwas verdeutlichen – und zwar am Beispiel einiger Texte, die für die Diskussion um die Fotografie als wichtig angesehen werden können.

Einer dieser Texte ist ein relativ kurzer Artikel von Siegfried Kracauer aus dem Jahre 1927, der »Die Photographie« heißt und vielleicht nicht besonders berühmt ist, aber die Lage der Fotografie sehr trefflich beschreibt.[1] Als Beispiel nimmt Kracauer das Foto seiner Großmutter, d. h. eine private Fotografie, eine Erinnerungsfotografie, und stellt fest, daß diese Fotografie den Weg der Erinnerung, der ihn zu seiner Großmutter führen sollte, nicht öffnet, sondern versperrt. Die Großmutter als Mensch, als Individuum, als Innerlichkeit, ist durch die Fotografie nämlich nicht erschlossen, sondern es ist nur ihr Äußeres zu sehen, das aber durch die Mode der damaligen Zeit – also durch die Kleidung oder Schminke – unpersönlich, entindividualisiert erscheint. Kracauer schreibt: »Wir sind in nichts enthalten, und die Fotografie sammelt Fragmente um ein Nichts. Als die Großmutter vor dem Objektiv stand, war sie für eine Sekunde in dem Raumkontinuum zugegen, das dem Objektiv sich darbot. Verewigt worden ist aber statt der Großmutter jener Aspekt (...) Nicht der Mensch tritt in seiner Fotografie heraus, sondern die Summe dessen, was von ihm abzuziehen ist. Sie vernichtet ihn, indem sie ihn abbildet, und fiele er mit ihr zusammen, so wäre er nicht vorhanden.«[2] Die Fotografie gefährdet also nicht nur die Identität des Fotografen, sondern auch die Identität des Modells, denn seine innere Identität läßt sich durch die äußeren Merkmale nicht festhalten. Für Kracauer ist jede Fotografie nur ein Generalinventar verschiedener Fragmente oder Details, denen aber eine innere Einheit fehlt, da eine solche Einheit nur auf der Ebene des Gemeinten, des Sinnes, der Bedeutung entsteht, die aber – also der Sinn und das Gemeinte – per definitionem nicht fotografiert werden können. Die Fotografie ist deswegen für Kracauer nur Abfall, ein Gespenst und ein Zeichen des Todes: Die Fotografie tötet, statt den Tod zu überwinden, denn sie hält nur den Körper, die Leiche fest und leugnet die Seele.

Der Zerfall des Gedächtnisbildes in der Fotografie hat für Kracauer auch eine moralische Dimension. Er schreibt: »Die Bedeutung der Gedächtnisbilder ist an ihren Wahrheitsgehalt geknüpft. Solange sie in das unkontrollierte Triebleben eingebunden sind, wohnt ihnen eine dämonische Zweideutigkeit inne.«[3] Gerade diese Dämonie diagnostiziert Kracauer in der Fotografie. Er verbindet zwar diese seine Diagnose vor allem mit dem gespenstischen oder, wie er sagt, unerlösten Charakter der fotografischen Abbildung. Man kann aber behaupten, daß die Verbindung etwas tiefer liegt, wie ich früher versucht habe zu zeigen. Das Triebleben ist vor allem mit einem gewissen Automatismus verbunden, mit dem direkten Wirken des Unbewußten. Die Fotografie dient diesem Automatismus, indem sie eine direkte, spontane Gratifikation des Begehrens ermöglicht, das durch keine Arbeitsaskese mehr unterbunden wird, wie es in der traditionellen Kunst noch der Fall war. Das einfache Abdrücken genügt jetzt, um ein Bild entstehen zu lassen. Der Fotoapparat ist eine Maschine des Begehrens, des Unbewußten, des Anderen, das alle Identitäten entgrenzt, fragmentiert und aushöhlt. Das ist auch der etwas verdeckte Grund für die Verurteilung der Fotografie bei Kracauer. Es ist daher interessant festzustellen, daß diese Strategie von Kracauer in allen ihren wesentlichen Zügen in einem Buch wiederholt wird, das zu den Texten gehört, die in den heutigen Diskussionen über die Fotografie eine Schlüsselrolle spielen – nämlich in Roland Barthes' Buch »Die helle Kammer« aus dem Jahre 1980.[4]

Als Beispiel nimmt Barthes wiederum die Fotos seiner verstorbenen Mutter und versucht, sie auf diesen Fotos wiederzuerkennen – und wiederum gelingt es ihm nicht. Das innere Wesen, die wahre Identität der Mutter, entzieht sich erneut der fotografischen Wiedergabe. Statt seiner Mutter sieht Barthes auf ihren Fotografien – genauso wie Kracauer – nur unpersönliche Moden früherer Zeiten. Nur auf einem Foto ist Barthes bereit, seine Mutter wiederzuerkennen, aber dieses Foto zeigt sie als Kind, d. h. zu einer Zeit, aus der Barthes selbst keine eigenen Erinnerungen von ihr hat. Die Analyse von Barthes bestätigt damit die negativen Schlußfolgerungen von Kracauer – aber mit einem wichtigen Unterschied: Für Barthes stellt die Fotografie mit Sicherheit dar, daß »es so gewesen ist«. Die Fotografie besitzt nach Barthes ihre eigene Wahrheit – das ist die Wahrheit der Spur, der unmittelbaren Wirkung der Realität. Die Malerei kann Illusionen schaffen, sie kann etwas darstellen, das nie gewesen ist. Die Fotografie bildet aber immer nur das ab, was tatsächlich gewesen ist – wie arm und unbedeutend auch das abgebildete Gewesene sein könnte. Die Position von Barthes ist also gespalten. Er weiß nicht, welcher Definition der Wahrheit er den Vorzug geben soll. Er muß gestehen, daß die Wahrheit des verborgenen Wesens oder die innere, subjektive Wahrheit der Einbildungskraft – also die Identität – in der Fotografie untergeht, ausgelöscht wird. Er stellt aber fest, daß eine andere Wahrheit, nämlich die Wahrheit der unmittelbaren Spur, des Unbewußten, des Automatismus, durch die Fotografie voll gesichert wird – und er besteht immer wieder darauf, daß die Fotografie in diesem zweiten Sinn der Wahrheit gerade deswegen nicht lügen kann, weil das Subjekt der Lüge in ihr verschwindet.

Damit ist aber die Stelle umrissen, an der die Frage nach der Identität und allen damit verbundenen Problemen in bezug auf die Fotografie in unserer Zeit wieder auftauchen. Für die traditionelle Kunst ist die Identität des Künstlers, sein Bewußtsein, seine Moral, seine Individualität, die Garantie für die Echtheit dieser Kunst. Deswegen gilt das Andere, das Unbewußte, das Mechanische, das Triebhafte, für die Tradition als gefährlich, als etwas, was bekämpft werden muß. Deswegen auch der Kampf für das Unbewußte, für die Entgrenzung, für das Andere in der Kunst, die die historische Avantgarde geführt hat, um die Identität der Tradition zu erschüttern. Malewitsch hat einmal gesagt, daß er vor allem gegen die Ehrlichkeit des Künstlers kämpfe.

Nun verhält es sich mit der Fotografie genau umgekehrt. Die Echtheit oder die Wahrheit haben hier eine mechanische, unbewußte oder »andere« Garantie. In dieser Situation verschwindet das Bewußte oder das Identische – aber nicht vollständig, wie es Kracauer oder Barthes meinen, sondern es wird zu einer Bedrohung für die Wahrheit in der Fotografie oder, genauer gesagt, für die fotografische Wahrheit. Denn jede technische Garantie ist anfällig für eine bewußte Manipulation. Das Bewußtsein als solches funktioniert hier nicht mehr als Sicherung der Tradition und der Wahrheit, sondern als eine Quelle der Lüge und Täuschung, so daß für die Fotografie vor allem gilt, sich vor der Identität, Subjektivität oder Individualität in acht zu nehmen, um ihre eigentümliche, unbewußte Wahrheit zu behaupten. Die Fotografie nämlich steht potentiell immer im Verdacht, manipuliert zu werden, so hergestellt zu werden, daß die Realitätsspuren in ihr nur simuliert sind – ein Verdacht, den weder Kracauer noch Barthes in Betracht ziehen.[5] Und es gibt wiederum zwei Strategien, um diesen Verdacht zu entkräften. Eine Strategie besteht in der nachdrücklichen Behauptung des Fotografen, daß er seine Bilder nicht manipuliert, daß er sein Bewußtsein, seine Identität einfach ausschaltet und das Leben ganz spontan so aufnimmt, wie es ist. Das ist eine defensive Strategie, die aber wenig bringt, denn durch eine bloße Versicherung läßt sich ein solcher Verdacht, der viel tiefer angesiedelt ist, nicht entkräften.

Die zweite Strategie besteht dagegen darin, offensiv die Möglichkeiten der Täuschung vorzuführen und sie damit in den Kanon der Fotografie aufzunehmen. Diese Strategie ist die Strategie einer fotografischen Avantgarde, die der traditionellen Strategie einer künstlerischen Avantgarde nicht unähnlich ist, obwohl sie in eine sozusagen entgegengesetzte Richtung führt. Die klassische Avantgarde hat das Unbewußte, das Mechanische, das Fehlerhafte oder das Andere der Subjektivität aufgewertet, um damit dem Verdacht offensiv zu begegnen, daß die künstlerische Tradition ihre Identität nicht bewahren kann. Heute versucht man umgekehrt, die Subjektivität der

Täuschung vorzuführen, um dem Verdacht zu begegnen, daß der Automatismus der Fotografie keine Garantie für ihre Authentizität darstellt.

Ein gutes Beispiel dafür sind einige gut bekannte Arbeiten von Appropriationisten wie Sherrie Levine oder Richard Prince.[6] Dabei wird nicht die Realität, sondern eine anderes Fotobild re-fotografiert. In diesem Fall kann man nicht mehr behaupten, wie Roland Barthes es tut, daß die Fotografie etwas darstellt, was mit Sicherheit gewesen ist, denn wir haben dann keine Kriterien mehr, um festzustellen, was es war, wessen Spur das Foto festgehalten hat – der Realität selbst oder eines Abbildes der Realität. Eine bewußte Manipulation interveniert sich hier auf eine solche Weise, daß jetzt nicht mehr das Bewußte mit den Mitteln des Unbewußten, sondern das Unbewußte mit den Mitteln des Bewußten unterminiert wird. Nicht zufällig wird diese Intervention mit dem Namen des Fotografen bezeichnet, denn hier wird ein sozusagen negativer Ausstieg aus der Anonymität der Fotografie geleistet. Es ist das Andere der Fotografie, die bewußte und individuelle Manipulation mit ihren Spuren, die dadurch sichtbar wird.

Auf einer anderen Ebene manipuliert Cindy Sherman die Grenzen zwischen einem Erinnerungsfoto von sich selbst und einer inszenierten Fotografie eines anderen. Die grundsätzliche Kritik an der Fotografie, die von Siegfried Kracauer oder Roland Barthes betrieben wurde, wird hier mit den Mitteln der Fotografie selbst durchgeführt. Die fehlende zentrale Identität des durch die Fotografie abgebildeten Körpers, der Zerfall dieses Körpers in fragmentarische Erscheinungen, die nicht mehr zusammengefügt werden können – das alles wird in der Regel für einen gewöhnlichen Zuschauer dadurch kaschiert, daß er eine gewisse äußere Ähnlichkeit verschiedener Abbildungen feststellt, die ihm erlaubt, diese Abbildungen einem einzigen Gegenstand zuzuschreiben. Indem Cindy Sherman in ihren Fotografien die Äußerlichkeiten ihrer eigenen Erscheinung auf dem Bild unterschiedlich inszeniert, macht sie auch die äußere Identifikation nicht mehr möglich – oder zumindest höchst problematisch. Die Unzuverlässigkeit des fotografischen Bildes, die von seinen Kritikern schon früher diagnostiziert wurde, wird auf diese Weise offensichtlich. Das ist auch der Grund, warum die entsprechenden Arbeiten als wichtig gelten. Sie sind nicht darum wichtig, weil sie dem wahren Wesen nahe sind und dieses Wesen offenbaren, sondern weil sie eine Bedrohung der Täuschung offenlegen, die ansonsten unberücksichtigt bleibt.

Das gleiche gilt auch für die kulturellen Identitäten, die mit den Unterschieden der Rasse, Klasse oder des Geschlechts verbunden sind. Die Tatsache, daß diese Identitäten heute ein so großes Interesse für sich beanspruchen, ist keineswegs selbstverständlich. Ich muß in diesem Zusammenhang wieder daran erinnern, daß die ganze Kunst dieses Jahrhunderts bestrebt war, sich von diesen Identitäten zu lösen, um zum Anderen, zum Unbewußten, zum Begehren und zum Automatischen zu kommen, das jenseits der bewußten Unterschiede sich entfaltet. Der Kampf mit der bürgerlichen Kleinkariertheit, die jeden Menschen in seine gesellschaftliche Nische steckt, war das große Thema der klassischen Avantgarde. Man könnte meinen, daß dieser Kampf heute endgültig verloren ist, wenn man immer wieder liest und hört, wie Künstler, Kritiker und Kuratoren heutzutage sich selbst und andere beschreiben, wie es sonst nur ein tüchtiger Beamter irgendwo im Ausländeramt oder Sozialamt tut.

Die Ähnlichkeit des Verfahrens ist in der Tat nicht zu übersehen. Was man heute unter der Identität versteht, ist nicht mehr die verborgene Identität der Seele, des Geistes, der Vernunft, des Selbst, der Subjektivität oder der Individualität, wie sie früher – unter anderem von Kracauer oder Barthes – verstanden worden war. Jetzt wird unter der Identität sozusagen eine Ausweis-Identität (ID) verstanden, die bürokratisch ermittelt wird: wo und wann geboren, Geschlecht, Beruf, ob verheiratet und mit wem, Hautfarbe, Form der Nase, besondere Merkmale usw. Alle diese Daten werden dann noch spezifiziert und detailliert, so daß dieser Prozeß der Differenzierung zwar potentiell ins Unendliche geht, aber gleichzeitig auf der gleichen Ebene bleibt. Wenn man heutzutage nach dem anderen sucht, sucht man nach ihm gemäß dieser Ausweis-Beschreibung. Das Andere ist nicht mehr das Unbewußte in allen ihren Ausprägungen, wie es noch vor kurzem war, wie es auch noch die Textualität oder die Differenz im Sinne der Dekonstruktion sind, der andere ist vielmehr derjenige, der seinen Fragebogen auf eine andere Weise ausfüllt.

Dabei fällt auf, daß jeder wichtige Fragebogen und jeder Ausweis mit einer Fotografie versehen ist. Und das ist nicht zufällig, denn die Ausweis-Identität oder ID entspricht dem gleichen Wahrheitsverständnis wie auch die Fotografie selbst – diese Ausweis-Identität ist ihrerseits, wenn man so will, eine spezifische Art Fotografie, die mit sprachlichen Mitteln hergestellt wird. Denn die Ausweis-Identität ist auch eine Versammlung der fragmentarischen Teilaspekte eines Menschen, ein Inventar seiner äußeren Merkmale, seiner Erscheinungen. Der Mensch zerfällt in dieser Beschreibung genauso, wie er in der Fotografie zerfällt. Die Interpretation, die Kracauer oder Barthes von der Fotografie geben, trifft also auch auf die Ausweis-Identität zu. Sie ist auch eine Ansammlung der Spuren, die die Wirklichkeit auf dem Papier hinterläßt. Daraus ergibt sich dabei keine stabile Identität, denn sie kann nur durch die innere Identität des Denkens und der Erinnerung garantiert werden – eine solche innere Identität ist aber weder fotografisch noch bürokratisch festzuhalten: Der Beamte und der Künstler beschäftigen sich heute nur mit den äußeren Tatsachen.

Warum ist aber die Ausweis-Identität heute so interessant geworden? Der Grund ist wiederum die Angst vor der bewußten Manipulation, die die Faktizität der Fotografie – aber auch die anderer Kunstformen wie des Readymades – in Frage stellen kann. Jede Fotografie kann nämlich nicht nur als eine Spur der Wirklichkeit, sondern auch als eine Kombination der kulturellen Codes, als ein kulturell codiertes Simulakrum der Wirklichkeit gesehen werden. Auf diese Möglichkeit hat auch Roland Barthes in seinem noch früheren Buch »Mythen des Alltags« hingewiesen. Man kann behaupten, daß die Fotografie immer so aufgenommen wird, daß sie bestimmte kulturelle Klischees bestätigt und bestimmte kulturelle Sichtweisen wiederholt. Die Faktizität des Realen bleibt dann auch für die Fotografie unerreichbar, da das Auge, das sie benutzt, schon von Anfang an ein kulturell codiertes Auge ist. Die kulturelle Codierung des Bewußtseins erweist sich hier als eine Gefahr für die Wahrheit der Fotografie. Und die Ausweis-Identität dient dem Versuch, dieser Gefahr zu entgehen.

Indem man darüber berichtet, welchem Kulturkreis der Fotograf angehört, welches Geschlecht er hat usw., glaubt man, die besondere Sichtweise des Fotografen situativ zu verankern und ihm so eine bestimmte Faktizität zu verleihen. Man bekommt damit eine einfache Erklärung für die Arbeitsweise des Fotografen: Er arbeitet so oder so, weil er so oder so ist. Durch diese Operation der Ausweis-Identifizierung glaubt man die Glaubwürdigkeit der Fotografie wiederherzustellen.

Wenn wir eine Fotografie ansehen, haben wir zwei grundsätzliche Möglichkeiten ihrer Lektüre. Die eine Möglichkeit besteht darin, sie einfach als eine Spur dessen zu lesen, was tatsächlich gewesen ist – das ist der Vorschlag von Barthes. Die zweite Möglichkeit besteht darin, in dieser Fotografie die Vorführung bestimmter kultureller Codes zu sehen, die sich uns möglicherweise entziehen und die Fotografie dadurch unlesbar, unerkennbar machen. In diesem zweiten Fall hilft die Ausweis-Identität; sie leistet eine Rückführung in die Wirklichkeit, indem sie beispielsweise informiert: Diese Codes sind die Codes eines weißen, heterosexuellen Europäers. Wenn wir diese Mitteilung hören, gewinnen wir unsere Ruhe wieder, denn wir wissen jetzt endlich, was diese Fotografie in Wirklichkeit ist: Wenn sie keine äußere Wirklichkeit wiedergibt, gibt sie zumindest die Wirklichkeit des Fotografen wieder. Damit soll das dunkle Geheimnis der Fotografie durch Aufklärung beseitigt und die entsprechenden Gefahren gebannt werden.

Es ist in diesem Zusammenhang aber sehr bezeichnend, daß die Rede über die anderen, in vielem auf den ersten Blick völlig verschiedenen, Fälle fast identisch klingt – unabhängig davon, ob es sich dabei um eine Rede über Frauen, über die Indianer des Amazonasgebietes oder über die Bürger aus den neuen deutschen Ländern handelt. Diese Beobachtung legt die Vermutung nahe, daß es sich in allen diesen Fällen tatsächlich nur um etwas anderes handelt: um die manipulierende Subjektivität, die die zeitgenössische Kunst mit ihrem Glauben an die unbewußte Authentizität bedroht. Die Unterschiede zwischen verschiedenen Fotoarbeiten, die von den Fotografen mit unterschiedlichen Ausweis-Identitäten gemacht worden sind, sind tatsächlich schwer auszumachen. Dagegen merkt man sofort, welche Arbeiten diese Ausweis-Identität reflektieren und welche in dieser Hinsicht naiv, unreflektiv bleiben.

Beim Umgang mit seiner Ausweis-Identität setzt ein Künstler heutzutage seine eigene Identität wie ein Readymade strategisch-künstlerisch ein. Hier kann man über eine logische Fortsetzung von Duchamps Arbeit mit den gegenständlichen Readymades sprechen. Duchamp hat gezeigt, daß man künstlerisch mit einem Gegenstand arbeiten kann, ohne diesen Gegenstand neu zu gestalten, ohne ihn zu transformieren, was früher als eine absolute Voraussetzung einer künstlerischen Arbeit galt. So kämpft ein Künstler von heute auch nicht gegen seine bürgerliche Identität: Er will sie nicht mehr sprengen oder transformieren, sondern er benutzt sie als ein äußeres, ihm vorgegebenes Readymade im Kontext der Kunst. Der Künstler ist für sich selbst ein Readymade geworden. Die Frage ist nur, ob dieses neue Selbstverständnis im Endeffekt zur Beseitigung der Manipulation führen kann. Ich glaube das nicht.

Manipulieren kann man alles – vor allem sich selbst, und besonders, wenn man sich selbst als Readymade gegenübergestellt sieht. Zunächst einmal liegen die Manipulationsmöglichkeiten, auf die Fotografen wie Cindy Sherman oder Sherrie Levine aufmerksam gemacht haben, jenseits aller kultureller Codierungen. Und man weiß auch, daß man alle Ausweise fälschen kann. Alle möglichen Ämter verlangen die Vorlage der Fotografie, gerade um eine solche Fälschung zu erschweren. Jetzt versucht man die Fotografie dadurch echt zu machen, daß man zusätzlich einen Ausweis verlangt. Beide Strategien sind verständlich und sogar notwendig, aber beide Strategien bieten keine endgültige Sicherheit. Wenn von der Subjektivität alle kulturellen Codierungen abgezogen werden, wie es damals Kracauer vorgeschlagen hat, dann bleibt sicherlich nicht viel übrig – aber die Fähigkeit zur Manipulation oder zur Lüge bleibt unangetastet. Man ist immer imstande, alle kulturellen Codes zu fälschen, zu manipulieren, zu simulieren. Keine Information über die kulturelle Identität eines Menschen, nicht einmal sein eigener Versuch, seine künstlerische Aktivität in dieser Identität zu verankern – sei es auch negativ, um sie zu bekämpfen – können die Glaubwürdigkeit seiner Kunst ausreichend bezeugen. Die Beschäftigung mit der Ausweis-Identität ist auch nur ein Stil, eine Mode, ein Diskurs und eine Kunstpraxis, die man vielleicht sogar besonders leicht simulieren kann, denn sie haben ihre eigenen Codes und ihr eigenes Vokabular, die inzwischen allgemein vertraut geworden sind. Das Risiko der Manipulation, der Unechtheit, der Unwirklichkeit läßt sich nicht ausschließen. Der Künstler – wie jeder Mensch von heute – ist tief gespalten: nämlich in seine Readymade-Ausweis-Identität und in die Fähigkeit, diese Identität zu fälschen. Daher interessiert mich die Frage, wie man die Andersartigkeit als solche simuliert, herstellt und strategisch einsetzt, um einen künstlerisch-institutionellen Erfolg zu erreichen.

Eine solche Strategie ist ja gut bekannt: Es ist die Strategie einer kritischen oder dekonstruktiven Auseinandersetzung mit der eigenen Ausweis-Identität. Ein einfaches Transportieren der regionalen Merkwürdigkeiten in die internationale Kunstszene erweist sich nämlich in der Regel als wenig ergiebig, denn im Endeffekt interessiert sich kein Mensch für das Regionale – außer im Urlaub. Man interessiert sich aber für den kritischen, dekonstruktiven Diskurs über die regionalen Identitäten – gerade weil dieser Diskurs nicht regional, sondern überregional ist und internationalen Erfolg verspricht. Dieser Erfolg wird dadurch erreicht, daß man seine eigene Ausweis-Identität nach allen Regeln der Kunst dekonstruiert. Die Kritik und die Dekonstruktion unterscheiden sich hier nicht mehr von der Werbung und Promotion, denn erst durch sie wird die kritisierte Identität überhaupt erst bekannt und interessant – im Unterschied freilich zu der großen Tradition der europäischen Kunst, die auch ohne Kritik allgemein bekannt ist. Man kann sagen, daß zuerst die kritische Theorie ihre Karriere dadurch gemacht hat, daß sie eine etablierte Tradition kritisiert hat – und jetzt machen die weniger bekannten Traditionen dadurch Karriere, daß sie sich von dieser jetzt schon international etablierten kritischen Theorie kritisieren lassen.

Künstler und Kunsttheoretiker, die diese Strategie betreiben, können das allerdings nur unter der Voraussetzung tun, daß sie sich innerlich von ihren eigenen Ausweis-Identitäten gelöst haben und imstande sind, diese von außen mit den Augen der internationalen Kunstöffentlichkeit zu betrachten. Die innere Loslösung von der eigenen Ausweis-Identität ist also die erste Voraussetzung für ihre Konstruktion und künstlerische Umsetzung. Man kann also sagen, daß die freie, identitätslose – im Sinne der Bereitschaft zur Täuschung und zur Manipulation – Subjektivität als Autor der eigenen, vermeintlichen Ausweis-Identität fungiert: Sie kreiert diese Identität; und indem sie sie kreiert, macht sie sie gleichzeitig unglaubwürdig. Es ist in diesem Sinne charakteristisch, daß diejenigen, die kein freies, manipulatives Verhältnis zu ihrer eigenen Ausweis-Identität haben, die sich in der Regel nach wie vor von ihr befreien, aus ihrem Gefängnis ausbrechen wollen. Deswegen gelten sie im heutigen kulturellen Klima als rückständig.

Die Rede über die kulturelle Identität interessiert daher nicht so sehr als Forderung, die Ausweis-Identität des Künstlers in seine Einschätzung miteinzubeziehen. Ihre eigentliche Bedeutung liegt vielmehr in der Diagnose einer grundsätzlichen Gefahr der Täuschung und Manipulation, die sie selbst mit allen ihren Strategien doch nicht zu entkräften vermag. Wie weit wir jetzt vom anfänglichen Optimismus der Fotografie entfernt sind, zeigt z. B. die Widerlegung der Kritik an der Fotografie, die Alexander Rodtschenko noch im Jahre 1928 formuliert hatte. Rodtschenko behauptet, daß der Künstler niemals ein »synthetisches« Bild eines Menschen schaffen könne. Statt dessen sind alle Porträts subjektivistisch, willkürlich, verschönend, idealisierend. Was für Kracauer und Barthes die innere Wahrheit der Erinnerung ist, ist für Rodtschenko eine glatte künstlerische Lüge.

Und was für die bürgerlichen Denker Kracauer und Barthes ihre Mutter bzw. Großmutter ist, mit der sie sich in einer sublimierten Form der Kunstbetrachtung vereinigen wollen – das ist für Rodtschenko Lenin. Deswegen vergleicht Rodtschenko als Beispiel für seine Analyse Bilder und Fotos von Lenin – und stellt fest, daß nur die Fotos von Lenin die Faktizität der Wahrheit über ihn besitzen. Rodtschenko verweist darauf, daß schon viele Künstler versucht hätten, das Porträt von Lenin zu schaffen, und schreibt: »Nun zeige mir einer, über welches dieser künstlerischen ›synthetischen‹ Werke man sagen könnte: dies ist der wahre Lenin. Ein solches Werk gibt es nicht und wird es nie geben. Warum nicht? (...) Weil es eine Mappe mit Fotografien (von Lenin) gibt und diese Mappe von Momentaufnahmen niemandem die Möglichkeit läßt, Lenin zu idealisieren. Diese Mappe hat jeder gesehen, und keiner, auch wenn er es selbst nicht bemerkt, wird eine künstlerische Lüge über den ewigen Lenin akzeptieren.«[7] Das Fragmentarische der Fotografie ist für Rodtschenko kein Mangel, sondern das Zeichen ihrer Echtheit, denn das Leben als solches ist auch fragmentarisch. Und am Ende seines Textes ruft Rodtschenko aus: »Gegen die Kunst muß jeder moderne kultivierte Mensch kämpfen. Lügt nicht! Fotografiert, fotografiert! (...) Malt die Wahrheit. Schätzt alles Echte und Moderne. Dann werden auch wir echt sein und keine Spielfiguren.«[8]

Nun weiß inzwischen jeder, in welchem Ausmaß gerade die Fotos von Lenin manipuliert, verfälscht oder künstlich inszeniert wurden. Es war damals ein ganzer Wissenschaftszweig, der sich damit beschäftigte, genauso wie mit dem Körper Lenins im Mauseoleum, der auch ganz echt wirken sollte – ein Readymade aus dem wirklichen Leben. Und die Fotos Rodtschenkos mit all seinen glücklichen Sportlern und begeisterten jungen Pionieren waren auch ein Teil einer gezielten staatlichen Propaganda, die die ganze Realität im Lande in einem noch nie in der Geschichte dagewesenen Ausmaß gerade mit den Mitteln der Fotografie und des Dokumentarfilmes systematisch verfälschte.

War diese Verfälschung eine Manifestation der sowjetischen oder gar russischen kulturellen Identität? Oder war sie eine Unterdrückung dieser Identität? Sind die Fotos von Rodtschenko also doch noch echt, weil sie zwar nicht die Realität wiedergeben, dafür aber die Mentalität, die kulturelle Identität damaliger Zeit? Aber was war dann diese Mentalität: die Begeisterung trotz des Terrors oder die gewissenlose Anpassung an die Macht?

Leider gibt es keine Möglichkeit, diese Fragen sinnvoll zu beantworten. Sie deuten nur darauf hin, daß die Hoffnungen auf die Unverfälschtheit und Echtheit noch einmal enttäuscht worden sind, daß der Automatismus und die angebliche Subjektlosigkeit der Fotografie keine Garantie ihrer Echtheit liefern können, und daß auch alle Spekulationen über die kulturelle Identität damaliger Zeit wenig helfen, denn ein Mensch, der Angst hat, hat eben nur die Ausweis-Identität, die Papiere und die Fotos, die ihm die Chance geben können, sein Leben zu retten und seine bloße Existenz vorübergehend zu sichern. Dieser Mensch hat also keine kulturelle Identität im üblichen Sinne des Wortes, sondern nur Subjektivität der Täuschung jenseits jeder Kultur: Mit dieser Täuschung reagiert der Mensch manipulativ und simulierend auf die gegen ihn gerichtete, manipulierende Gewalt. Man könnte einwenden, es handelt sich hier um eine Ausnahmesituation. So ist es aber nicht. Jeder, der lebt, hat Angst und ist zur Täuschung, zur Unechtheit, zur Verfälschung seiner Identität, zur Herstellung seiner verfälschten Biographie und Fotografie bereit. Keiner will und kann sich selbst anzeigen – weder im Leben noch in der Kunst. In dieser Angst vor dem Leben findet jede kulturelle Identität ihre natürliche Grenze.

Anmerkungen

1 »Die Photographie«, in: Siegfried Kracauer, *Schriften*, Bd. 5.2: Aufsätze 1927–1931, hrsg. v. Inka Mülder-Bach, Frankfurt a. M. 1990, S. 83–97.
2 Ebda, S. 92.
3 Ebda, S. 86.
4 Roland Barthes, *Die helle Kammer*, Frankfurt a. M. 1989.
5 In diesem Sinn ist beispielsweise die Verwendung der Fotografie im Film »Blade Runner« von Ridley Scott (1982) besonders interessant: Sie dient dort zum Produzieren der falschen familiären Erinnerungen bei den Helden, die diese Erinnerungen nicht haben können. Wenn bei Kracauer und Barthes die Fotografie die persönlichen Erinnerungen dekonstruiert und auslöscht, konstruiert sie in »Blade Runner« diese Erinnerungen künstlich »aus dem Nichts« und damit die Persönlichkeit selbst.
6 Vgl. dazu u. a. Abigail Solomon-Godeau, »Living with Contradictions. Critical Practices in the Age of Supply-Side Aesthetics«, in: *The Critical Image*, hrsg. v. Carol Squiers, Seattle 1990.
7 Zit. nach: Rodtschenko / Stepanowa, *Die Zukunft ist unser einziges Ziel...*, hrsg. v. Peter Noever, Katalog zur Ausstellung des Österreichischen Museums für Angewandte Kunst, Wien 1991, S. 234.
8 Ebda, S. 237.

Der Asylant in ästhetischer Sicht

Das Wort »Asylant« wird heute in Deutschland in der Regel als Bezeichnung für diejenigen benutzt, die Nicht-Deutsche sind und trotzdem in Deutschland leben oder leben wollen. Dieses Wort ist sicherlich sehr ungenau, weil es viele unterschiedliche Kategorien der Einwanderer umfaßt: diejenigen, die politisches Asyl bekommen haben, die Asylsuchenden, aber auch diejenigen, die das Asyl gar nicht beantragt haben, sondern mit Hilfe von verschiedenen Papieren wie Fremdenpaß, Duldung, befristete oder unbefristete Aufenthaltserlaubnis Fuß in Deutschland zu fassen versuchen. Die Gründe, die alle diese Menschen nach Deutschland geführt haben, sowie ihre ursprüngliche Nationalität, Alter und sonstige Lebensumstände sind höchst individuell und verschiedenartig.

Trotzdem bilden diese Menschen in der Volksimagination eine undifferenzierte Masse, die mit dem Wort »Asylanten« bezeichnet wird. Man könnte den Begriff »Asylant« sicherlich kritisieren, ihn mit der Wirklichkeit kontrastieren und als phantasmatisch, ideologisch beladen und rhetorisch aufhetzend entlarven. Ich dagegen möchte nicht nach dem wirklichen Referenten dieses Begriffes fragen, sondern vielmehr nach seiner ästhetischen Dimension oder, genauer, nach dem Bild, das dieser Begriff in der Imagination der Sprecher und Hörer evoziert. Und dieses Bild hat in der Tat eine sehr spezifische Beschaffenheit, denn das Wort »Asylant« bezeichnet einen Menschen, der weder ein Deutscher noch ein Ausländer ist.

Unter »einem Deutschen« versteht man sicherlich nicht etwa »einen Bürger der Bundesrepublik Deutschland«. Ein Asylant bleibt ein Asylant, d. h. er entspricht einem Bild des Asylanten, auch wenn er mit der Zeit einen deutschen Paß bekommt. Man kann als Deutscher nur geboren werden, nicht aber deutsch werden (wie man z. B. ein Amerikaner werden kann). Wenn ein Asylant kein Deutscher ist oder werden kann, ist er aber gleichzeitig auch kein Ausländer, kein Fremder. Denn ein Ausländer muß im Ausland leben. Zwar kann man sich vorstellen, daß ein Ausländer zu Besuch kommt und für eine Weile im Lande bleibt, aber dann geht er in sein Ausland zurück. Der Asylant geht aber nicht – oder zumindest will er nicht gehen. Und mehr noch: Er hat irgendwelche schwer durchschaubaren Gründe und Rechte, im Lande zu bleiben. Der Asylant ist Inländer und Ausländer zugleich – und er ist weder wirklich inländisch noch wirklich ausländisch.

Die Figur des Asylanten entzieht sich damit auf eine unheimliche Weise der fundamentalen Zweiteilung in das Eigene und das Fremde, die seit jeher das ganze Vorstellungs- und Empfindungsvermögen eines jeden Menschen beherrscht. Deswegen ist der Asylant in einem bestimmten Sinn nicht sichtbar, nicht wahrnehmbar, nicht identifizierbar. Das Bild des Asylanten ist das Bild des Unscheinbaren schlechthin. Es gibt keine Ästhetik, keine Schule der Wahrnehmung, keine Sensibilität für diese graue Zwischenzone, die von dem Asylanten okkupiert wird. Deswegen versucht man immer wieder, diese Grauzone zu vermeiden und den Asylanten als Ausländer, z. B. durch den Aufruf »Ausländer raus!«, oder als Inländer, als »unseren lieben Mitbürger« zu identifizieren. Beide Strategien verfehlen aber ihr Ziel: Weder kann der Asylant wirklich raus, weil er auch im Ausland keinen Ort hat, noch wirkt er als Mitbürger überzeugend, weil er keine gewöhnlichen politischen und kulturellen Rechte hat, die einem wirklichen Inländer zustehen.

Unser europäisches Wahrnehmungsvermögen, unsere ästhetische Sensibilität werden von zwei großen Strömungen in der europäischen Kultur- und Kunstgeschichte geformt: nämlich von der Klassik und von der Romantik. Wir können entweder die kulturelle Norm wertschätzen oder eine Abweichung von dieser Norm, entweder das Eigene oder das Fremde. Der Asylant weicht offensichtlich von der kulturellen Norm ab: Er spricht ein schlechtes, fehlerhaftes Deutsch, er reagiert auf das von den anderen Gesagte meistens nicht richtig, weil er den entsprechenden kulturellen Code nicht beherrscht, sein Geschmack scheint rückständig oder kitschig zu sein, weil er nur die vorletzte Mode kennt. Im Sinne einer traditionalistischen Ästhetik des Eigenen ist also der Asylant kaum bewundernswert. Er ist es aber auch nicht im Sinne der romantischen Ästhetik des Fremden.

Das größte Problem des Asylanten besteht nämlich darin,

daß er nicht richtig fremd, anders, exotisch, ausländisch, authentisch wirkt. Das Andere und das Exotische haben für uns alle eine große Anziehungskraft. Diese Anziehungskraft ist so groß, daß die Romantik sogar das Eigene, beispielsweise das Deutsche, als Fremdes, als Exotisches dargestellt hat, um es auf diese Weise noch einmal zu ästhetisieren. Ein Türke in der Türkei oder ein Chinese in China wirken malerisch, authentisch, reizvoll – und damit eben romantisch. Aber ein Asylant ist ausgesprochen unromantisch. Es ist kein authentischer Türke oder kein authentischer Chinese mehr, weil er sich durch seinen Aufenthalt in Deutschland von seinem eigenen Land kulturell entfernt hat. Über den Asylanten wird gesagt, daß er versucht, das Deutsche nachzuahmen, sich der herrschenden kulturellen Norm anzupassen. Die Anpassung an die kulturelle Norm ist aber in den Augen eines jeden Romantikers eine unverzeihliche Sünde gegen die rachsüchtige Gottheit der Authentizität und der kulturellen Originalität. Nichts empört einen Romantiker mehr, als im Fremden nur eine schlechte Parodie auf das Eigene zu entdecken.

Es ist interessant, daß man gerade in den letzten Jahrzehnten einen Diskurs über den anderen und über die Andersartigkeit entwickelt, der in bester romantischer Tradition uns davon zu überzeugen versucht, daß auch die Asylanten in den europäischen und amerikanischen Großstädten eine spezifische kulturelle Identität haben. Damit will man diese Asylanten im Sinne der romantischen Ästhetik wieder gesellschaftlich attraktiv machen. Diese Strategie ist aber zu durchsichtig, um überzeugend zu wirken. Und darüber hinaus identifizieren sich die tatsächlichen Asylanten, die vielmehr nur endlich in Ruhe gelassen werden wollen, mit dieser Strategie überhaupt nicht. Sie bleiben lieber bei der Anpassung.

Der Asylant ist also in ästhetischer Sicht zweierlei enttäuschend. Er ahmt die kulturelle Norm nach, aber er tut es nicht gut genug, um von einem Traditionalisten dafür gelobt zu werden. Zugleich macht ihn die bloße Tatsache, daß er die Norm nachahmt, für einen Romantiker unakzeptabel. Damit ist ungefähr die ästhetische Grauzone umschrieben, in der sich der Asylant aufhält. Es ist die eigentümliche Zone einer Abweichung von Abweichung, einer Abweichung des zweiten Grades. Der Asylant weicht von seiner exotischen Fremdheit in Richtung Norm ab, aber er erreicht diese Norm nicht. Er unterscheidet sich von der Norm durch zuviel Fremdheit und von der Fremdheit durch zuviel Anpassung an die Norm. Diese Feststellung eröffnet übrigens scheinbar die letzte Möglichkeit einer ästhetischen Rechtfertigung des Asylanten. Danach kann der Asylant als eine dialektische Synthese zwischen Klassik und Romantik, zwischen Norm und Abweichung von Norm, zwischen Eigenem und Fremdem gedeutet werden. Diese Deutung ist in der Tat unterschwellig immer dann präsent, wenn man über den Asylanten als einen Quasi-Agenten der Völkerverständigung und der Erweiterung des eigenen kulturellen Horizontes spricht.

Nun ist die Figur des Asylanten jedoch hybrid. Aber diese Hybridizität des Asylanten ist weder dialektisch noch synthetisch. Ein für uns üblicher Begriff der Synthese setzt voraus, daß aus den zu synthetisierenden Prinzipien jeweils das beste oder das eigentliche in diese Synthese eingeht. Der Asylant kann aber nur als eine Parodie einer solchen Synthese gelten. Denn er nimmt das schlecht und oberflächlich Angeeignete aus der normativen, in diesem Fall aus der deutschen, Kultur und kombiniert das mit dem schlecht und oberflächlich Erinnerten aus der eigenen, fremden Kultur. Das Ergebnis ist zwangsläufig eine hybride Mischung, aber keine organische Synthese. Dennoch macht die dunkle Befürchtung, daß diese Mischung zu einer Synthese erklärt werden kann, so daß der Asylant auf diese Weise sich plötzlich und unverdient sowohl über das Eigene wie auch über das Fremde erhebt, den Asylanten nicht nur ästhetisch unwahrnehmbar, sondern in dieser Unwahrnehmbarkeit auch bedrohlich. Hinter der hybriden Figur des Asylanten verbirgt sich die Hybris als solche, die sowohl das Klassische wie auch das Romantische gleichermaßen bedroht, wobei das Fehlen des Authentischen beim Asylanten sofort die Frage nach seiner inneren Motivation aufwirft. Die Antwort findet sich eigentlich leicht: Der Asylant ist hinter dem Geld her.

Das Geld ist in unserer Kultur nämlich das universale Zeichen des Nicht-Authentischen. Überall, wo wir eine eigene oder eine fremde Authentizität vermissen, setzen wir dieses

Zeichen. Das Ökonomische konstituiert sich für uns alternativ aber auch komplementär zum Ästhetischen: Alles, was nicht sichtbar, identifizierbar, ästhetisierbar ist, ist für uns eine dunkle Machenschaft, ein Geschäft, eine Angelegenheit der Geldzirkulation. Das erklärt, warum der Diskurs über den Asylanten überall dort, wo dieser Diskurs ernsthaft geführt wird, fast ausschließlich ein Diskurs über das Geld ist. Und es ist kein Geheimnis, daß der Asylant auch finanziell nichts bringt, außer Verluste.

Mit dieser Feststellung möchte ich die Verortung des Asylanten in unserem kulturellen Kontext, die ich mir vorgenommen habe, vorläufig abschließen. Eine kritische Auseinandersetzung mit diesem Kontext liegt mir fern – u. a. weil ich selbst als Asylant ein Teil dieses Kontextes bin. Vielmehr möchte ich Sie darauf aufmerksam machen, daß der Asylant keineswegs die einzige Figur ist, die ästhetisch so beschaffen ist, wie ich es oben beschrieben habe. Es gibt in unserer Gesellschaft auch andere, analoge Figuren, die ästhetisch genauso funktionieren. Eine solche Figur ist u. a. die zeitgenössische Kunst.

Ein typisches zeitgenössisches Kunstwerk, wie man es überall in den Galerien, Kunsthallen oder Museen betrachten kann, sieht tatsächlich wie ein Asylant aus. Dieses Kunstwerk setzt die klassische Norm, wie auch immer man diese Norm definiert, in der Regel nicht fort. Man kann für die Werke der zeitgenössischen Kunst keine genauen Vorbilder in der Vergangenheit finden – bei einem solchen Versuch merkt man ständig Brechungen, Abweichungen, Unvollkommenheiten. Gleichzeitig ist die zeitgenössische Kunst auch nicht mehr die Kunst der Avantgarde, nicht mehr die Kunst des Anderen, des Fremden oder, vielleicht genauer gesagt, der Verfremdung. Nirgendwo sehen wir in der zeitgenössischen Kunst einen neuartigen, uns völlig fremden Ansatz. Nirgendwo entdecken wir eine radikale künstlerische Originalität, wie sie in den Zeiten der Romantik, aber auch noch vor kurzem in den Zeiten der klassischen Avantgarde zu beobachten war.

Die zeitgenössische Kunst ist dagegen angepaßt. Sie verfremdet nach wie vor, sie weicht nach wie vor von der Norm ab, aber sie tut es, ohne mit der Tradition, wie diese Tradition in den Institutionen der westlichen Kunstwelt verkörpert ist, wirklich zu brechen. Und mehr noch, die Verfremdungsstrategie oder die Abweichungsstrategie ist inzwischen auch zu einer allgemein akzeptierten Norm des Kunstschaffens geworden. Indem die zeitgenössische Kunst diese Strategie fortsetzt, kann sie als avantgardistische nicht mehr bezeichnet werden, obwohl sie dadurch auch nicht automatisch zu einer traditionalistischen oder klassizistischen Kunst wird. Freilich bedeutet diese Feststellung nicht, daß man diese grundlegende Strategie der zeitgenössischen Kunst willkürlich ändern könnte, um plötzlich schöne klassizistische oder traditionalistische Werke zu produzieren. Eine solche Entscheidung wäre nämlich wiederum nur eine Abweichung von der herrschenden Norm – und damit auch Fortsetzung und Bestätigung dieser Norm, die, wie gesagt, eben darin besteht, daß sie nach solchen Abweichungen verlangt. Einer Norm, die die Abweichung von der Norm normativ fordert, kann man prinzipiell nicht entgehen. Das Schicksal der zeitgenössischen Kunst kann vielleicht beweint werden, aber es ist prinzipiell unmöglich, dieses Schicksal zu ändern.

Damit situiert sich die zeitgenössische Kunst in der gleichen hybriden Grauzone wie der Asylant, d. h. in einem unsichtbaren Raum zwischen Norm und Abweichung von Norm, zwischen Eigenem und Fremdem, zwischen Authentizität und Simulation. Und sie ist wiederum weder dialektisch noch synthetisch, weil sie verschiedene Strategien, die sie verfolgt, und verschiedene Forderungen, denen sie ausgesetzt ist, auf keine Weise in sich organisch vereinen kann. Diese außer-ästhetische Lage der zeitgenössischen Kunst verleitet übrigens immer wieder dazu, daß ihr jede authentische Motivation abgesprochen wird. Zum Allgemeinplatz ist inzwischen die Feststellung geworden, daß die zeitgenössische Kunst mit dem Kunstmarkt identisch und nur hinter dem Geld her ist. Auf der anderen Seite weiß man auch – wie im Falle des Asylanten –, daß die Kunst letztendlich nur Verluste bringt, so daß auch ihre ökonomische Legitimation mehr als problematisch zu sein scheint.

Zu solchen grauen, außerästhetischen Mischformen gehören aber in unserer heutigen Kultur nicht nur der Asylant oder die zeitgenössische Kunst – sie sind nur besonders gute Beispiele dafür –, sondern noch sehr vieles, wenn nicht sogar praktisch alles. Und daraus kann man nur schließen, daß wir für unsere kulturelle Gegenwart immer noch ästhetisch unempfindlich oder zumindest wenig empfindlich bleiben. Jenseits aller Klagen über die Langweiligkeit und Unoriginalität der heutigen Kultur, jenseits aller Proteste gegen die kulturelle Öde, in der wir uns angeblich befinden, müssen wir also feststellen, daß wir in einer unerhört interessanten Gegenwart leben – und zwar gerade deshalb, weil wir nicht imstande sind, diese unsere Gegenwart als ästhetisch interessant zu empfinden. Denn diese Tatsache bedeutet nur, daß unsere ästhetische Empfindsamkeit nicht ausreicht, um die radikale geschichtliche Originalität unserer Gegenwart bewußt zu erleben.

Die kulturellen Zeichen bewegen sich heute in allen möglichen Richtungen im Raum und in der Zeit. Auf diesen Wegen zerfallen alte und entstehen völlig neue, unerwartete Zeichenkombinationen. Die Zeichen, die früher voneinander zeitlich und räumlich weit entfernt waren, treten in die verschiedensten rhetorischen Beziehungen zueinander: Sie metaphorisieren oder substituieren sich mit zunehmender Geschwindigkeit. Das, was noch vor kurzem das Fremde bedeutete, kann heute schon das Eigene bedeuten. Das, was vor kurzem noch eine linke Position war, ist heute schon eine rechte Position. Die Mode wird zur Tradition und die Tradition wird zur Mode. Die Avantgarde wird als veraltet angesehen und die Anti-Avantgarde als avantgardistisch. Eine sogenannte reaktionäre Haltung ist für einen progressiven Aufklärer eine Tabubrechung, aber für einen Reaktionär ist sie trivial – und umgekehrt. Der Nationalismus ist bald eine Befreiung, bald dagegen eine Unterdrückung. Die kommunistische Utopie ist aus der Zukunft in die Vergangenheit emigriert – und die Rituale der Vergangenheit bekommen plötzlich Zukunft. Die Kontexte ändern sich ständig und damit ändern sich auch alle Bedeutungen. Wir erleben heute eine allumfassende Zeichenwanderung – die Menschenwanderung ist bloß ein kleiner Teil davon. Der Asylant und die zeitgenössische Kunst machen diese Zeichenwanderung lediglich besonders sichtbar – und damit sind sie vielleicht die bedeutendsten Symptome unserer Gegenwart.

Zum Schluß möchte ich noch eine Hypothese darüber wagen, worin die ästhetische Originalität unserer Gegenwart besteht. Die Hypothese lautet: Unsere Gegenwart ist wahrscheinlich überhaupt die erste Gegenwart in der Geschichte – ihre Originalität besteht also in ihrer Gegenwärtigkeit. Diese These klingt vielleicht etwas tautologisch, sie ist es aber nicht. Denn die ästhetische Opposition zwischen Eigenem und Fremdem ist zugleich die Opposition zwischen Vergangenheit und Zukunft. Das Eigene ist das Vergangene – es sind unsere Erinnerungen, unsere aus der Vergangenheit stammenden Bräuche und Gewohnheiten. Das Fremde ist das Zukünftige – das Unbekannte und das Andere, die uns in der Zukunft erwarten. Der Asylant ist übrigens mehr ein Wanderer durch die Zeit als Wanderer durch den Raum. Seine Erinnerungen, seine Vergangenheit gehörten einem eigenen Kulturkreis, und seine Zukunft gehört einem anderen Kulturkreis. Er befindet sich aber immer dazwischen, in einer Gegenwart, die weder das Eigene noch das Andere ist. Manchmal wollen wir in der Zukunft unsere Vergangenheit finden – dann, wenn wir fühlen, daß wir uns von unserer Vergangenheit zu weit entfernt, zu sehr entfremdet haben. Aber auf jeden Fall schwanken wir ständig zwischen Vergangenheit und Zukunft – und überspringen dabei die Gegenwart. Denn die Gegenwart ist immer eine Mischform, ein hybride Form, die aus den Elementen der Vergangenheit und den Elementen der Zukunft besteht, wobei wir nie sagen können, welche von diesen Elementen tatsächlich der Vergangenheit – und welche der Zukunft angehören. Diese Unsicherheit macht die Gegenwart so unheimlich und so unsichtbar. Und man versucht ständig dieser Unsicherheit zu entgehen, indem man entweder in die Vergangenheit oder in die Zukunft blickt. Das hilft aber für das Verständnis der Gegenwart kaum. Die europäische Kultur hat die Zeiten der Traditionsverbundenheit gekannt. Danach kam die moderne Zeit, die eine romantische Begeisterung für die Zukunft mit sich brachte. Heute ist diese Zukunftsbegeisterung am Ende. Und gerade dieses Ende der Zukunftsgläubigkeit erzeugt alle gegenwärtigen Unsicherheiten und Unzufriedenheiten. Weder Vergangenheit noch Zukunft versprechen noch etwas: Nur die Gegenwart bleibt uns übrig. Deswegen kann man sagen, daß wir zum ersten Mal wirklich in der Gegenwart leben, wirklich gegenwärtig geworden sind. Aber unsere ästhetischen Gewohnheiten sind weitgehend noch die alten geblieben. Und daraus läßt sich vieles von dem erklären, was heute um uns herum passiert.

Die meisten Schreibenden verspüren nämlich immer noch das Verlangen, sofort eine Position zu beziehen, gegen ihre Gegenwart zu protestieren, neu anzufangen, an die Vergangenheit oder an die Zukunft zu appellieren. Noch vor einigen Jahren konnte man lesen, daß man in der Zukunft eine neue Gesellschaft aufbauen kann und soll – eine multikulturelle, eine sozialistische, eine ökologische. Dann konnte man lesen, daß das alles nicht stimmt, sondern daß in der näheren Zukunft die Apokalypse eintritt – man muß nur ein bißchen abwarten und dann kommt man zumindest ästhetisch auf seine Kosten. Heute liest man wiederum bei Botho Strauß, daß man gar nicht auf die Zukunft warten, sondern sich umgekehrt sofort der Vergangenheit zuwenden soll, um, wenn schon nicht als Heiliger oder Soldat, so doch wenigstens als Märtyrer zu sterben. Das alles ist sicherlich sehr aufregend, aber doch etwas verwirrend und schnellebig. Der Asylant hat noch nicht alle Papiere gesammelt, ins Deutsche übersetzt, beim Notar beglaubigt und beim Ausländeramt eingereicht, um in die multikulturelle Gesellschaft aufgenommen werden zu dürfen – und schon muß er sich durch einfühlsame Nietzsche- und Bataille-Lektüre darauf vorbereiten, die Rolle des sakralen Opfers mit Würde zu übernehmen. Die Literatur macht einfach zu große Sprünge in die Vergangenheit und dann wieder zurück in die Zukunft und dann wieder zurück in die Vergangenheit – und überspringt ständig die Gegenwart.

Denn die Beschäftigung mit der Gegenwart bedeutet viel Geduld, viel Unsicherheit, viel Mühe und wenig Effekt. Man ist in der Gegenwart immer nur gespalten, gemischt, hybrid. Der Mensch der Gegenwart lebt nur bruchstückhaft, kann sich nicht sammeln, hat keine große geschichtliche Aufgabe, ist unfähig, eine eindeutige Position zu beziehen, sich auf die Vergangenheit oder auf die Zukunft zu berufen. Er ist vielmehr ein Asylant, ein Emigrant aus dem Reich der Geschichte, der seine Gegenwart um Asyl bittet.

Die Musealisierung des Ostens

In letzter Zeit können wir überall im Westen einen Prozeß der Musealisierung von Kunst aus dem früheren kommunistischen Osten beobachten. Beispiele nicht nur der klassischen Avantgarde, sondern auch der offiziellen Kunst des sozialistischen Realismus sowie der unterschiedlichen alternativen, nichtoffiziellen Kunstbewegungen werden in zahlreichen musealen Ausstellungen gezeigt, durch Kataloge, Zeitschriftenaufsätze und Bücher kommentiert und manchmal sogar gekauft. Wir können in diesem Prozeß der Musealisierung des Ostens, der in der Zeit vor der Perestroika nur wenige Vorläufer wie beispielsweise Peter Ludwig hatte, eine natürliche Folge des westlichen Siegs im kalten Krieg sehen: Wir wissen aus der Geschichte, daß der Sieger sich immer die Kunst des Besiegten auf die eine oder andere Weise angeeignet hat. Nun ist aber diese Aneignung diesmal mit gewissen Problemen verbunden, die die Institution Museum und den modernen Kunstbegriff als solche betreffen und die sich früher in dieser Form nicht stellen konnten.

Das moderne Museum ist ein Produkt der Aufklärung und der Revolution – der bürgerlichen Französischen Revolution. Was im modernen Museum als Kunst ausgestellt wird, waren früher sakrale Gegenstände oder Gegenstände des aristokratischen Alltags. Ihre Bestimmungsorte waren dementsprechend die Kirche oder der Palast. Durch die Entstehung der modernen, bürgerlich-demokratischen Gesellschaft wurden diese Gegenstände ihrer Funktion und ihres Stellenwertes in den Ritualen der Religion und der Macht beraubt und als Ausstellungsstücke ins Museum plaziert. Hier, im Museum, werden sie nun zu den ästhetischen Signifikanten der Vergangenheit: Ihre Anwesenheit im Museum bezeichnet ihre Abwesenheit in der Realität. Sie sind Kunst, weil sie keine Funktion mehr in der Wirklichkeit haben.

Das Museum ist eine Maschine, die aus der Nichtkunst Kunst macht. Außerhalb des Museums gibt es überhaupt keine Kunst. Die Kunst ist eine relativ neue und sowohl zeitlich als auch räumlich sehr begrenzt verbreitete Erfindung – ein Produkt des revolutionären Terrors, des Kriegs und der gewaltsamen Enteignung. Das Museum des 19. Jahrhunderts, das heißt das Museum nach der Aufklärung, übertrug die Enteignungsstrategien der bürgerlichen Revolution im Zuge des westlichen Imperialismus auf die ganze Welt. Die von den europäischen Mächten seinerzeit vollzogene militärische Besetzung der Erde machte es möglich, wertvolle Gegenstände vieler Kulturen, die in den Kontexten von Religion oder Machtrepräsentation verwendet worden waren, ins Museum zu transportieren und zu Kunst umzufunktionieren. Der Sieg des Westens im kalten Krieg ist eine weitere Episode auf diesem Weg zur »Weltkunst«, die eine politische Vereinheitlichung der Welt voraussetzt. Deshalb werden auch Reliquien des Kommunismus nach seiner Niederlage zur Kunst. Die Musealisierung des Kommunismus soll aber nicht vergessen machen, daß die Gegenstände, die dabei als Kunstwerke firmieren, im sowjetischen kommunistischen System eine andere Funktion hatten. Ihre Umfunktionierung zu Kunst stößt auf Schwierigkeiten, die das moderne Museum mit neuen Problemen konfrontieren. Diese Probleme entstehen dadurch, daß die Bildproduktion der kommunistischen Regime der westlichen Kunstproduktion zeitgenössisch ist. Damit wird der gewohnte geschichtliche Ablauf unterbrochen und in Frage gestellt. Dieser besteht darin, daß rituelle Gebrauchsgegenstände im Zuge der Modernisierung zu Kunst werden, so daß der rituelle Gebrauch Vergangenheit bleibt und die säkularisierte Kunst Gegenwart und Zukunft bezeichnet. Der Kommunismus bedeutete dagegen eine Ritualisierung der Kunst im Anschluß an ihre modernen Säkularisierungen.

Die westliche Kunst, die nach dem Zustandekommen des modernen Museums im Westen produziert wird, ist schon von Anfang an als Kunst konzipiert. Darin besteht eigentlich der große Bruch, den das Museum in die Geschichte eingeführt hat. Auch und gerade die Kunst, die programmatisch gegen das Museum entsteht, wird von Anfang an von der Institution Museum vorausgesetzt und gefordert. Die musealen Sammlungen verlangen – gemäß ihrer eigenen internen Logik – nach dem Neuen, Ungewöhnlichen, Originellen. Das ist das Prinzip jeder Sammlung, die das Tautologische, sich Wiederholende,

Redundante ausschließt und die Erweiterung durch das Heterogene anstrebt. Der berühmte Zwang zum Neuen, Alternativen und Heterogenen, unter dem die Kunst der Moderne steht, hat also seinen eigentlichen Ursprung in der inneren Logik des Museums, einer Sammlung des Heterogenen im homogenen Raum des universellen historischen Vergleichs.

Wenn man eine solche Definition von Kunst zum Ausgangspunkt ihrer Analyse nimmt, muß man allerdings zu der Schlußfolgerung kommen, daß die östliche Kunst – oder zumindest die russische Kunst, auf die ich mich jetzt konzentrieren möchte – gar keine Kunst ist, wenn sie auch äußerlich wie Kunst erscheint. Wir haben nämlich in Rußland niemals in seiner ganzen Geschichte die moderne Institution Museum beobachten können – zumindest nicht in der Form, die wir im Westen damit assoziieren. Die imperialen oder aristokratischen Sammlungen vor der Revolution waren keine Museen im modernen Sinne des Wortes, weil sie keine objektive, neutrale, kunsthistorische Präsentation anstrebten, sondern genauso wie die westeuropäischen königlichen und privaten Sammlungen in der Vormoderne einen normativen, aristokratischen Geschmack formulieren und repräsentieren sollten. Die traditionelle russische Ikone wurde ebenfalls nicht als Kunstform, sondern als sakraler Gegenstand im Kontext des orthodoxen christlichen Ritus verstanden.

Erst nach der Enteignung der Kirche und der Aristokratie infolge der Revolution sind die Voraussetzungen für die Entstehung des modernen Museums geschaffen worden. Zu seiner Realisierung ist es aber nicht gekommen. Denn die neue kommunistische Macht sah ihre neuen Kunstsammlungen nicht als Museen im westlichen Sinne, sondern wiederum als Ausdruck eines bestimmten normativen Geschmacks – nun jedoch des angeblich proletarischen, kommunistischen Geschmacks. Nach einer kurzen Übergangsperiode relativer Liberalität ging man bald dazu über, die Sammlungen so zu gestalten, daß sie gewissermaßen als ästhetische Einheit in Erscheinung traten. Es wurde keine neutrale, kunsthistorische Präsentation unterschiedlicher historisch relevanter ästhetischer Stile angestrebt, sondern die Formierung eines einzigen verbindlichen Stils, der auch die Auswahl der Kunstwerke der Vergangenheit bestimmen sollte. Die öffentlich präsentierte Kunst durfte auch keineswegs als passiver Gegenstand einer interesselosen, rein ästhetischen Betrachtung fungieren, wie dies dem modernen Kunstbegriff entspricht. Vielmehr sollte diese Kunst eine aktive, erzieherische Funktion ausüben und eine Vision der zukünftigen kommunistischen Gesellschaft verkörpern; sie sollte die Massen in ihrer täglichen Arbeit inspirieren. Das Kunstwerk im Zeitalter des Kommunismus wurde damit zu einer neuen Ikone, deren Inhalt und Form nicht primär durch ästhetische, sondern durch ideologische Kriterien bestimmt wurden, so daß wir es hier nicht mehr mit einem Kunstwerk im modernen Sinne, sondern mit einem ideologischen Gebrauchsgegenstand zu tun haben.

Insbesondere war auch die Kunst der russischen Avantgarde in diesem Sinne keine Kunst. Vielmehr handelte es sich dabei um den Versuch, dem Leben selbst eine bestimmte Form zu geben, das Leben neu zu ritualisieren, die Kunstproduktion aus dem Museum zurück in die Wirklichkeit zu versetzen. Die Künstler der Avantgarde wollten sich zwar mit der totalen Gestaltung von Leben, das heißt von Festen, Arbeitsprozessen und entsprechenden Gebrauchsgegenständen beschäftigen; ihre Bild- und Formproduktion war aber vornehmlich durch ihre Funktion im System der staatlichen ideologischen Propaganda definiert. Wenn in allen anderen Ländern der avantgardistische antimuseale Protest nur eine spezifische Strategie in bezug auf das Museum blieb, die letztendlich der Selbstmusealisierung diente, wurde die russische Avantgarde unerwartet beim Wort genommen: Das Museumssystem und der Kunstmarkt waren nach der Revolution zusammengebrochen, und für die Künstler blieb im Grunde keine andere Möglichkeit offen, als jenseits des Museums zu arbeiten. Diese Entmusealisierung oder Refunktionalisierung der Kunst führte dazu, daß sie einen neuen kulturellen, nämlich ideologisch-propagandistischen Nutzen erhielt und damit funktional in eine vormoderne, voraufklärerische, vormuseale Phase versetzt wurde, obwohl sie formal auf der Höhe ihrer Zeit blieb.

Das gleiche gilt selbstverständlich in einem noch viel stärkeren Maße für die stalinistische und poststalinistische offizielle Kunst des sozialistischen Realismus. Hier handelt es sich um visuelle Propaganda mit einem fest definierten Vokabular an erlaubten stilistischen Mitteln, die eindeutig durch ihre ideologische Funktion definiert waren, so wie die Kunst der Vormoderne durch ihre religiöse oder machtrepräsentierende Funktion definiert war. Dabei kann man weder stilistisch noch qualitativ zwischen der in den Museen der Sowjetunion gesammelten und ausgestellten Kunst und der Massenkunst als Dekoration der öffentlichen Räume in Form von Plakaten usw. unterscheiden. Die für die Moderne typische und durch das Museum kodifizierte Unterscheidung zwischen hoher Kunst und niedriger kommerzieller Massenkunst existierte in der Sowjetunion nicht. Hier wurde alles mit der gleichen Ästhetik und unter den gleichen ideologischen Voraussetzungen gemacht. Und auch die Kunst der Vergangenheit wurde in den Museen so ausgestellt, daß sie als Vorstufe zur Kunst des sozialistischen Realismus erscheinen mochte. Das Museum funktionierte also in der Sowjetunion nicht als Ort der Vergleichsmöglichkeit von unterschiedlichen historischen Stilen, wie dies in der Moderne der Fall ist, sondern als Ort, an dem der herrschende Geschmack und die geforderte ideologische Ausrichtung definiert wurden – das heißt, das Museum funktionierte ähnlich wie die kirchlichen oder königlichen Sammlungen der Vormoderne.

Man könnte nun meinen, daß zumindest die inoffizielle, freie, alternative Kunst im früheren kommunistischen Osteuropa Kunst im modernen Sinne darstellte. Aber auch dies ist nicht der Fall. Die inoffizielle Kunst war vor allem ästhetischer Ausdruck einer gewissen politischen, oppositionellen Haltung – und damit war sie wiederum in erster Linie ideologisch definiert. Ein oppositioneller, alternativer Künstler in Osteuropa verstand seine Kunst nicht als Versuch einer neuen Ästhetik im musealen Vergleich, sondern als Zeichen seiner ideologischen Orientierung an der Moderne des Westens, an der Kunst des ideologischen Feindes. Noch heute versuchen einige Künstler und Kunsthistoriker Osteuropas ihre Forderung nach Aufnahme in die westliche Institution Museum damit zu begründen, daß sie immer schon – auch in den Zeiten des Kommunismus – westlich, europäisch, international gedacht und gearbeitet hätten. Dabei übersehen sie, daß gerade diese Westorientierung ihre Aufnahme ins Museum unmöglich oder zumindest sehr problematisch macht, denn das Museum hat schon westliche Beispiele jener Kunst, die in den östlichen Ländern inoffiziell produziert worden war, und braucht daher keine zusätzlichen. Die westlich aussehende östliche Kunst hatte ihre volle Berechtigung im Kontext der kommunistischen Herrschaft als Opposition zu ebendieser Herrschaft. Dies war eine politische und ideologische Berechtigung, aber keine kunsthistorische Berechtigung im musealen System des universellen ästhetischen Vergleichs. Eine derartige Einsicht ist für viele osteuropäische Künstler und Kunsthistoriker bitter, aber mit ihrer Bitterkeit bezeugen sie zugleich, daß sie über die Kunst nicht in den Begriffen der Institution Museum und der modernen Ästhetik, sondern in den Begriffen ihres ideologischen und politischen Gebrauchs, das heißt vormodern, nachdenken.

Im Phänomen der sogenannten inoffiziellen Ostkunst wird man also erneut mit einer sakralen, rituellen, machtrepräsentierenden – in diesem Falle ideologisch oppositionellen – Nichtkunst konfrontiert, die sich durch ihren politischen Gebrauch definiert. Auf den ersten Blick scheint dieser Sachverhalt keine besonderen Schwierigkeiten zu bereiten, wenn man diese ideologische Nichtkunst in allen ihren Formen genauso musealisiert, wie man die eigene traditionelle, vormoderne Nichtkunst oder die Nichtkunst der anderen, außereuropäischen Länder schon früher erfolgreich musealisiert hat. Leider erweist sich jedoch eine solche Musealisierung als extrem schwierig, wenn nicht gar unmöglich.

Der Grund dafür liegt in der ästhetischen, rein formalen Nähe der östlichen Nichtkunst zur westlichen Kunst. Die wertvolle Nichtkunst anderer Länder und Zeiten konnte nämlich nur deswegen erfolgreich musealisiert werden, weil sie sich schon auf den ersten Blick und auf der rein formalen, stilistischen Ebene als exotisch, fremdartig, different zeigte. Die Kunst der russischen Avantgarde aber ist der Kunst der westlichen Avantgarde formalästhetisch viel zu nahe, um als etwas Exotisches gelten zu können. Genauso sieht die Kunst des sozialistischen Realismus wie eine triviale, kitschige, längst vertraute Variante des traditionellen – auch im Westen gut bekannten – Naturalismus aus. Und die neue inoffizielle Kunst ähnelt sowieso bis zum Verwechseln unterschiedlichen Richtungen der Westkunst. Der Unterschied zwischen Ost- und Westkunst – und wenn ich Ostkunst sage, dann meine ich nur die Kunst, die unter den Bedingungen des Kommunismus entstanden ist, und nicht die ganze Kunst, die in den Ländern Osteuropas produziert wurde –, dieser Unterschied ist nämlich zu tief, zu radikal und zugleich äußerlich zu unscharf, als daß er im Kontext des musealen Vergleichs überhaupt gezeigt und bemerkt werden könnte. Der entscheidende Unterschied ist der des Gebrauchs von Kunst und nicht bloß derjenige der äußeren Formen, der ästhetisch definierten Kunststile. Dieser Unterschied kann innerhalb des Museums, wie es sich in der Moderne konstituiert hat, deshalb nicht zum Tragen kommen, weil hier ausschließlich ästhetische Unterschiede sichtbar gemacht und bezeichnet werden können. Da das kommunistische Rußland ein solches Museum nicht hatte, spielten diese formalen Unterschiede für die russische Kunst auch keine bestimmende Rolle. Indem ein formalästhetisch schon bekannter Stil als ideologische Waffe, als Zeichen eines richtigen oder falschen Klassenbewußtseins und als Ausdruck einer bestimmten moralischen Entscheidung unter den Bedingungen der kommunistischen Diktatur eingesetzt wurde, veränderte er jedoch seine Natur so grundsätzlich, daß er von einem russischen Betrachter als völlig neu empfunden wurde – auch wenn eine formale Innovation, die für eine museale Präsentation erforderlich ist, dabei realiter fehlte.

Damit einsichtig wird, was gemeint ist, nehmen wir ein entgegengesetztes Beispiel: Stellen wir uns vor, daß die Campbell-Soup-Dosen von Warhol aus dem Museum entfernt und zurück in den Supermarkt plaziert werden. Dort wird man diese Dosen nicht mehr als Kunst identifizieren, denn der Unterschied liegt nicht in ihrer Form, sondern in ihrem Gebrauch. Das gleiche, jedoch in umgekehrter Richtung, passiert mit der Kunst des kommunistischen Ostens. Unter den Bedingungen des Kommunismus nimmt man ein museal aussehendes Kunstwerk oder einen bestimmten, schon bekannten ästhetischen Stil und setzt sie als ideologische Kampfwaffe für oder gegen den Kommunismus ein. Dieser Gebrauch ändert auf einer tieferen Ebene alles, äußerlich jedoch nichts. Wenn jetzt dieses Kunstwerk oder dieser Stil zurück ins Museum gebracht werden, verlieren sie sich darin, werden ununterscheidbar, denn sie werden hier nicht mehr so gebraucht wie im Kommunismus – und ihre Originalität, Andersartigkeit, Heterogenität, die gerade in diesem Gebrauch ihren Ort hatten, verschwinden im Kontext der musealen Sammlung und Präsentation spurlos. Die Kunst des Kommunismus ist also nicht bloß vormodern, sondern zugleich nachmodern – was keineswegs »postmodern« bedeutet. Kunstwerke der Moderne werden unter den Bedingungen des Kommunismus reritualisiert. Wir haben es hier also nicht bloß mit einer Vormoderne, sondern, wie auch im Falle des deutschen Nationalsozialismus oder des italienischen Faschismus, mit einer sozusagen anderen Moderne zu tun.

Schon der Ausdruck »Ostkunst« täuscht. Der Kommunismus dachte international, seine geographische Lokalisierung war für ihn eine historische Zufälligkeit, eine Vorstufe zur globalen Herrschaft. Selbstverständlich weist die russische Kunst der sowjetischen Periode viele nationale Merkmale auf. Gleiches läßt sich für die Kunst anderer vormals kommunistischer Länder konstatieren. Und dennoch ist diese Kunst keineswegs Ausdruck ethnischer, nationaler Befindlichkeiten. Nach offizieller Formel sollte die Kunst des sozialistischen Realismus »national in der Form und sozialistisch im Inhalt« sein. Das Wichtigste an dieser Kunst war jedoch ihr internationaler, universalistischer Anspruch. Diese Kunst nachträglich als »Ostkunst« zu nationalisieren und zu regionalisieren bedeutet, ihre wichtigste Dimension zu übersehen. Den gleichen universalistischen Anspruch hatte übrigens auch die »Dissidentenkunst«, die, wenn man so will, die ganze Welt vor dem Weltherrschaftsanspruch des Kommunismus retten wollte. Weder in den Koordinaten der Zeit noch in denen des Raums läßt sich demnach die Kunst des Kommunismus lokalisieren. Die einzige Möglichkeit, diese Kunst adäquat auszustellen, böte eine museale Rekonstruktion des kommunistischen Systems, um die Funktion dieser Kunst innerhalb des Kommunismus aufzuzeigen. Ein derartiges Unterfangen wäre sicherlich faszinierend und überzeugend – scheint aber zumindest aufgrund des Geldmangels in der heutigen Epoche der Rezession wenig realistisch.

Das Gesagte läuft offensichtlich auf die Feststellung hinaus, daß die Ostkunst prinzipiell nicht musealisierbar ist. Die Institution Museum findet im Versuch, die östliche, unter dem Kommunismus entstandene Kunst zu musealisieren, ihre historische Grenze. Sie kann diese Musealisierung einfach nicht leisten und verbirgt ihre Unfähigkeit hinter der Charakterisierung der Ostkunst als Nichtkunst. Diese Charakterisierung ist im Grunde auch richtig. Nur ist die Kunst, die in den Museen aufbewahrt wird, meistens ursprünglich eine Nichtkunst, die nachträglich musealisiert wurde. Die Frage, die sich also stellt, ist nicht, ob Ostkunst (gute) Kunst sei oder nicht, sondern warum die Institution Museum bei deren Musealisierung versagt. Die Problematik der musealen Grenzen beschränkt sich dabei selbstverständlich nicht nur auf die Ostkunst, obwohl mir scheint, daß gerade in diesem Falle diese Grenzen ganz besonders sichtbar werden. Es handelt sich hier vielmehr um die übergreifende Frage, wie im Kontext des Museums eine Differenz gezeigt werden kann, die nicht formalästhetisch ist, sondern sich aus der Funktion des Kunstwerks in den unterschiedlichen sozialen, politischen, medialen und anderen außermusealen Kontexten ergibt. Wir haben inzwischen gelernt, wie man die Massenkunst, die niedrige, kommerzielle Kunst, im Kontext des Museums, das heißt der hohen Kunst, zeigt. Die Frage ist nun: Kann man eine umgekehrte Operation durchführen, das heißt das Funktionieren der musealen Kunst in der außermusealen Wirklichkeit zeigen? Ein anderes Beispiel, das die Schwierigkeit des Problems treffend illustriert, ist das Schicksal jener Kunst, die unter den Bedingungen der Nazidiktatur in Deutschland produziert wurde. Diese Kunst ist bis heute – nach so vielen Jahrzehnten – nicht musealisiert, weil sie im musealen Kontext, das heißt aus ihrer politischen Funktion herausgenommen, ziemlich trivial und kümmerlich wirkt. Ihre historische Relevanz und ihre spannende Gefährlichkeit erkennt man bei einer normalen kunsthistorischen, musealen Präsentation nicht. Auf der anderen Seite kann man diese Kunst auch nicht ins historische oder ethnographische Museum verbannen, denn dazu ist sie wiederum nicht exotisch genug, sondern läßt sich eindeutig als europäische und – im traditionellen Sinne dieses Wortes – museale Kunst identifizieren. Darüber hinaus ist die Kunst der Nazizeit wegen ihres imperialen, universalistischen Anspruchs auch nicht vollständig auf die deutschnationale Problematik reduzierbar.

Es kann in diesem Zusammenhang nicht meine Aufgabe sein, eine eigene Lösung dieses schwierigen Problems vorzuschlagen – eine solche Lösung wird sich in der Praxis schon irgendwie selbst ergeben, sobald das Problem richtig erkannt wird. Vielmehr möchte ich darauf hinweisen, daß einige Künstler aus dem Osten – und darunter vor allem einige russische Künstler – schon längst nach einer solchen Lösung gesucht haben. Ich meine hier vor allem ihre Beschäftigung mit der Kunstform Installation, die besonders in jüngster Zeit offenkundig wird. Unter dem Begriff »Installation« kann man sehr unterschiedliche Arbeiten subsumieren. Für mich sind jedoch in diesem Kontext jene Installationen relevant, die praktisch als autonome museale Räume konzipiert werden.

Wenn ein Künstler ein Kunstwerk im traditionellen Sinne produziert, dann wird es in den Kontext der musealen Sammlung plaziert, und der bestimmt letztlich die Rezeption dieses Kunstwerks. Das bedeutet, daß diese Rezeption durch eine allgemeinverbindliche Kunstgeschichte, das heißt durch ein einheitliches kollektives Narrativum, definiert wird, das im Museum seinen Niederschlag findet und von den Kuratoren, Kritikern usw. verwaltet wird. Das Kunstwerk wird zwar unter den Bedingungen der Moderne zumeist individuell hergestellt, seine Rezeption und Interpretation sind aber kollektiv, und erst diese kollektive Rezeption gibt dem Kunstwerk seinen historischen und musealen Ort.

Die Installation ist ein Versuch seitens des Künstlers, den Kontext und damit auch die Interpretation, die Rezeption und geschichtliche Einschreibung seines Werkes selbst zu übernehmen und zu kontrollieren. Eine Installation ist ein privates Museum, das eine andere Geschichte als das öffentliche Museum, nämlich eine private Geschichte erzählt. Durch eine museumsähnliche Installation zerfällt der einheitliche museale Kontext, zerfällt die kollektive Kunstgeschichte. Der Künstler wird zum Kurator, der jedoch gegenüber der Gesellschaft nicht mehr die Verantwortung übernimmt, deren Geschichte statt seiner eigenen zu erzählen.

Und das ist der Grund, warum auch russische Künstler wie

beispielsweise Ilja Kabakow und Andrei Monastyrski oder die jüngere Künstlergruppe »Medizinische Hermeneutik« angefangen haben, im Westen mit Installationen zu arbeiten. Ihr Ziel war es, sich nicht durch das moderne, westliche Museum kontextualisieren zu lassen, sondern einen eigenen Kontext der Interpretation herzustellen, der in bezug auf die Institution Museum möglichst autonom ist. Eine vergleichbare Strategie praktizieren auch viele russische Künstler, die nicht direkt mit dem Medium der Installation arbeiten, aber auf anderen Wegen den geschichtlichen, interpretierenden Kommentar zu ihren Werken selbst bestimmen wollen, wie Witali Komar und Alexander Melamid.

Denn die russische Kunst ist in einer anderen Weltgeschichte und auch in einer anderen Kunstgeschichte entstanden. Die in der Sowjetunion gültige universale Kunstgeschichte war die Geschichte des Klassenkampfes zwischen progressiver und reaktionärer Kunst – eine Kunstgeschichte, die von dem westlichen Beobachter und Leser zum Teil unbekannten Künstlernamen, Ereignissen, Werken, Interpretationen geprägt und artikuliert worden ist. Um die russische Kunst verständlich zu machen, die in dieser anderen universalen Kunstgeschichte entstanden ist, versuchen russische Künstler diese Geschichte mit ihren Installationen zu rekonstruieren, zu beschreiben, zu verdeutlichen. Nicht das Kunstwerk selbst, sondern sein Kontext, sein Kommentar, seine geschichtliche Relevanz interessieren die russischen Künstler heute in hohem Maße. Und durch diese Beschäftigung mit dem Kontext und seiner Verdeutlichung hoffen sie, gegen die eingangs beschriebene strukturelle Unmöglichkeit der Musealisierung von russisch-sowjetischer Kunst im modernen westlichen Museum vorzugehen.

Die große Frage aber bleibt, ob diese Strategie wirklich erfolgreich sein kann. Denn im Westen sieht man die Arbeiten dieser russischen Künstler in erster Linie als Ausdruck ihrer persönlichen Mythologien. Ihre Installationen werden demgemäß ausschließlich als künstlerische Beiträge im Kontext der westlichen Kunstgeschichte, des westlichen Museums, des westlichen Ausstellungssystems gesehen und nicht als Schaffung anderer

Räume, die ein anderes kollektives Narrativum visualisieren. Und in der Tat stellt sich unweigerlich die Frage, inwieweit ein Künstler individuell imstande ist, nicht nur seine persönliche, sondern auch eine kollektive Geschichte zu rekonstruieren. Das heißt in diesem Falle, inwieweit zum Beispiel die Installationen von Kabakow die sowjetische Mentalität, den sowjetischen kulturellen Kontext tatsächlich verdeutlichen – oder ob sie nicht vielmehr persönliche, subjektive Träume des Künstlers verkörpern, deren visuelle Form letztendlich doch durch seine Position im westlichen Kunstkontext definiert wird.

Eine solche Frage kann man sicherlich nicht eindeutig beantworten. Sie stellt sich jedesmal, wenn ein Künstler, aber auch ein Kurator den Anspruch erhebt, nicht nur die je eigene Vision, sondern eine allgemeinverbindliche Wahrheit über den kulturellen Kontext dieser Vision zu demonstrieren. Ein solcher Anspruch wird sofort mit dem Hinweis auf den einseitigen, weil subjektiven, nichtrepräsentativen Charakter jeder individuellen künstlerischen Position abgetan.

Die Spannung zwischen dem individuellen Charakter der künstlerischen Arbeit und ihrem Wahrheitsanspruch kann man freilich nie wirklich auflösen, denn jedes Kunstwerk nimmt nur einen begrenzten Platz in der musealen Sammlung ein. Das rapide anwachsende Interesse an der Kunstform Installation, das in letzter Zeit zu beobachten ist, stellt aber das traditionelle Konzept des Museums weltweit in Frage, weil die Installation die Grenze zwischen Künstler und Kurator, wie sie sich in der Moderne konstituiert hat, verwischt. Die Notwendigkeit einer solchen Verwischung kündigt sich aber meiner Meinung nach nirgendwo mit einer solchen Intensität an wie im Falle der osteuropäischen oder zumindest der russischen Kunst. Denn nur in dieser Zwischenzone hat der heutige russische Künstler eine Chance, die unvermeidliche Ambivalenz seiner Position zu formulieren: als Individuum im Kontext der modernen Kunstgeschichte und als Repräsentant einer Kultur, die sich außerhalb dieser Kunstgeschichte und deren Institutionen entwickelt hat. Und die Rezeption der östlichen Kunst ist ein weiterer wichtiger Faktor, der auf die Institution Museum einen Druck in Richtung ihrer notwendigen Transformation und Neudefinition ausübt. Denn die Möglichkeit einer anderen Moderne ist nicht auf historische Präzedenzen begrenzt. Eine Reritualisierung und Reutilitarisierung der Kunst in der möglichen nachmodernen Zukunft kann durchaus unter anderen Bedingungen, an einem anderen Ort und mittels anderer Ideologien erneut aktuell und gefordert werden. Dann wird die Kunst des Kommunismus vielleicht wieder weniger als Objekt der nachträglichen Musealisierung, sondern vielmehr als frühes Vorbild für die Demusealisierung der Kunst fungieren.

Konstruktion als Reduktion

Das Wort »Konstruktivismus« suggeriert auf den ersten Blick die Errichtung eines Neubaus oder die Schaffung einer neuen technischen Konstruktion, die neben dem entsteht, was immer schon existiert hat. So befinden sich in der Tat konstruktivistische Bauten inmitten der historischen europäischen Städte oder konstruktivistische Kunstwerke in den heutigen Museen. Dieses spontane – durch Sprache und Geschichte scheinbar bestätigte – Konstruktivismusverständnis entspricht aber nicht dem ursprünglichen konstruktivistischen – zumindest dem russischen konstruktivistischen – Projekt. Die fundamentale Bedeutung dieses Projekts besteht darin, daß hier zum ersten Mal in der Kunstgeschichte, obwohl selbstverständlich nicht zum ersten Mal in der Kulturgeschichte insgesamt, die Formschaffung als Formvernichtung verstanden wurde. Das Hauptverfahren des Konstruktivismus ist also nicht das Bauen oder das Konstruieren, sondern die zumindest symbolische Vernichtung, Reinigung, Reduktion dessen, was schon gebaut oder konstruiert worden war – nicht das Addieren, sondern das Subtrahieren.

Die Konstruktion, nach der die Konstruktivisten gesucht haben, war die wahre, innere und verborgene Konstruktion der Welt. Diese Konstruktion sollte nicht frei erfunden, individuell neugeschaffen, subjektiv und rein künstlerisch gestaltet, sondern vielmehr entdeckt, freigelegt, sichtbar gemacht werden. Die Orientierung am Freien, Subjektiven, Neuen, Individuellen, historisch Akzidentellen und Unverbindlichen war gerade das, was die Konstruktivisten der traditionellen Kunst in erster Linie vorgeworfen haben. Die zentralen Forderungen nach der Freilegung und Sichtbarmachung sowohl der inneren, unbewußt erlebten Weltkonstruktion als auch der unbewußten Verfahren des künstlerischen Schaffens sind überall in den Schriften der Theoretiker und Praktiker des Konstruktivismus zu treffen. Diese zwei Forderungen sind dabei in ihrem Wesen identisch: Die Welt ist für die Konstruktivisten eine künstlerische Konstruktion aus Farben und Formen. Es besteht für sie deswegen kein wesentlicher Unterschied zwischen künstlerischem Bild und Weltbild. Das Konstruktionsverfahren der Kunst zu entdecken bedeutet, die innere Beschaffenheit der Welt zu veranschaulichen. Und dafür soll all das vernichtet, eliminiert, gereinigt, gesäubert, subtrahiert werden, was diese verborgene universale Konstruktion historisch verdeckte und verunreinigte. In der Kunst sollte diese Arbeit der vernichtenden Reinigung vom konstruktivistischen Künstler, im Leben von der sozialen Revolution geleistet werden.

Hier schließt sich der Konstruktivismus zum ersten Mal in der Kunstgeschichte auf der Ebene des Kunstschaffens selbst der jahrtausendlangen Tradition der europäischen Metaphysik an. Zumindest seit Plato versteht man den Weg zur Wahrheit als die Negation und Überwindung dessen, was man unmittelbar sieht und erlebt. Die neu-platonische philosophische Tradition, die in Rußland historisch vorherrschend war, hat unter anderem durch die russische orthodoxe Theologie der Ikone auch die russische Avantgarde stark beeinflußt. Russischer Suprematismus und Konstruktivismus operieren vor allem mit den geometrischen Formen, die schon für Plato die wahre Verkörperung der inneren Welt darstellen: Geometrische Formen sind weder objektiv im Sinne der äußeren Realität noch subjektiv im Sinne der inneren psychologischen Erlebnisse, sondern innerlich entdeckt und zugleich allgemeinverbindlich. Man kann sagen, daß die konstruktivistische Avantgarde die erste Kunstrichtung war, die die Kritik Platos an der traditionellen bildenden Kunst als einer bloßen Abbildung der äußeren Wirklichkeit ernst genommen hatte, indem sie sich der Geometrie zugewandt hat. Darüber hinaus entsteht die Geometrie aus der Betrachtung der Sterne. Geometrie ist ihrem Ursprung nach kosmisch, sie überwindet die Grenzen unserer Erde. Es ist nicht zufällig, daß viele russische Konstruktivisten – und in erster Linie Malewitsch in seiner konstruktivistischen Phase – die freie und gleichzeitig gesetzmäßige Bewegung im reinen, leeren kosmischen Raum als eine Idealkonstruktion entworfen haben. Das gilt auch für Rodtschenko, der seine weiße Linie im kosmischen Schwarzen zieht oder mit weißen Punkten auf schwarzem Hintergrund den nächtlichen Himmel suggeriert. Tatlin schafft eine Maschine zum Fliegen, die sowohl künstlerisch wie auch technisch eine perfekte Konstruktion darstellen sollte. Der Konstruktivismus verläßt also das Sichtbare und die Erde, um ein neues, nächtliches Sehen, das die verborgene, unsichtbare Weltkonstruktion sichtbar macht, zu ermöglichen.

Die gleiche Identität zwischen Schöpfung und Vernichtung bildet aber auch den Kern der neuzeitlichen Aufklärung insgesamt. Zur Wahrheit zu kommen bedeutet für die Aufklärung, alle historischen Vorurteile und spezifischen Kulturformen zu negieren und zu überwinden. Am Anfang der Neuzeit steht der kartesianische Entwurf der totalen Skepsis. Das »Schwarze Quadrat« von Malewitsch, das in Rußland die radikale suprematisch-konstruktivistische Avantgarde einleitet, ist auch in erster Linie das Zeichen einer solchen totalen Skepsis: Hier wird das Bild von allen historischen Bildformen gereinigt. Es bleibt nur die pure transzendentale, »schwarze« Form des potentiellen Bildes. Diese absolute Form ist weiter als selbstidentisch gedacht: Sie ist ein Quadrat und stellt dieses Quadrat dar. Die Spaltung zwischen Realität und Darstellung, zwischen dem Referenten und dem Zeichen und, schließlich, zwischen Leben und Kunst scheint hier endgültig überwunden zu sein. Die reine geometrische Konstruktion, die das schwarze Quadrat oder das Bild des reinen Nichts zu ihrem Ausgangspunkt hat, wird also zu einer neuen Inkarnation der alten Identität zwischen Sein und Vernunft. Die Zerstörungsarbeit ist hier nicht bloß eine Voraussetzung für eine neue Schöpfung, sondern sie ist die wahre Kreativität selbst. Dieselbe Identität von Zerstörung und Kreation hat übrigens noch früher Bakunin als Wesen der sozialen Revolution postuliert.

Le Corbusier hat seinerzeit die Zerstörung von Paris vorgeschlagen, um an seiner Stelle eine neue konstruktivistische Stadt aufzubauen. Man könnte selbstverständlich fragen: Warum eigentlich an der Stelle von Paris und nicht irgendwo an einem anderen Platz? Die Antwort könnte lauten, daß Le Corbusier gerade die Idee einer Stadt wie Paris sichtbar machen will, daß er diese Idee von ihren historischen Akzidenzien befreien will – und das ist eben nur am Ort des historischen Paris möglich und nirgendwo sonst. Der Konstruktivismus ist utopisch, weil er keinen eignen Topos auf der Erde hat und für seine Konstruktionen eine Nicht-Topos, U-Topos braucht. Die

Präsenz der konstruktivistischen Kunstwerke in unseren heutigen Museen und der konstruktivistischen Bauten in unseren Städten ist ein Beleg nicht für den historischen Sieg des Konstruktivismus, sondern für seine historische Niederlage. Unsere Museen sind eben die Orte, wo Glauben und Hoffnungen von damals auf die wirkliche Transformation der Welt ihre endgültige Ruhe finden – von den magischen Beschwörungen der Steinzeit bis zur historischen Avantgarde. Dabei strebte die russische Avantgarde gar keinen Platz in den Museen an, sondern sie wollte die Institution des Museums selbst abschaffen.

Das Museum mußte als ein privilegierter Ort der Kunstbetrachtung vernichtet werden, um damit die ganze Welt in ihrer Totalität zum Kunstwerk zu machen und die Grenze zwischen Kunst und Wirklichkeit auf allen Ebenen der gesellschaftlichen Praxis zu überwinden. Das Museum, das historisch den Nicht-Ort, den U-Topos in der Topographie der modernen Welt okkupierte, wurde als das Haupthindernis für das Projekt aufgefaßt, die ganze Welt in die U-topie zu versetzen. Daraus entsteht übrigens eine Perspektive, in der der Utopismus der russischen Avantgarde mit der kommunistischen, revolutionären Utopie konvergiert. Das Ziel der russischen Revolution bestand auch darin, die herrschenden, ausschließlich konsumierenden, aristokratischen und bürgerlichen Klassen physisch zu vernichten, um den Weg für die totale gesellschaftliche Produktion freizumachen und auf diese Weise das Wesen der Welt als konstruierende, industrielle Arbeit zu veranschaulichen, das früher von dem falschen Luxus dieser herrschenden Klassen verdeckt blieb. Die neue proletarische Gesellschaft sollte eine vollkommene Maschine, eine absolute Konstruktion, ein totaler Produktionsprozeß werden, der sich selbst konsumiert, der kein Außen kennt, der keinen Fremden, anderen zuläßt – eine totale Diktatur des Produzenten über den Konsumenten. Die gleiche Diktatur strebte aber auch die russische Avantgarde an. Der Künstler der Avantgarde wollte nicht mehr dem bürgerlichen Betrachter, dem Konsumenten, dem Kunstmarkt unterworfen werden. Vielmehr sollte der Betrachter seine sichere und bequeme ästhetische Distanz zur Kunst verlassen, um in das Werk selbst, in seine Konstruktion, als Teil desselben, einbezogen zu werden.

Der Utopismus der konstruktivistischen Avantgarde unterscheidet sich von den klassischen Utopien hauptsächlich darin, daß er die Kontemplation durch eine unterbrochene Bewegung ersetzt. Malewitschs Suprematismus war noch kontemplativ, sein »Schwarzes Quadrat« verstand er als authentisches Bild des kosmischen Ganzen. Für spätere Konstruktivisten befindet sich das Leben im ständigen Fluß, im ständigen Prozeß des Erfindens, Veränderns, Entwerfens. Die klassische Utopie von Plato bis zum utopischen Sozialismus war ein Entwurf eines endgültigen gesellschaftlichen Zustands nach dem Ende der Geschichte. Sie ergab sich aus der Suche nach dem Wahren und Zeitlosen, nach der Befreiung von der Unvollkommenheit der menschlichen Existenz in der Zeit. Für den russischen Konstruktivismus ist dagegen das Zeitlose nur eine Illusion. Seine Utopie ist vielmehr die Utopie der ununterbrochenen Bewegung, die niemals zum Stillstand kommt und eine pure Kontemplation von außen nicht erlaubt. Die Zeit dieser Utopie fließt nicht langsamer, sondern schneller als die historische Zeit. Konstruktivisten sind insofern nietzscheanisch, als sie nicht glauben, daß es im Leben etwas Unhistorisches, Unveränderliches, Ewiges gibt, woran man anknüpfen könnte. Das Leben ist für sie ein großes Nichts, eine pure Willensanstrengung, eine rein unbewußte Vitalität – und alles Sichtbare nur eine äußere Illusion, die von der Kunst der Vergangenheit »gemacht« worden war. Die Ästhetik des Konstruktivismus entspringt einer eigenartigen Kombination zwischen Plato und Nietzsche, indem sie die Geometrie mit dem Dionysischen und dem Willen zur Macht verknüpft.

Der nietzscheanische Aktivismus des russischen Konstruktivismus ist übrigens durch diese Verknüpfung mit dem kontemplativen Platonismus von Anfang an gebrochen, denn dieser Platonismus macht ihn von der platonischen Geometrie der modernen technischen Welt abhängig. Wenn Rodtschenko beispielsweise über das ständige Erfinden der neuen Formen und über das ununterbrochene, schöpferische Konstruieren des Weltbildes spricht, macht er zunächst einmal durch seine kräftige Sprache einen sehr aktivistischen Eindruck. Beim näheren Hinsehen aber stellt sich heraus, daß sein Verhältnis zur Bewegung der Zeit viel passiver ist, als es zunächst einmal zu sein scheint. So schreibt Rodtschenko in seiner Abhandlung *Die Linie*, daß man vor allem die einfachen, utilitaristischen Dinge als Kunstwerke ästhetisieren soll. Dadurch bekommt die eintönige, alltägliche, langweilige Arbeit seine ästhetische Rechtfertigung. Damit der einfache Mensch unseres technischen Zeitalters aber fähig würde, von ihm selbst gemachte, gewöhnliche technische Gegenstände als Kunstwerke zu betrachten und sich als Künstler zu fühlen, braucht er jemanden wie Rodtschenko, der ihn auf ihre ästhetische Dimension aufmerksam macht. Rodtschenko schreibt weiter: »Das Leben, diese einfache Sache, hat man bisher nicht gesehen, nicht gewußt, daß es so einfach und klar ist, daß er es nur organisieren und von aller überflüssigen Ausschmückung befreien muß«[1] – wobei unter dem Organisieren eben die Reinigung von dem Überflüssigen verstanden wird.

Das aber bedeutet wiederum, daß die Funktion der konstruktivistischen Kunst keine weltgestaltende, sondern eine nur negative und in einem gewissen Sinne eine sekundäre ist. Die neuen künstlichen Dinge werden aussschließlich technisch geschaffen – aus bestimmten utilitaristischen, wirtschaftlichen, politischen, alltäglichen Notwendigkeiten heraus. Das Ziel des konstruktivistischen Künstlers ist dagegen nicht, etwas anderes, rein Künstlerisches zu konstruieren, sondern anderen – und nicht zuletzt deren Produzenten – zu zeigen, daß die technisch gemachten Dinge gerade in ihrer zweckmäßigen Einfachheit die bestmöglichen Kunstwerke sind. Um die technische Welt, wie sie ist, zu ästhetisieren, soll der Konstruktivist nichts Neues und Eigenes schaffen, sondern bloß gegen die Kunst, verstanden als eine autonome Tätigkeit, aber auch gegen die spezifisch künstlerische Gestaltung der technischen Produktion kämpfen. Der Künstler wird dadurch zum Wächter, der ständig aufpaßt, daß nichts Künstlerisches gemacht wird, damit die Aufmerksamkeit der Menschen von der Schönheit ihres eigenen, neuen Alltags nicht abgelenkt wird – die eigentliche Kreativität überläßt man der Arbeiterklasse und ihrer politischen und wirtschaftlichen Führung.

Die Aufgabe des Künstlers soll, schreibt einer der Theoretiker des Konstruktivismus und des späteren Produktionismus, N. Tarabukin, diejenige des Propagandisten sein, der auf die neue Ästhetik der technischen Produktion aufmerksam macht.[2] Gleichzeitig begreift Tarabukin nicht nur das einzelne technische Produkt, sondern den ganzen Produktionsprozeß als ein Kunstwerk. Er schreibt: »Das Ziel des einen, der in der Produktion arbeitet, ist die Produktion selbst.«[3] Deswegen bezeichnet Tarabukin weiter den Produktionsprozeß in der proletarischen Gesellschaft, in der alle gleichermaßen in diesen Prozeß einbezogen sind, als »gegenstandslos«. Damit benutzt Tarabukin bei der Beschreibung der neuen industriellen Gesellschaft die Bezeichnung, die Malewitsch für seine eigene Kunst verwendet hat. Nachdem die Gesellschaft von dem Produktionsmechanismus völlig aufgesaugt worden ist, ist diese Gesellschaft selbst zu einem gegenstandslosen Gesamtkunstwerk geworden.

Das einzelne Kunstwerk hat in einer solchen Gesellschaft keinen immanenten Wert oder Sinn mehr. Seine Bedeutung ist eine erzieherische, propagandistische, und sie besteht eben darin, den Blick des Betrachters von der Kunst abzuwenden und ihn auf die künstlich, planmäßig, technisch entstehende Wirklichkeit zu richten. Das Kunstwerk wird damit zum Plakat oder zur Werbung. Der technische Produktionsprozeß verkörpert das gesuchte Ideal einer ständigen Bewegung, die nichts außer sich hat und zu keiner Ruhe kommen kann. Diese Bewegung findet in der Zeit statt, aber sie ist nicht historisch, denn in einem Produktionsprozeß sind die Menschen untereinander nicht durch die gemeinsamen geschichtlichen Vorbilder, sondern ausschließlich durch ihre Funktion im Produktionsprozeß selbst verbunden. Diese innere Organisation oder Konstruktion des Produktionsprozesses ist das genuin Ästhetische, das Künstlerische an ihm, das der konstruktivistische Künstler durch die Analyse seiner eigenen Arbeit am Bilde entdecken kann, um damit eine Art der Selbstbespiegelung der neuen Welt zu erreichen.

Und in dieser seiner Funktion, den industriellen Produktionsprozeß zu veranschaulichen, zu ästhetisieren, wirkt der konstruktivistische Künstler plötzlich sehr traditionell und museal, denn der Entwurf, die technische Moderne zu ästhetisieren, setzt eine museale Perspektive voraus, die den vergleichenden Überblick über die ästhetische Beschaffenheit verschiedener historischer Epochen erst ermöglicht. Erst im musealen Rahmen ist es sinnvoll zu versuchen, der Modernität in ihrem Ganzen einen besonderen ästhetischen Ausdruck zu verleihen – und dieser Versuch macht aus dem Konstruktivismus erneut eine mimetische oder darstellende Kunst, die eine reale Utopie der Gegenwart propagieren will, wobei damit u. a. die spätere Strategie des Sozialistischen Realismus schon vorgezeichnet ist.[4]

Anmerkungen

1 Alexander Rodtschenko: »Die Linie«, in: Rodtschenko/Stepanowa: *Die Zukunft ist unser einziges Ziel...*, hrsg. v. Peter Noever, Katalog zur Ausstellung des Österreichischen Museums für Angewandte Kunst, Wien 1991, S. 133–135.

2 N. Taraboukine: *Le dernier tableau,* Paris 1980, S. 58.

3 Ebda, S. 69.

4 Über die Verbindung zwischen Russischer Avantgarde und Sozialistischem Realismus s. Boris Groys: *Gesamtkunstwerk Stalin,* München 1988.

Der Wille zum Ausruhen

Die Müdigkeit ist vielleicht ein Grundtopos unserer Zeit. Vor allem wenn ich meine Freunde aus dem Kunstmilieu treffe und frage, wie es ihnen geht, höre ich fast immer, daß es ihnen zwar eigentlich sehr gut gehe – sie fühlen sich aber sehr müde. Dieses Gefühl hat offenbar nicht nur persönliche, sondern tief in unserer heutigen Kultur verankerte Gründe. Das wird besonders deutlich, wenn man Memoiren oder persönliche Briefe aus den Zeiten der historischen Avantgarde liest, in denen ein armer, verfolgter, leidender Künstler immer wieder mitteilt, daß er auch jetzt voller Energie und Begeisterung für das Leben ist.

Woher kommt dieser Unterschied im Ton? Warum ist man heute so müde? Man zitiert oft als Erklärung: Fin de siècle, Postmoderne. Und das klingt so, als ob wir, die in der Postmoderne leben, müde geworden seien, weil unsere avantgardistischen Vorfahren so aktiv waren. Das setzt allerdings voraus, daß Müdigkeit vererbt werden kann. Dafür gibt es aber keine einleuchtenden Beweise. Darüber hinaus blieben unsere Vorfahren, wie gesagt, trotz aller Anstrengungen bis zuletzt munter – es sind allein *wir*, die müde geworden sind. So sind es offensichtlich nicht die ehemaligen Anstrengungen der Avantgarde, die uns müde gemacht haben, sondern unsere eigene Postmoderne macht uns müde, wobei die Avantgarde dagegen immer nur munter gemacht hat.

Aber was ist die Postmoderne? Sie ist auf jeden Fall kein neues Zeitalter, denn in diesem Falle wäre die Postmoderne immer noch modern. Also unterscheidet sich die Postmoderne nicht von der Moderne – außer durch ihre Selbstinterpretation. Die Postmoderne ist eine andere Interpretation der Moderne oder, wenn man will, der historischen Avantgarde – und zwar eine Interpretation, die uns müde macht.

Das Wort Avantgarde – darauf hat man oft genug hingewiesen – verweist auf den militärischen Begriff, der eine weit vor der übrigen Truppe nach vorne marschierende Einheit bezeichnet. Aus unserer postmodernen Perspektive gesehen, scheint dieser Marsch tatsächlich unendlich ermüdend zu sein, denn sein Ziel wird in der Postmoderne als unendlich weit entfernt begriffen. Der Weg der Avantgarde folgt demnach der Rhetorik des unendlichen Zeichenspiels oder der unendlichen Bewegung der Differenz, oder dem unendlichen Begehren, oder dem sich ständig entziehenden Erhabenen. So verfolgt die Avantgarde in ihrer postmodernen Interpretation bloß eine Vision des Unmöglichen und befindet sich auf einem unendlich langen Marsch zu dem Ziel, das ständig aus ihren Augen verschwindet. Bei keinem Zeichen, bei keinem Bild kann der Marschierende verweilen, seine Ruhe finden, sich erholen. Immer muß er weitergehen, weil jedes Bild durch die Rhetorik unserer Kultur auf das nächste Bild verweist. Und so ist er – oder vielmehr: so sind wir – gezwungen, immer weiter von Bild zum Bild oder vom Zeichen zum Zeichen zu wandern. Wir sind aber als Menschen endlich, und diese unendliche Bewegung überfordert uns und macht uns müde.

Diese Bewegung, die uns von allen Bildern und Zeichen wegführt, soll aber nicht als Zynismus, Gleichgültigkeit oder Langeweile mißverstanden werden, denn sie führt uns zugleich zu den gleichen Bildern und Zeichen zurück. Wir sind nicht mehr imstande, gleichgültig, zynisch oder gelangweilt zu sein. Auch zur Ironie sind wir nicht mehr fähig. Bei Zynismus, Langeweile oder Gleichgültigkeit handelt es sich um eine Distanz von allen Zeichen und Bildern, die uns eine gewisse Ruhe gewährt und die eigene Subjektivität in ihrer absoluten Einsamkeit jenseits aller Bilder entdecken läßt. Noch ein Flaneur vom Schlage Benjamins konnte sich langweilen und – bei aller Faszination durch die Bilder der Außenwelt – sich selbst mitdenken als eine Subjektivität, die durch die Welt geht. Er konnte auch bei einem bestimmten Bild verweilen, zu ihm zurückgehen oder überhaupt zu sich nach Hause zurückkehren. Das können wir nicht mehr, denn wir sind nicht mehr Autoren unserer Bewegung durch die Welt, sondern der Weg der Zeichenrhetorik führt uns und läßt uns keine Ruhe. Deswegen sind wir nicht gelangweilt, sondern immer darauf gespannt, wohin uns dieser Weg führen wird. Und diese ständige Spannung macht uns besonders müde.

Nun ist diese Vision der Avantgarde als sich immer nach

vorne bewegender Truppe eine charakteristisch postmoderne Vision, die keineswegs die Selbstverständlichkeit besitzt, die man ihr gerne zuschreibt. Die Avantgarde kann man sich auch als eine militärische Einheit vorstellen, die schon siegreich ihr Ziel erreicht und ihr Lager aufgeschlagen hat und sich ausruht, während die übrige Truppe immer noch marschiert und nicht weiß, ob sie je das Ziel erreichen wird. Aus den Texten der historischen Avantgarde geht ziemlich deutlich hervor, daß ihr Selbstverständnis in der Tat diesem Bild der Ruhe entsprach. Die Avantgarde ruht sich aus – es sind immer nur die anderen, die immer noch marschieren. Bilder und Texte der Avantgarde stellen eigentlich nichts anderes als diese endgültige Ruhe dar. Das »Schwarze Quadrat« von Malewitsch ist ein solches Bild der absoluten Ruhe, in der Leben und Tod eine Einheit bilden. Duchamps »Springbrunnen« wurde in einer zeitgenössischen Publikation nicht zufällig »Buddha in Bathroom« genannt, d. h. als Bild der absoluten Ruhe rezipiert. Mondrian ist ein weiteres gutes Beispiel. Aber auch futuristische Darstellungen der Bewegung zeigen diese Bewegung »simultan«, d. h. wiederum als absolute Ruhe, die alle Momente der zeitlichen Bewegung in ihre Zeitlosigkeit mit einschließt. Die Vision einer totalen Weltexplosion, die der Dadaismus ständig beschwört, offenbart nur ein unveränderliches Nichts, das hinter jeder Realität lauert. Und sogar der scheinbar aktivistische Surrealismus versteht sich als in sich ruhendes, passives Medium, das die Signale des Unbewußten empfängt.

Diese Ruhe der Avantgarde ist die Quelle ihrer Energie: Die Avantgarde ruht sich aus, wenn alle anderen sich anstrengen, und so hat der avantgardistische Künstler gerade deshalb mehr Kraft als die übrige Menschheit. Picasso hat einmal den bekannten Satz geprägt: »Ich suche nicht, ich finde.« Die Avantgarde hat nicht gesucht – sie hat gefunden. Und zwar hat sie etwas Elementares, Fundamentales und Universales gefunden, das hinter allen Bildern als ihre transzendentale Möglichkeit liegt, so wie das »Schwarze Quadrat« als transzendentales Schema jedes möglichen Bildes gedacht werden kann oder der »Springbrunnen« als elementaren Gestus jeder möglichen Ästhetisierung.

Die Vorstellung von der Avantgarde als Stoßtruppe einer

ewigen Bewegung nach vorne entspricht also nicht dem Selbstverständnis der Avantgarde. Vielmehr handelt es sich um die Meinung der übrigen, müde gewordenen Truppe, die nicht mehr glaubt, daß sie je ankommt, und deswegen meint, daß auch die Avantgarde bloß Gespenstern nachläuft und ihr Ziel verfehlen muß. Diese übrige Truppe hat aber die Avantgarde längst aus den Augen verloren und kann deswegen gar nicht wissen, ob die Avantgarde angekommen ist oder nicht. Dafür gibt es aber auch keine neutralen Kriterien. Man kann leicht behaupten, daß weder das »Schwarze Quadrat« von Malewitsch noch der »Springbrunnen« von Duchamp, noch alle anderen avantgardistischen Bilder als qualitativ neu gesehen werden dürfen, sondern daß sie, wie jedes Bild überhaupt, der allgemeinen Bildrhetorik unterworfen sind. Diese Meinung klingt sicherlich plausibel, aber sie ist bloß eine Meinung, denn die Möglichkeit bleibt unbestritten, daß aus dem Punkt der Ruhe, den die Avantgarde erreicht hat, der Unterschied zwischen Fundamentalem und Nicht-Fundamentalem gesehen werden kann, den wir nicht sehen können, da wir uns immer noch unterwegs zu diesem Punkt befinden. Wenn wir in der Postmoderne müde geworden sind, dann nicht, weil wir Kinder der Avantgarde sind, sondern weil wir Kinder der übrigen Truppe sind, die den Glauben verloren hat, das Ziel je zu erreichen und der sich das Leben deswegen als ständige, müde Bewegung nach vorne darstellt. Nur diese übrige Truppe versteht die Moderne als Fortschritt – unabhängig davon, ob sie ihn positiv oder negativ beurteilt. Die Avantgarde schreitet nicht fort, sondern bleibt ruhig dort, wo sie den ästhetischen Ort, an dem sie sich ausruhen kann, gefunden hat.

Die Philosophen der übrigen Truppe sind gut bekannt. Die Interessantesten unter ihnen gehören in die 30er Jahre. Sie sind diejenigen, die hinter der Avantgarde marschiert, aber nie angekommen sind. So befindet sich Heidegger ständig »unterwegs zur Sprache«. Er ist ein Wanderer, der langsam durch das Leben und die Welt wandert. Er wandert freilich so langsam, daß er beinahe ruht, obwohl sich das auf die Dauer auch als ziemlich ermüdend und unangenehm erweisen kann. Aber dann kommt die totale Mobilmachung, die permanente Revolution, die negative Dialektik, der symbolische Austausch und andere, noch schnellere Varianten der ununterbrochenen Bewegung. Diese Vision der ständigen Bewegung ist allerdings nicht die authentische Vision der Moderne. Vielmehr ist sie ein Effekt des Zweifels an der Moderne, der Ausdruck des Unglaubens, daß das Gelobte Land erreicht werden kann. Wo die Moderne bei sich selbst, wo sie radikal ist, dort ruht sie, wie gesagt, auf einem zeitlosen, transzendentalen, apokalyptischen Fundament – am Ende der Geschichte jeder möglichen Suche. Die Apokalyptik unserer Zeit ist dagegen, wie wohl bekannt, die Apokalyptik der Apokalyptik oder die Verkündung des Endes des Endes. Sie will die Unmöglichkeit offenbaren, aufzuhören und auszuruhen.

Freilich können wir auch jetzt jederzeit aus dieser postmodernen permanenten Bewegung aussteigen, indem wir zur ursprünglichen avantgardistischen Bildinterpretation zurückkehren. Nichts hindert uns, wie oben ausgeführt ist, zu behaupten, daß ein bestimmtes Bild die fundamentale Bedeutung hat, die uns erlaubt, bei diesem Bild zu verweilen und uns auszuruhen – oder daß sogar alle Bilder eine solche fundamentale Bedeutung haben. Damit bekommen wir die Figur des avantgardistischen Fundamentalismus, die im heutigen kulturellen Kontext in der Tat nicht selten auftaucht. Dieser Fundamentalismus ist die Reaktion auf das Verschwinden des Fundaments. Dort, wo die Avantgarde das Fundament zu entdecken glaubte, sieht der avantgardistische Fundamentalist kein Fundament – und kommt gerade deswegen zu dem Entschluß, ein solches Fundament durch eine eigene Entscheidung zu schaffen. Dieser Fundamentalismus ist somit rein dezisionistisch und willkürlich. Obwohl er die Postmoderne als leer und zynisch – zu Unrecht, wie wir gesehen haben – verurteilt, kann er sich nur in der Fundamentlosigkeit der Postmoderne entfalten, denn dort, wo das Fundament immer schon da ist, ist der Fundamentalismus unmöglich. So wird ein bedingungsloses und programmatisch unbegründetes Bekenntnis zu den einzelnen Bildern gefordert und praktiziert, die infolge einer heldenhaften Anstrengung der andächtigen Kontemplation ästhetisch isoliert und aus ihrer Unterwerfung unter die allgemeine Bildrhetorik gerettet werden sollen.

Indem der avantgardistische Fundamentalismus aber selbst

eine rhetorische Figur ist, die auf jedes Bild mit gleichem Recht appliziert werden kann, besitzt er die gleiche Universalität wie die postmoderne, anti-fundamentalistische Rhetorik. So kann jedes Bild heute mit gleichem Recht sowohl als fundamental, d. h. als endgültige Einsicht in die Beschaffenheit des Kunstwerks, wie auch als nicht-fundamental, d. h. als visueller Müll, interpretiert werden und wird dadurch in unserer heutigen Kultur innerlich gespalten. Nun war die moderne Kunst aber immer gespalten in die hohe, avantgardistische Kunst, die die letzten Einsichten vermitteln wollte, und die Massenkunst, die bloß der Rhetorik der Bildproduktion folgte. So bildete die moderne Kunst nie einen homogenen Raum und konnte nie unter einen Begriff subsumiert werden.

Diese Spaltung der modernen Kunst hat Clement Greenberg in seinem berühmten Essay »Avantgarde und Kitsch« (1939) vorbildlich beschrieben. Er stellte nämlich schon damals fest, daß die Kunst inzwischen all das ästhetisiert hat, was sie ästhetisieren konnte. So wurde die Spaltung überwunden, die für die frühere Kunst von eminenter Bedeutung war – nämlich die Spaltung zwischen dem, was die Kunst darstellen durfte, und dem, was sie nicht darstellen durfte. Aber infolgedessen hat sich die Kunst selbst gespalten – und zwar in Avantgarde und Kitsch. Für Greenberg ist die Avantgarde die Reflexion der technischen Beschaffenheit der Kunst, denn das Kunstwerk ist nicht nur Abbild der Welt der Dinge, sondern auch selbst ein technisches Ding. Für den Kitsch ist das Kunstwerk auch ein technisches Ding, aber Kitsch reflektiert diese Technizität nicht, sondern setzt sie einfach in ihrer unmittelbaren Wirkung ein. Die moderne Kunst zerfällt also in die Reflexion der Kunst und den Einsatz der Kunst. Wirkt eine Kunst utopisch oder nicht utopisch, kritisch oder affirmativ, politisch korrekt oder inkorrekt, bleibt sie immer noch kitschig, wenn sie überhaupt wirkt. Die Ruhe bleibt also auch für Greenberg der eigentliche innere Zustand der Avantgarde.

Wenn ich in Diskussionen über die Postmoderne von einer Zweiten Moderne höre, womit offensichtlich eine Zweite Avantgarde gemeint ist, freue ich mich. Ich freue mich wie ein Wanderer, dessen Füße müde sind und der sich mit letzter Kraft dahinschleppt und hört, daß die Vision der Oase, der er verzweifelt folgt, doch keine Vision, sondern eine tatsächliche Oase ist, in der er sich endlich ausruhen kann. Aber wo findet man diese zweite Oase? Die Vermutung liegt nahe, daß diese zweite Oase, im Unterschied zur ersten Oase, überall liegt und sich von der postmodernen Wüste nur durch die Art ihrer Interpretation unterscheidet, so daß ein Kunstwerk völlig legitim einmal als postmodern, dann als zweitmodern interpretiert werden kann. Die Spaltung der modernen Kunst in Avantgarde und Kitsch oder in Ruhe und Bewegung, oder in Einsicht und Rhetorik, oder in Oase und Wüste spaltet heute nicht mehr den realen, materiellen Raum der Kunst, sondern den Interpretationsraum eines jeden einzelnen Kunstwerks.

Was hat der postmoderne Diskurs eigentlich die ganze Zeit gemacht? Er hat die Unterscheidung zwischen Avantgarde und Kitsch, die Greenberg so radikal gesetzt hat, ständig relativiert. Und zwar durch eine zweifache Denkbewegung. Auf der einen Seite wurde der Kitsch »entkitscht« und avantgardistisch veredelt. Diese Entkitschung des Kitsches begann schon mit der amerikanischen Pop-art und hat sich inzwischen so weit fortgesetzt und beschleunigt, daß wir heute in einer Situation leben, in der praktisch alles, was als Kitsch gilt, durch gut erprobte Methoden in den Bereich der hohen Kunst überführt werden kann.

Auf der anderen Seite wurde aber durch die gleiche Denkbewegung alles, was früher als hohe Kunst galt, verkitscht, indem die Autonomie der Kunst als Illusion entlarvt wurde. Jede Kunst, inklusive der Avantgarde, wurde in einen sozialen Wirkungszusammenhang – vor allem in einen politischen Zusammenhang – gestellt oder als Moment in der Bewegung der allgemeinen Bildrhetorik interpretiert. Wenn auf der einen Seite Kitschbilder Prädikate bekommen haben, die früher nur die Avantgarde für sich beansprucht hat, wurde die Avantgarde auf der anderen Seite zu einer Manifestation der allgemeinen Kultursituation unter vielen anderen. So können wir heute nicht mehr unterscheiden, ob ein Bild zum Kitsch oder zur Avantgarde gehört. Aber wenn man zwischen Avantgarde und Kitsch nicht mehr unterscheiden kann, ist man nach wie vor durchaus imstande, zwischen Kitschverwendung und Avantgardeverwendung eines Bildes zu unterscheiden.

Wir können nämlich erkennen, wann Bilder zum Zweck der Wirkung, sei es politische Wirkung, Unterhaltung, Werbung usw., eingesetzt werden und wann sie ihre eigene innere Struktur demonstrieren. Auch wenn es darüber Meinungsdifferenzen gibt, wie etwa im Falle der Benetton-Werbung, kann über diese Differenzen durchaus sinnvoll diskutiert werden. Es bedeutet freilich nicht, daß entsprechende Kriterien klar definiert sind: Solch klare Regeln gab es auch in den Zeiten der klassischen Avantgarde nicht. Wir können aber trotzdem sinnvoll darüber sprechen, ob bestimmte Bilder im Sinne der Avantgarde oder im Sinne der Massenkultur verwendet werden. So läßt sich vielleicht sagen, daß die erste Moderne eine kreative war. Heute leben wir dagegen in einer zweiten, interpretativen Moderne. Nur war im Falle der ersten, klassischen Avantgarde die Produktion immer schon im wesentlichen Interpretation, denn auch damals sind keine wirklich neuen Bilder entstanden, sondern vorhandene Bilder im ästhetischen Kontext verwendet worden. Der Unterschied zwischen beiden Modernen liegt vielmehr darin, daß Künstler von heute um den doppelten Status ihrer Arbeiten, um ihre interpretative Doppelkodierung wissen und mit ihr bewußt umgehen, wofür es von Andy Warhol bis Cindy Sherman genug Beispiele gibt.

Und trotzdem: Auch wenn die heutige Doppelkodierung des Bildes die Option offenläßt, bei jedem beliebigen Bild andächtig zu verweilen und auszuruhen, ist diese Ruhe nicht ungetrübt. Wenn man heute auf der Stelle bleibt, hat man nicht mehr die innere Sicherheit wie zu Zeiten der Avantgarde, daß alle anderen unterwegs sind. Vielmehr hat man das ungute Gefühl, daß das Leben vorbeizieht. Jeder kann sich jederzeit ausruhen, aber die allgemeine Bewegung bleibt unaufhaltsam, wobei es ungewiß ist, wohin der Weg führt. Diese Unübersichtlichkeit unserer postmodernen Welt wurde schon mehrmals beklagt. Dabei meint man in der Regel, daß es Aufgabe des einzelnen bleibt, die Welt für sich selbst und eventuell auch für die anderen übersichtlich zu machen. Dieser Wille, die Unübersichtlichkeit zu überblicken, strengt an, ermüdet. Deswegen möchte ich noch eine andere Möglichkeit vorschlagen, mit der allgemeinen Unübersichtlichkeit umzugehen: werden wir selbst unübersichtlich.

Tatsächlich können wir in der heutigen Kunstszene zunehmend die Produktion von Kunstwerken beobachten, die das Publikum physisch überfordern, ermüden und die im Endeffekt unübersichtlich bleiben. Ich möchte betonen, daß ich dabei keineswegs so etwas wie den »unerschöpflichen Sinn« des Kunstwerks meine, sondern die schlichte physische Unmöglichkeit, das Ganze des Werks wahrzunehmen, die uns vermuten läßt, daß wir das Wichtigste übersehen haben – wie im richtigen Leben.

Die Möglichkeit für einen einzelnen Künstler, ein solch unübersichtliches Kunstwerk zu schaffen, ist die Folge einer Kombination der modernen Technologie und der avancierten Kunstverfahren. Die Kunst von heute verfügt nämlich über eine sehr große Geschwindigkeit. Es handelt sich dabei nicht um die Geschwindigkeit in der Kunst, mit der sich die Futuristen beschäftigt haben oder die Virilio heute noch thematisiert, sondern die Geschwindigkeit der Bildproduktion als solcher. Diese Geschwindigkeit hat in diesem Jahrhundert rasant zugenommen. Früher hat der Künstler lange Zeit gebraucht, um ein Bild zu malen. Der Betrachter konnte dieses Bild dagegen mit einem Blick erfassen. Das heißt, der Betrachter hatte einen riesigen Zeitüberschuß und damit ein Zeitprivileg über den Künstler: Er konnte mehrere Bilder in einer Zeitspanne sehen, in der der Künstler nur ein Bild produzieren konnte. Arbeiten wie Duchamps »Springbrunnen« oder Andy Warhols Film »Empire State Building« gleichen den Zeitaufwand des Künstlers und den Zeitaufwand des Betrachtens einander an. Eine Kombination zwischen diesem Readymade-Verfahren und den technischen Aufnahme- und Vervielfältigungsmöglichkeiten der neuen Medien sichern dem Künstler einen Zeitvorsprung gegenüber dem Betrachter: Die Zeitrelation zwischen Produktion und Wahrnehmung der Bilder verändert sich entscheidend zugunsten des Künstlers. Die Wahrnehmung der Bilder erfordert jetzt mehr Zeit als ihre Produktion.

Dieser Zeitüberschuß auf der Seite des Künstlers kann benutzt werden, um den Betrachter zu überfordern und das Kunstwerk unübersichtlich zu machen. Ein gutes Beispiel dafür bietet die Videoarbeit von Fischli & Weiss, die im Rahmen der letzten Biennale in Venedig gezeigt worden ist. Das vorgeführte Filmmaterial ist so groß und unübersichtlich, daß es unter den normalen Bedingungen einer Ausstellung von einem Besucher nicht vollständig wahrgenommen werden kann, so daß der Eindruck der Arbeit notwendigerweise fragmentarisch und unvollständig bleibt. Der gleiche Effekt kann übrigens auch ohne direkte Anwendung der neuen Medien erzielt werden, wie Installationen von Ilja Kabakow oder Grafik von Raymond Pettibone zeigen: Die exzessive Verwendung der Schrift macht in beiden Fällen die künstlerische Arbeit unlesbar und erzeugt beim Betrachter Müdigkeit und Frustration.

Carl André hat einmal gesagt: »Kultur ist das, was die anderen uns antun. Kunst ist das, was wir den anderen antun.« So fühle ich mich nicht müde, sondern durchaus munter, wenn ich die anderen vor eine ähnliche Unübersichtlichkeit stelle, wie sie mich selbst umgibt. Indem ich die anderen vor meine eigene, von mir geschaffene Unübersichtlichkeit stelle, bekomme ich die Möglichkeit, die Bewegung der anderen zu lenken, ohne das Ziel dieser Bewegung anzugeben, wie es die klassische Avantgarde zu ihrer Zeit beansprucht hat. So benutze ich den Zeitüberschuß, den mir die heutige Kunstpraxis gewährt, um mich auszuruhen, während der Betrachter sich anstrengt.

Aber auch der Betrachter bekommt dabei eine scheinbar paradoxale Chance, sich auszuruhen. Indem die allgemeine Situation der Unübersichtlichkeit durch die Kunst wiederholt, verdoppelt wird, wird zugleich das Artifizielle, das Gemachte, das Inszenierte dieser Unübersichtlichkeit demonstriert. Statt sich von dem Wunsch ermüden zu lassen, die postmoderne Unübersichtlichkeit in einem übersichtlichen, »neumodernistischen« Bild zu erfassen, wird der Betrachter sich der Möglichkeit bewußt, die Unübersichtlichkeit als solche ästhetisch zu bewundern, ohne sich anzustrengen, sie zu überwinden. So finden wir eine Oase in der Wüste, indem wir endgültig lernen, die ganze Wüste als eine riesige Oase zu interpretieren und ruhig zu genießen.

Das leidende Bild

Unsere Epoche gilt gemeinhin als Epoche der Posthistoire, jedenfalls was das Tafelbild anbelangt: Das Tafelbild hat aufgehört, ein Bild im traditionellen Sinn des Wortes zu sein, da es kein Bild mehr von irgend etwas ist und seinen äußeren Referenten endgültig verloren hat. Schon Hegel hat festgestellt, daß das mimetische Bild in der Moderne nicht mehr als Mittel zur Welterkenntnis dient, doch das Bild manifestiert heute auch nicht mehr das Andere der Vernunft, was noch vor kurzem die Avantgarde hartnäckig behauptet hat. Der Glaube, im Bild könne eine Realität, die außerhalb von ihm existiert, wiedergeschaffen werden, wodurch ihm eine privilegierte Stellung in der Welt zukomme, ist heute grundlegend zerstört. Deshalb unterscheidet sich das Bild für das heutige Bewußtsein in der Regel nicht von den übrigen Dingen, die zu anderen in rein äußerem Bezug stehen. Die Ordnung der Dinge fällt somit endgültig mit der Ordnung der Zeichen zusammen. Da man des weiteren annimmt – schon Rodtschenko sprach davon –, daß das »letzte Bild«, welches diese Identität von Ding und Zeichen demonstriert, bereits gemalt ist (obwohl die Meinungen darüber, wann und von wem es gemalt wurde, auseinandergehen), ist das Bild heute nach allgemeiner Anschauung nur noch als Readymade möglich. Es kann also nur noch das Zitat eines traditionellen, avantgardistischen oder trivialen Bildes sein, welches in der kritischen Absicht angeführt wird, eben diesen dinglichen Charakter des Bildes zu zeigen, auf seine Funktion innerhalb bestimmter Zeichensysteme hinzuweisen und es als Verweis auf einen Kontext, nicht jedoch auf einen Referenten zu verstehen.

Um diese Dinglichkeit des Bildes aufzudecken, wenden die zeitgenössischen Künstler gewöhnlich eine Methode an, die man als doppeltes Zitat oder doppelte Appropriation bezeichnen könnte: Das zeitgenössische Bild verweist gemeinhin auf eine klassische Vorlage, auf ein noch »unkritisch« verstandenes Bild, und zugleich auf das anonyme moderne Design, das die Produktion von Massenverbrauchsgütern oder die Massenmedien kennzeichnet. Dieses doppelte Zitat unterscheidet sich von der traditionellen Technik des Readymade, die noch unmittelbar mit der Massenproduktion arbeitet und sie direkt ästhetisiert. Dadurch behält das Bild immer noch – zum Beispiel in der Pop-art – seine traditionelle Funktion: Es stellt die äußere Welt dar, wenngleich diese nicht als Natur vorgegeben ist, sondern als künstlich geschaffene Stadtwelt. Im zeitgenössischen postmodernen Bild verweist die neue Ästhetisierung vor allem auf eine frühere Entästhetisierung. Hier wird die Katastrophe des Bildes in der modernen Welt zum Gegenstand einer neuen ästhetischen Betrachtung. Seine Entfremdung und Verdinglichung werden erneut ästhetisiert.

Diese Ästhetisierung wird gewöhnlich als Kritik legitimiert, was es in der Geschichte auch früher oft gegeben hat. Echte Kritik ist jedoch ein Auftakt zu realer Zerstörung und nicht zu neuem Schaffen. So forderte die russische Avantgarde, als sie in den 20er Jahren zu dem Schluß gekommen war, daß sich das Bild überlebt habe, die Zerstörung und das Verbot des Bildes. Man solle zur Herstellung der Dinge selbst übergehen. Auch Malewitschs Suprematismus wurde abgelehnt, der einerseits die Opposition von Signifikant und Signifikat aufhob, da zum Beispiel die Darstellung des Quadrats mit diesem selbst zusammenfällt, andererseits jedoch die geometrischen Formen als reine, unpersönliche und ideelle Formen der Betrachtung aufwertete, eine Vorstellung, die mindestens bis Plato zurückreicht. Wie bei Plato, so radikalisiert auch bei Malewitsch der Verzicht auf die Betrachtung der äußeren Formen der Wirklichkeit die Forderung, zur reinen Betrachtung und zum absoluten Bild überzugehen. Diese Ambivalenz in der Interpretation der geometrischen Form ist bis in allerjüngste Zeit erhalten geblieben. Ad Reinhardt ist hier nur ein Beispiel, wenngleich ein charakteristisches.

Sahen die russischen Produktivisten den einzigen Weg, diese Ambivalenz zu überwinden, darin, die geometrische Form aktiv zu utilisieren und zugleich die Kunst als eine besondere Tätigkeitsform abzuschaffen, so demonstriert der gegenwärtige Kritizismus lediglich ihre tatsächliche Utilisierung im modernen Design. Die entsprechende Strategie des doppelten Zitats, als dessen Vorläufer unter anderen Richard Artschwager gelten kann, läßt sich deshalb wiederum zweifach interpretieren: als weitere Kritik an der sakralen Aura, die die geometrische Form umgibt, und als Reaktivierung dieser Aura oder des transzendenten Referenten. Dies trifft auch auf die Arbeiten zu, in denen sich die kunstinterne Kritik an der sakralisierten Aura und der Referenzialität des Kunstwerks am radikalsten und stärksten manifestiert. Alle diese Manifestationen lassen sich wiederum als neue Sakralisierungen wie auch als neuer Verweis auf einen transzendenten Referenten verstehen. Daß diese zweite Möglichkeit meist nur unzureichend in Betracht gezogen wird, hat seinen Grund in der verbreiteten Überzeugung, daß das Bild im Lauf der gesamten Moderne immer weiter säkularisiert worden ist und seinen äußeren Referenten verloren hat. Diese Überzeugung hat ihrerseits eine eigene Geschichte. Hier soll – notgedrungen sehr schematisch – versucht werden, diese Geschichte in ihren wesentlichen Etappen nachzuzeichnen.

Ursprünglich war der Wert des Bildes nicht vom Wert des Dargestellten zu trennen. Das Tafelbild stellte religiöse Stoffe, große historische Ereignisse und bedeutende Menschen dar: Nur das Wesentliche, Erhabene und Wahre durfte ins Blickfeld des Bildes treten. Der Begriff Inhalt schloß somit von Anfang an die Idee eines gesellschaftlich anerkannten Wertes ein, der unabhängig von seiner Darstellung in der Kunst eigenen Bestand hatte. Bereits die Semiotisierung des Begriffes »Referent« – man verstand ihn nicht mehr als Wert, sondern als wertneutrales Signifikat einer signifikativen Praxis – relativiert ihn und markiert den Anfang seines Verschwindens aus der kunstgeschichtlichen Reflexion, jedoch beileibe nicht aus der Kunst selbst. Diese allmähliche Semiotisierung beginnt schon zu dem Zeitpunkt, wo im Zuge der Säkularisation und Demokratisierung in der Moderne die früheren erhabenen Stoffe nach und nach durch niedrige und auf den ersten Blick triviale Entwürfe ersetzt wurden. Doch daraus folgt natürlich nicht, daß das Bild selbst demokratisch wurde und sich dem Wertlosen und Peripheren zuwandte. In der demokratischen Epoche wurden vielmehr frühere Themen und Gestalten abgewertet und neue Themen und Gestalten aufgewertet. Die Kunst ging lediglich zur Darstellung dieser neuen Themen und Gestalten über, änderte dabei aber nicht ihr eigentliches Ziel, das Wertvolle zu zeigen. Heilige und Helden wurden gegen Motive aus der Natur und dem städtischen Milieu ausgetauscht, doch nur, weil man jetzt in der Natur und in der bürgerlichen Gesellschaft eine neue Wahrheit suchte, als die man den natürlichen gesunden Menschenverstand zu erkennen glaubte oder eine neue Legitimation der Macht, die man in der Volksvertretung sah.

Die Ästhetik der Demokratisierungsperiode pflegte diese Evolution des Bildes indessen anders zu interpretieren. Was nur eine Folge der objektiven Veränderungen in der Wertehierarchie und eine Illustration dieses Veränderungsprozesses war, wurde besonders in der Romantik als Bestätigung des freien Künstlerwillens verstanden. Gerade die Abkehr des Künstlers von traditionellen Themen und deren vorgeschriebenen Interpretationsmodellen begriff die romantische Kritik als Manifestation seines souveränen Genies. Das Bild wurde als eine private Welt verstanden, als abgetrennter, idealisierter Privatbereich im eigenen Besitz, als autonomer Raum der Wirklichkeit, für den der Künstler schließlich zum göttlichen Weltenschöpfer und Gesetzgeber wurde, der in seinen Entscheidungen frei und souverän war. Zum Beweis dieser Freiheit führte man immer dieselben Abweichungen vom Kanon der Vergangenheit, den Normen des traditionellen Geschmacks oder der traditionellen Schule an, als belegten diese Abweichungen automatisch die Freiheit des Künstlers. Die *Umwertung* der *gesellschaftlichen* Werte wurde falsch interpretiert als reine Abwertung oder Einebnung. Damit sah man dem Künstler die Macht gegeben, selbst den Wert des Referenten seiner Kunst zu bestimmen und die Darstellungsgegenstände zu diktieren.

Doch obwohl die romantische Kritik stereotyp behauptete, das Talent des Künstlers sei frei von jeder Anbindung an den Gegenstand der Darstellung und nur das Bild »als Bild«, nicht sein Referent, bestimme seine Zugehörigkeit zur Sphäre der Kunst, war die Thematik des Dargestellten in Wirklichkeit auch damals noch deutlich festgelegt. Die Behauptung, der Künstler habe absolute Freiheit, widersprach offensichtlich den Grenzen, in denen er sie nutzte. Dieser Umstand blieb der romantischen Kritik natürlich nicht verborgen, er wurde jedoch so ausgelegt, als wolle man die gerade erst errungene künstlerische Freiheit nicht wieder von außen einschränken. Hieraus entspringt die noch recht unbestimmt formulierte Theorie des Unbewußten: Das Äußere, das dem Bewußtsein des Künstlers nicht mehr als Orientierung dient, bestimmt dieser Theorie nach von innen heraus seine Freiheit, ohne daß er erkennt, auf welche Weise. Mit anderen Worten, die Theorie des Unbewußten erklärt die individuelle Entscheidung des Künstlers unter den Bedingungen des Fehlens äußerer Kriterien für diese Entscheidung beziehungsweise des fehlenden Wunsches, solche Kriterien anzuerkennen. Die Natur oder der Zeitgeist wirken durch den freien Willen des Künstlers und versöhnen ihn in den Systemen des deutschen Idealismus mit den gesellschaftlich anerkannten Werten. Diese Versöhnung erwies sich natürlich als nicht sehr dauerhaft. Doch die seither kanonisch gültige Interpretation der *hohen Kunst* löste diese – im Gegensatz zum *Kitsch* – endgültig vom äußeren Referenten ab und machte sie zum Dauerspielfeld zwischen dem freien Willen des Künstlers und den unbewußten Kräften des Wunsches, der Sprache, der Rasse oder Klasse, die diesen freien Willen von innen heraus beherrschen.

Zweite Spielart dieser Versöhnung wurde die etwas später, im 19. Jahrhundert, formulierte Auffassung von der kritischen Funktion der Kunst: Der freie Wille des Künstlers stößt gegen gesellschaftliche Schranken und fixiert diesen Zusammenstoß in der Form, daß er diese Schranken kritisiert. Die Themen der Kunst stellen sich somit explizit, aber negativ – als Beschneidung der Freiheit, die überwunden werden muß. Ins Blickfeld gerät jetzt, wie es scheint, nicht nur das Wertlose, sondern sogar das Unwerte.

Die Kritik an den gesellschaftlichen Institutionen findet jetzt ihren Ausdruck in der Darstellung des leidenden Teils der europäischen Bevölkerung und des Leidens der Natur selbst in der industriellen Zivilisation. Indessen gilt das Leiden nach europäischer christlicher Tradition als positiver Wert. Ein leidender Mensch gleicht Christus, das Leiden läutert ihn und macht ihn zu einem besseren Menschen als andere. Dasselbe trifft auch auf die Natur zu. Die erniedrigte Natur ist aus christlicher Sicht schöner als jede andere. Tatsächlich vollzieht sich im

19. Jahrhundert – wenn auch nur teilweise – eine allmähliche Re-Christianisierung des europäischen Lebens als Reaktion auf die Auswüchse des atheistischen 18. Jahrhunderts, die eng verknüpft ist mit den Ideen des Sozialismus und der gesellschaftlichen Verantwortung des Individuums. Der frühere Glaube an die Individualität und Freiheit des Künstlers weicht nun dem Bedauern über seine Entfremdung und Isolation. Auf den ersten Blick hat der Kritizismus dieser Zeit die Freiheit des Künstlers in bezug auf das von ihm verwendete Themenmaterial erweitert: Armut, Erniedrigung und Mißgestalt finden nun Eingang in seine Bilder. In Wirklichkeit ist die Kunst damit zu ihren früheren Idealen zurückgekehrt. Der Kritizismus und Realismus des 19. Jahrhunderts demonstriert die Entfremdung des Menschen nicht nur, um die Gesellschaft seiner Zeit anzuprangern, an die zuvor ignorierten negativen Seiten der Säkularisierung zu erinnern, das zuvor ignorierte gesellschaftliche Unbewußte aufzudecken und damit diese Entfremdung zu überwinden. Die Kunst dieser Zeit ästhetisiert vielmehr vor allem diese Entfremdung: Die Profanierung des Menschen in der industriellen Welt verwandelt sich in einen Wert und wird sakralisiert, da sie als Leiden interpretiert wird. So behält das Bild weiterhin das Sakrale und Wertvolle als seinen Referenten, obwohl dieses auf den ersten Blick als das Erniedrigte und Leidende erscheint.

Die historische Avantgarde leitet anschließend eine neue Phase der Säkularisierung sowie des Verzichts auf Nostalgie und Sentimentalität ein. Die Illusion der Freiheit von einem äußeren Referenten, welche die Romantik gehegt hatte, wird in der Epoche der klassischen Avantgarde durch die noch radikalere Illusion vom völligen Verschwinden dieses Referenten ersetzt. Zugleich weitet der Künstler seine Freiheit auf die gesamte materielle Welt der Objekte aus, die er als unbegrenzten Vorrat an Formen und Mitteln versteht, als Material, aus dem er sein totales künstlerisches Projekt realisiert. Die historische Avantgarde sistierte weniger auf der Originalität ihrer Manifestationen beziehungsweise der Erstmaligkeit und Autonomie ihrer Betrachtungen, als das heute zuweilen scheinen mag. Dieses beharrliche Pochen darauf charakterisiert vielmehr das sekundär nach dem zweiten Weltkrieg auftretende ästhetisierende, neoavantgardistische Bewußtsein. Die historische Avantgarde verherrlichte die neuen Werte der Konstruktion, des Aktivismus, der Zweckmäßigkeit und der Herrschaft des Produzenten über den Konsumenten. Wieder trat die totale künstlerische Freiheit als einzige Legitimation der künstlerischen Entscheidung in der künstlerischen Praxis ständig in Widerspruch zu der tatsächlichen thematischen und stilistischen Wahlstrategie des avantgardistischen Künstlers. Auf der theoretischen Ebene bedeutet dies folglich, daß die künstlerische Freiheit ständig mit den radikalisierten Konzepten des Unbewußten spielte, die zum Ausdruck brachten, daß diese künstlerische Freiheit von innen heraus durch Wünsche, Repräsentationsautomatismen, Klassen- oder Rasseninstinkte gelenkt und damit den totalitären politischen Projekten dieser Epoche unterworfen wurde.

Wie sich bei näherer Betrachtung herausstellt, kann jedoch weder der Hinweis auf die freie Entscheidung noch der Fingerzeig auf das Unbewußte die Wahl konkreter Themen und Formen der avantgardistischen Kunst erklären, da alle diese Hinweise zu allgemein und vage bleiben. Indessen kann man leicht zeigen, daß die Avantgarde in ihrer Praxis vorwiegend traditionelle sakrale Formen verwendete, die sie aus ihrem ursprünglichen rituellen Kontext herausriß und in passives Material für die Neukonstruktion verwandelte. Die Avantgarde illustrierte damit nur jenen Prozeß der Entsakralisierung oder Profanierung einer Tradition und ihrer technischen Utilisierung, der damals von der Gesellschaft höchst positiv bewertet wurde.

Ein Beispiel ist hierfür besonders wichtig und bezeichnend. Duchamps Readymades werden oft als Beweis für die freie Willkür des Künstlers im Umgang mit den künstlerischen Werten interpretiert: Jedes Objekt der reinen Alltäglichkeit wird durch den Willen des Künstlers zum Objekt der ästhetischen Betrachtung und erhält damit einen künstlerischen Wert. Dieser Akt extremer künstlerischer Willkür läßt sich natürlich noch weiter als Ergebnis unbewußter Wunsch- oder Sprachstrategien interpretieren. Schließlich kann man ihn auch als Ergebnis der kritischen Analyse der Marktmechanismen, der Ausstellungstätigkeit oder der gesellschaftlichen Repräsentationsrituale deuten. Diese drei Interpretationsmöglichkeiten sind schon bekannt und orientieren sich in jedem Fall an der Entscheidung des Künstlers – gelte sie nun als frei oder nicht – und nicht an dem eigenen Wert des Objekts, da dieses von Anfang an als wertlos betrachtet wird – wie beispielsweise Duchamps berühmtes Pissoir.

Das Pissoir hat jedoch – neben allen erotischen Assoziationen – in seiner Grundfunktion etwas mit dem zu tun, was man ein sakrales Opfer an den Kosmos nennen könnte: Es ist Durchlaufstation für eine Gabe ohne Gegengabe. Nach Duchamp richtete die Kunst ihr besonderes Augenmerk auf Müllhalden, Müllberge und alle Arten von Müllverursachung und Wegwerfgewohnheiten, die lange als Tabuzonen der modernen Industriezivilisation galten, denn diese symbolisierten das Nichts oder das absolut Andere, die unwiderrufliche Preisgabe von Materie. Erst in unserer Zeit werden diese ehemaligen Tabuzonen im Rahmen des ökologischen Diskurses thematisiert. Sie rücken in den Mittelpunkt des gesellschaftlichen Interesses, das sie in einen Recyclingprozeß einbinden möchte. Die Ökologie ist in diesem Sinne die nächste Etappe auf dem Weg zur Realisierung des modernistischen Projekts und zur Säkularisierung der Menschheit – zumindest in Europa –, da sie einen weiteren Bereich des Sakralen und Tabuisierten zerstört, den Bereich des Mülls. Die Readymade-Künstler treten als Vorläufer dieser Säkularisierung und Utilisierung auf, da die ganze Kunst des Readymade bekanntlich eine Ästhetisierung, also künstlerische Utilisierung, des Mülls ist. Hier ist besonders an die Dosen und Verpackungen des frühen Warhol zu erinnern sowie an den Schrott aus Metall und anderen Materialien der Neuen Realisten in Frankreich: Heute ist das Schicksal dieser Verpackungen und ähnlichen Mülls ständiger Gegenstand der öffentlichen Sorge und Dauerthema in Presse und Fernsehen.

Duchamps Strategie – besonders in seiner dadaistischen Periode – ist somit rein avantgardistisch und ihrer Zeit im Verständnis der Profanierungs- und Utilisierungsmechanismen weit voraus, die andere damals nur am Beispiel afrikanischer Masken verstehen konnten. Diese Strategie ist aggressiv: Sie reißt das Sakrale aus seinem rituellen Raum heraus, um so die herrschenden Mechanismen seiner möglichen oder realen gesellschaftlichen Utilisierung positiv zu veranschaulichen. In dieser Beziehung unterscheidet sich Duchamps »Fontäne« in keiner Weise von seiner bärtigen »Gioconda«. Beide Male wird ein wertvolles, sakrales und nicht willkürliches, wertloses Objekt gewählt, um es anschließend zu profanieren und zum Material für die eigene ästhetische Manipulation zu machen, die als Teil einer sozial wertvollen Neuerungspraxis verstanden wird. Mit anderen Worten, auch in der Ästhetik des Readymade spielt der äußere Referent, das heißt ein gesellschaftlich anerkannter und nicht subjektiv verstandener Wert, eine zentrale Rolle.

Dieser kurze Exkurs zum Problem des Readymade zeigt an, in welcher Richtung man den äußeren Referenten für die postmoderne Gegenwartskunst suchen muß. Er gibt den Hinweis darauf, weshalb und in welchem Sinn diese Kunst weiterhin ein traditionelles Bild mit der traditionellen Funktion ist, gesellschaftliche Werte zu repräsentieren. Sinnvollerweise wenden wir uns hier Walter Benjamins berühmtem Essay *Das Kunstwerk im Zeitalter seiner technischen Reproduzierbarkeit* zu. Bekanntlich geht der gesamte kritische Diskurs der Gegenwart von der Grundthese dieser Schrift aus, die kommerzialisierte Gesellschaft des 20. Jahrhunderts zerstöre die Aura des Kunstwerks, seine Authentizität und Identität. Das geschieht Benjamin zufolge erstens aufgrund der heutigen Ausstellungs- und Vermarktungspraxis, die das Kunstwerk seiner ursprünglichen Integration in ein Ritual und der Konkretheit seiner raum-zeitlichen Existenz berauben. Zweitens – und noch radikaler – wird die Aura des Kunstwerks durch seine Reproduktion zerstört, die es vollständig mit seinen Kopien gleichsetzt und es, in heutiger Sprache gesagt, zum Simulakrum seiner selbst macht. Infolgedessen verliert das Kunstwerk seinen Wertreferenten vollständig und wird, aus seinem ursprünglichen Kontext herausgelöst, wirklich zu einem Ding unter anderen Dingen oder zu einem Zeichen in einem Zeichensystem, das seine Bedeutung gänzlich von außen erhält.

Benjamins Deutung des künstlerischen Prozesses seiner Zeit ist in einer ganz bestimmten Hinsicht verblüffend: Er beschreibt die Praktiken, die die historische Avantgarde zielgerichtet angewendet hat, als Wirkung unpersönlicher und von einem einzelnen Menschen nicht zu kontrollierender Kräfte des technischen und kommerziellen Fortschritts. Benjamin setzt die Avantgarde damit aus dem Aktiv ins Passiv. Nicht von ungefähr betrachtet er auch den Dadaismus nicht als individuelle, aktive und provokative künstlerische Bewegung, sondern als Symptom eben dieser unpersönlichen sozialen Prozesse, was nur zum Teil orthodoxen marxistischen Positionen entspricht. Hieraus wird klar, weshalb der Verlust der Aura im Zuge dieser Prozesse, die bei den meisten Avantgardisten Energie und Optimismus freisetzten, bei Benjamin sentimental gefärbte Melancholie auslöste. Benjamin erlebt diese Prozesse rein passiv, deshalb verursachen sie ihm nur Leiden: Die Aura verschwindet unwiderruflich, keine lichte – individuelle oder kollektive – Zukunft kann sie ersetzen.

Es liegt zum Teil an dieser Neigung zur historischen Passivität, daß Benjamin jene gewaltsame Operation an der Aura nicht bemerkt, die er in seinem Text selbst aktiv vornimmt. Daß nämlich die originale Kunst der Aura beraubt wird, führt hier dazu, daß ihr Simulakrum wieder eine Aura erhält: Die Medienkopie des Originals wird zur Stätte seines Leidens, seiner Entfremdung, seiner Wanderung durch die Wüste und seines Kreuzes. Diese Sicht verbindet Christentum und Sozialismus aufs neue in der Ästhetik des Mitleidens, wie es schon in der Kunst des 19. Jahrhunderts der Fall war. Nur tritt jetzt nicht der Mensch oder die Natur als Gegenstand des Mitleidens auf, sondern das Leiden des Bildes selbst in seiner technisierten Reproduktion. Die technische Reproduktion des Tafelbildes ist dessen Bild des Leidens infolge der gewaltsamen Beraubung seiner Aura, die daraufhin jedoch keineswegs völlig verschwindet, sondern nur auf diese Reproduktion selbst übergeht. Wie seinerzeit der Proletarier von der Kunst ästhetisiert wurde, da man in ihm *Gottes Ebenbild* oder den *wahren Menschen* sah, eben weil dieses Ebenbild *geschmäht* und durch seine mechanische Arbeit verdinglicht und entstellt worden war, so wird auch heute das Bild ästhetisiert, eben weil es als Bild infolge seiner mechanischen Herstellung aufs äußerste entfremdet ist und seine Aura, Würde und Authentizität verloren hat. Die Verwandlung des Bildes in ein Readymade wird hier nicht als positiv-aktiver Prozeß erlebt, sondern als Verlust, den die Kritik gerade als solchen ästhetisiert. Hieraus entspringt die spezifische christliche wie auch sozialistische Kombination aus Brutalität und sentimentaler Schwärmerei, die dem postmodernen Bild gerade dann eigen ist, wenn es am wenigsten expressionistisch ist und vollkommen cool unpersönliche, anonyme Formen und Herstellungsverfahren verwendet. Das gilt auch für die Texte, wenn sie in einem solchen Bild benützt werden.

Die Reproduktion verstand man in der Moderne zunächst als säkulare Epiphanie des Originals, als Publikumseroberung, die seine Identität bewahrt, und als seinen Triumph. Die Dadaisten beantworten diese Geste des Machtwillens mit dem symbolischen Angriff auf das Original und mit zerstörerischen Manipulationen an seinen Kopien: mit Zerschneiden, Zerreißen und dem Aufkleben bildfremder »niedriger« Dinge – alles Praktiken, die man aus der schwarzen Magie kennt. Als es jedoch Benjamin gelungen war zu zeigen, daß die Reproduktion nicht der Sieg des Originals ist, sondern seine Niederlage, änderte sich schlagartig die Einstellung zu seinem Simulakrum. Schon aus den magischen Praktiken der Vorzeit ist bekannt, daß das Sakrale auf den Frevler übergeht. Dementsprechend wurde die magische Zerstörung der Reproduktion durch ihre Ästhetisierung ersetzt: Ein zusätzlicher Angriff erwies sich als überflüssig. Nicht die Identität garantiert den Erfolg und den effektiven Tausch, sondern gerade die Differenz, das Andere.

Die Bilder von Christi Leiden und Entfremdung, der nicht nur sein Leben opfert, sondern auch das Ritual und die Aura seines ursprünglichen Glaubens, erhalten gerade infolge dieses Opfers Aura und Wert. Das Opfer traditioneller Werte muß nicht unbedingt erst im Himmel oder in der utopischen sozialistischen Zukunft belohnt werden. Es muß auch nicht unbedingt nur gegen innere Ekstase ausgetauscht werden wie bei Bataille in dessen symbolischem Tausch. Dieses Opfer erfährt eine ganz reale Kompensation in der realen sozialen Welt, da es Aura und Wert nicht zerstört, sondern sie immer nur auf den Raum, in dem es stattfindet, und die Instrumente seiner Entsakralisierung überträgt: Die Kritik am Sakralen, die ihm seine Aura nimmt, verleiht ihrer eigenen Sprache unverzüglich eine neue Aura. Das Opfer des Sakralen ist zugleich immer auch ein sakrales Opfer. Die Aura findet nirgends einen Schlupfwinkel:

Die Welt läßt sich genausowenig vollständig entauratisieren, wie sie sich vollständig auratisieren läßt. Mehr noch, nach Benjamin sinkt jedes Kunstwerk, das den Verlust der Aura nicht explizit demonstriert, sozial im Wert, weil es heuchlerisch ist und seine Niederlage verhehlt, es wird zum ästhetischen Äquivalent des Pharisäer- und Sadduzäertums. Mit anderen Worten, die Aura verläßt heute den, der auf ihr beharrt, und sucht den heim, der sich von ihr lossagt. Deshalb ist auch das postmoderne Bild in Wirklichkeit nicht kritisch und noch weniger »art about art«, sondern ganz traditionell auratisch.

Damit läßt sich auch der Umstand erklären, daß die postmoderne Kunst kommerziell erfolgreich ist, was nicht möglich wäre, wenn sie wirklich die Aura mit Mitteln der Kritik zerstört hätte, denn es wird natürlich nur die Aura verkauft. Der Verkauf der Aura mindert ihren Wert, wertet sie ab und entfremdet sie. Doch gerade diese Abwertung und Entfremdung – die dank Benjamin als Leiden des Kunstwerks selbst interpretiert wird – verleiht ihr zugleich wieder Authentizität und wertet folglich, wie oben gezeigt, den Entfremdungsakt selbst wieder auf. Was schon in anderer Ausprägung im 19. Jahrhundert beobachtet wurde, läßt sich auch heute feststellen. Kommerzialisierung und Auratisierung ergänzen einander und kompensieren sich gegenseitig. Da der Referent wertvoll ist und auratisch in ein bestimmtes Ritual oder einen rituellen Diskurs einbezogen, bleibt er der Kunst immer erhalten, obwohl er ständig wechselt. Deshalb bleibt auch das Bild im traditionellen Sinn des Wortes – wenn auch nicht unbedingt in identischer Form – stets weiterhin möglich.

Die Restaurierung des Zerfalls

Die Restauration dient der Erhaltung der Identität der Kunstwerke, die gegen die zerstörerische Wirkung der Zeit verteidigt und gesichert werden soll. Das stellt uns vor die Frage, welche Identität hier gemeint ist, was also aufbewahrt, gesichert, stabilisiert, verteidigt werden soll. In erster Linie handelt es sich dabei offensichtlich um eine Identität, die rein körperlich definiert wird. Der moderne Kunstbegriff ist bekanntlich ein Produkt des allgemeinen Säkularisierungsprozesses, der die Erlangung der Unsterblichkeit der Seele durch das Ziel der Erhaltung des Körpers ersetzt. Früher wurde ein sakrales Objekt oder ein wertvoller Gegenstand des priviligierten Gebrauchs durch seine Funktion im religiösen Ritual oder in den Ritualen der Macht definiert. Sie konnten deswegen ohne Verlust ihrer Identität durch andere Gegenstände mit gleicher Funktion ersetzt werden. Wir können vielleicht sagen, daß diese Gegenstände eine Seele hatten – eben ihre sakrale Funktion, die sie z. B. durch einen Akt der Weihe bekommen haben –, eine Seele, die nach dem Tod ihres Körpers in einen anderen Körper wechseln konnte, um in ihm und durch ihn weiterzuwirken. In dieser Situation stellt sich die Frage der materiellen, körperlichen Identität eines solchen rituellen Gegenstandes nicht in ihrer ganzen Schärfe.

Die Lage ändert sich aber grundsätzlich in dem Moment, da der traditionelle, sakrale Funktionszusammenhang zerfällt, der früher den Seelen der Dinge ihre Weiterexistenz sichern konnte. Seitdem läßt sich die Identität eines wertvollen Gegenstandes, verstanden jetzt als Kunstwerk, nur materiell, körperlich definieren. Die Authentizität eines Kunstgegenstandes wird in der Moderne nicht mehr rituell, etwa durch eine Weihe gesichert, sondern wissenschaftlich bewiesen – nämlich durch den Nachweis seiner materiellen, körperlichen Kontinuität in der Zeit. Es scheint auf den ersten Blick, daß ein solcher Nachweis einer »äußeren« Identität in der Tat einfacher zu erbringen ist als etwa der Nachweis einer »inneren« Identität, die auf der Ebene der Bedeutung, der Funktion oder des Sinns angesiedelt ist. Ob zwei unterschiedliche Aussagen oder Dinge auf der Ebene der Bedeutung oder des Sinns identisch sind, ist in erster Linie eine Frage der Interpretation, die bekanntlich schwer zu beantworten und mit keinen genauen Methoden zu kontrollieren ist. Dagegen scheint die körperliche Identität prinzipiell feststellbar zu sein. So entstehen die Orte, an denen die Aufbewahrung der materiellen Identitäten, d. h. der intakten Körper, gewährleistet werden soll – nämlich die modernen Museen, die die Ersatzunsterblichkeit technisch sichern und in ihrer gesellschaftlichen Funktion die alten Kirchen vielfach ersetzen.

Nun haben wir aber in der Moderne einen interessanten Prozeß erlebt – und erleben ihn nach wie vor –, der gerade durch dieses Aufbewahrungssystem ausgelöst worden ist. Es handelt sich um die moderne Kunst. Die moderne Kunst, die bekanntlich am Anfang dieses Jahrhunderts, d. h. nach der endgültigen Etablierung des musealen Systems am Ende des 19. Jahrhunderts, entstanden ist, kann als eine symbolische Inszenierung aller möglichen Zerfallserscheinungen beschrieben werden, die durch die museale Aufbewahrungsarbeit verhindert werden. Vielleicht kann hier – allerdings nur als passende Illustration und nicht als Erklärung – die Freudsche Theorie der Sublimation erwähnt werden, der zufolge Libido, wenn ihr Fluß durch gesellschaftliche Restriktionen unterbrochen wird, sich symbolisch oder sublimiert durch die Entstellung der normativen Alltagsformen zeigt. Mit einem noch größeren Recht läßt sich aber sagen, daß die Prozesse des materiellen Zerfalls, der Auflösung und Verwesung in der Zeit, dem alle materiellen Körper ausgesetzt sind und die durch die Erhaltungs- und Aufbewahrungsarbeit im Museum künstlich unterbrochen werden, durch die moderne Kunst symbolisch und sublimiert re-inszeniert werden.

In der Tat läßt sich das moderne Kunstwerk am besten als Darstellung der entstellenden Arbeit der Zeit erklären. Das moderne Kunstwerk inszeniert nämlich die Prozesse des Zerschneidens, Zersägens und Zerreißens, der Beschmutzung, des Verbrennens und der Beschädigung durch unsachgemäße Bedienung. Die Reihe läßt sich leicht fortsetzen. Diese inszenierte Zerstörung der materiellen Form, die jeden Körper in der Rhetorik seiner Körperteile auflöst, konnte nur deshalb entstehen und für uns interessant werden, weil sie durch die körpererhaltende Arbeit des Museums in der Realität selbst aufgehalten wird. Als eine solche Inszenierung des Zerfalls wird die moderne Kunst aber wieder ins Museum aufgenommen. Die Arbeit der musealen Konservation und die künstlerische Innovation sind also komplementär: Die letztere inszeniert symbolisch genau das, was die erste in ihrer Faktizität verhindert. Dieses Zusammenspiel macht aus dem modernen Museum eine schwindelerregende Vision des langsamen Todes des Kunstwerks durch den körperlichen Zerfall, der immer erneut aufgehalten und verschoben wird, so daß jedes Stadium dieses Zerfalls fixiert und sichtbar bleibt.

Nun sind die körperliche Unversehrtheit und die dadurch garantierte materielle Identität des Kunstwerks mehr eine Utopie als Realität. Es hat sich gezeigt, daß die Erhaltung der Dinge, die ihre materielle Identität vollkommen sichert, unerreichbar bleibt, weil der materielle Zerfall sich nicht vollständig durch technische Mittel aufhalten läßt. Daraus ergibt sich die Problematik der Restauration, die eine Aufbewahrung des Alten durch seine Renovierung leistet, was einen offensichtlich in sich widersprüchlichen, aber auch unvermeidlichen Vorgang darstellt. Es handelt sich um eine Rückkehr zur Identität des Kunstwerks, nachdem sich eine Differenz in seinem Körper gezeigt hat, die diese Identität unterminiert hat. Erst unter der Voraussetzung einer Abweichung von der ursprünglichen Identität wird das Projekt der Restauration sinnvoll und notwendig. Damit stellt dieses Projekt uns allerdings vor das Problem, dem wir gerade zu entgehen geglaubt haben: Eine solche Rückkehr kann nicht anders erfolgen als durch eine Interpretation. Statt die Frage nach der materiellen Identität rein wissenschaftlich zu beantworten, sind wir jetzt dazu gezwungen, sie philosophisch zu interpretieren – und zwar in erster Linie bezogen auf die Frage, was die eigentliche körperliche Identität des Kunstwerks ausmacht: seine rein materielle Kontinuität in der Zeit oder seine Form. Es gibt unzählige Diskussionen darüber, ob man ein Werk im Zustand seines eventuellen materiellen Zerfalls belassen soll, damit seine materielle Kontinuität gewährleistet wird, oder ob man intervenieren soll, um diesen Zerfall rückgängig zu machen und dem Kunstwerk seine ursprüngliche Form zu geben, auch wenn dabei die materielle Kontinuität des Werks in Frage gestellt wird. Ohne eine Position in dieser Diskussion zu beziehen, möchte ich nur darauf hinweisen, daß beide Positionen ein bestimmtes Verständnis der Eigenart des Kunstwerks voraussetzen.

Es gibt ein berühmtes – freilich imaginiertes – Beispiel einer solchen Fragestellung: Stellen wir uns vor, ein Schiff hat den Hafen verlassen und im Meer während seiner Reise mehrmals Schiffbruch erlitten, so daß bei entsprechenden Reparaturen alle Elemente, aus denen dieses Schiff bestand, ausgewechselt werden mußten. Kann man sagen, daß dasselbe Schiff seinen Bestimmungshafen erreicht hat, das seinen Ursprungshafen verlassen hat? Wie auch immer diese Frage beantwortet wird, fest steht, daß die jeweilige Antwort nicht ohne weiteres auf das Kunstwerk übertragen werden kann, denn die Identität des Schiffs ist durch seine Funktion, durch seine Fähigkeit, sich auf dem Wasser zu halten und sich fortzubewegen, gesichert. Das gilt allerdings nicht für ein Kunstwerk, weil das Kunstwerk immer schon aus allen funktionalen Lebenszusammenhängen herausgenommen ist. Damit ist das Kunstwerk immer schon ein Körper ohne Seele oder, wenn man will, eine Leiche. Oder anders ausgedrückt: Das Kunstwerk hat von Anfang seine ursprüngliche, lebendige Form verloren, indem es der musealen Aufbewahrung anvertraut wurde. Eine Rückkehr zum Ursprung oder eine konsequente Restauration würde bedeuten, dieses Kunstwerk in seinen originären sakralen oder funktionalen Zusammenhang zurückzubringen, dem es durch Aufklärung und Revolution entrissen wurde. Damit geht sein Status als Kunstwerk allerdings verloren, denn das Kunstwerk ist durch den Verlust seiner lebendigen Funktion sozusagen von Anfang an beschädigt: Alles, was in unseren Museen aufbewahrt wird, ist der Effekt einer vorangegangenen Beschädigung, Enteignung, Defunktionalisierung und Deformierung. Das Kunstwerk ist ein Schiff, das noch nie schwimmen konnte.

Eine restaurative Rückkehr zum Ursprung wird durch diese ursprüngliche Beschädigung unmöglich gemacht. Außerdem ist jedes weitere Stadium der Verwesung des Kunstwerks in der Kunst der Moderne zu einer künstlerisch legitimen Form geworden. Und das bedeutet wiederum, daß jede Rückkehr zur ursprünglichen künstlerischen Form in der Rhetorik ihres Zerfalls gefangen ist und sich in dieser Rhetorik verliert. Die Arbeit der Restauration entspricht genau dem, was Derrida im Rahmen seiner Philosophie der Dekonstruktion »Supplementarität« nennt.

Als »Supplement« bezeichnet Derrida jenes technische Verfahren, das zum Ziel hat, den Verlust des Ursprungs künstlich zu kompensieren. Als prominentes Beispiel dient Derrida die Schrift, die das Vergessen im Bereich der Sprache und des Denkens kompensieren soll. Durch die Schrift, durch den Text soll das Gesagte in seiner ursprünglichen Form festgehalten und der zerstörerischen Kraft der Zeit entrissen werden. Nur leistet aber die Schrift als Supplement der Sprache nach Derrida gleichzeitig etwas weniger und etwas mehr, als von ihm verlangt wird. Etwas weniger, weil die Schrift stumm bleibt und eine Erläuterung des Geschriebenen unterbindet: Man weiß nicht genau, was eigentlich bei dem Gesagten gemeint worden ist und kann es aus dem Geschriebenen nicht mehr heraushören. Etwas mehr: weil die Schrift die Möglichkeit bietet, das Geschriebene mit anderen Texten zu vergleichen, die jenseits der Reichweite des ursprünglich Gesagten liegen – dadurch entsteht ein Mehrwert an Bedeutung.

Man kann in diesem Sinne die Restauration offensichtlich auch als eine Art Supplement auffassen. Die Restauration ist eine technische Intervention, die die Rückkehr des Kunstwerks zu seiner ursprünglichen Form zum Ziel hat. Aber die Unterscheidung zwischen Alt und Neu stellt sich jedesmal neu, weil die Rhetorik der Form sich immer weiter entfaltet. In welchem Sinne sieht etwas alt, ursprünglich aus? Was sind die Zeichen der Zugehörigkeit eines Werks zu einer bestimmten Zeitperiode? Welches Stadium des Zerfalls einer künstlerischen Form ist durch die moderne Kunst schon kanonisiert? Zeichen des Alten hängen von den Zeichen des Neuen ab – und umgekehrt. So bietet die Restauration gleichzeitig etwas weniger, aber auch etwas mehr als eine bloße Rückkehr zum Ursprung – sie verfehlt notwendigerweise die originäre Form, aber sie definiert sie zugleich neu im Bezug auf das aktuell Neue.

Und im noch größeren Maße gilt das Gesagte für die heutige

Situation, die ich als »Zeit der Installation« bezeichnen will. Was ist damit gemeint? Die Sichtbarkeit einer bestimmten Form war in der Moderne in erster Linie durch die Institution Museum gewährleistet. Erst im Museum konnte man sinnvoll die Frage beantworten, was eine Form ist – im Vergleich mit allen anderen Formen. Das Museum hat die Rhetorik der visuellen Form zu einem relativen Stillstand gebracht und einen Effekt der Übersichtlichkeit erzeugt – durch Vergleich aller Formen miteinander. In unserer Zeit erleben wir aber den Zerfall nicht nur einer bestimmten künstlerischen Form, sondern des universalistischen, musealen Raums selbst. Das Museum hatte nämlich in der Moderne trotz allem eine bestimmte Funktion: die Universalgeschichte zu repräsentieren. Aber in letzter Zeit wird die museale Exposition zunehmend auch in dieser Beziehung defunktionalisiert: Die Zusammenstellung und wechselseitige Bezugnahme der einzelnen Kunstwerke folgt gerade bei den interessantesten Kuratoren unserer Tage nicht mehr der historischen Logik, sondern einer rein ästhetischen Fragestellung. Der museale Raum zerfällt, weil die Beziehungen zwischen den dort ausgestellten Kunstwerken nicht mehr von den »lebendigen« geschichtlichen Zusammenhängen diktiert werden. In dieser Situation wird die Rückkehr zu einer ursprünglichen Form endgültig unmöglich.

Das Museum als Ort der Sammlung, die den Gang der Universalgeschichte visualisieren soll, wird zunehmend vom Museum als Ort für Wechselausstellungen ausgelöst. Und jede größere, ambitionierte Ausstellung, die heute organisiert wird, erhebt den Anspruch, eine neue Sicht auf die Kunstgeschichte zu ermöglichen, einen anderen, alternativen kunstgeschichtlichen Kontext zu schaffen, letztendlich eine neue Kunstgeschichte zu schreiben. Alle diese Ausstellungen sind kleine Museen auf Zeit. Alle schaffen ihre eigenen partiellen Kontexte und ermöglichen damit eine neue Präsentation der bekannten Kunstwerke, die durch diesen neuen Kontext auch neu sichtbar werden.

Das Gesagte gilt auch für die Installationen, die für die Kunst von heute so charakteristisch sind und bei denen die Künstler als Kuratoren fungieren. Diese Installationen sind eigentlich auch museale Räume, in denen einzelne Objekte und Zeichen allerdings nach einer anderen, »subjektiven« Logik geordnet sind. Es sind private Geschichten und private Museen, die auf diese Weise die kollektive Geschichte, die im traditionellen Museum repräsentiert wird, auflösen und ersetzen. Damit ist die Sammlung selbst zur Kunstform geworden. Ein Zusammentreffen der heterogenen Gegenstände zur gleichen Zeit und im gleichen Raum ist ein Ereignis, das wir heute Kunst nennen und das notwendigerweise zeitlich begrenzt ist. Das Kunstwerk ist nicht mehr ein Ding, das in beliebige Beziehungen zu anderen Dingen gesetzt werden kann, sondern vielmehr das Ereignis dieses In-Beziehung-Setzens. Damit hat das Kunstwerk allerdings seine Transportabilität im Raum und in der Zeit verloren: Man besucht heute eine Ausstellung oder eine Installation, wie man früher eine Theateraufführung besucht hat, die nur eine begrenzte Zeit läuft und später abgesetzt wird. Das Museum verwandelte sich in eine Bühne für diese Wechselausstellungen und Installationen.

Heute schafft man also Kunstereignisse auf Zeit. Diese Entwicklung war schon längst durch Performance, Happening und die künstlerische Arbeit mit leicht zerstörbaren Materialien angekündigt. Mittlerweile handelt es sich dabei nicht mehr um eine bestimmte Kunstrichtung unter vielen anderen, sondern um die Praxis der Institutionen, innerhalb derer jede Kunst stattfindet. Das stellt die Frage nach der Restauration der Kunst allerdings mit neuer Schärfe, denn die technische Verewigung eines bestimmten Kunstereignisses, wenn sie denn möglich wäre, würde gerade die Ereignishaftigkeit dieses Ereignisses verleugnen, die für die heutige Kunst zentral ist – und auch die alte Kunst umfaßt, indem im Fundus der historischen Kunst heute vor allem das Material für die neuen musealen Inszenierungen gesehen wird.

Wie aber kann man ein Ereignis restaurieren? Wir haben hier eine Situation, mit der ein Theaterregisseur schon immer konfrontiert wurde, von dem immer wieder die Neuaufführung eines alten Stücks verlangt wird. Wir verfügen über die lange Geschichte der schwierigen Auseinandersetzungen, der unterschiedlichen Strategien, die dabei angewendet wurden und die zum Teil einen radikalen Bruch mit der »ursprünglichen«, angeblich auktorial autorisierten Form des Werks leisteten. Damit die Ereignishaftigkeit des Werks erlebt werden könnte, sieht sich der Interpret gezwungen, von der buchstäblichen Wiederholung der »primären« Aufführung Abstand zu nehmen. Die Dokumentation eines Ereignisses dient dabei nicht nur als Hilfe für seine genaue Rekonstruktion, sondern fordert die ausdrückliche Distanzierung von der dokumentierten Form.

Damit wird ein Raum der Unsicherheit geschaffen, aber auch eine neue Chance eröffnet: eine Ausstellung oder eine Installation zu restaurieren, indem man sie neu inszeniert – mit anderen Gegenständen, in einer anderen Umgebung, im Kontext einer neuen Zeit. Dieser notwendige Bruch mit dem traditionellen Verständnis der Restauration, das nach Buchstäblichkeit verlangt, ist keineswegs so radikal, wie es scheinen mag. Der supplementäre Charakter der Restauration bedeutet von Anfang an die Notwendigkeit ihrer ständigen Anpassung an den sich verändernden kulturellen Kontext. Diese ständige Anpassung wird aber vielleicht offener reflektiert, wenn der feste Rahmen des Universalmuseums entfällt: eine Wiederholung des Ereignisses – statt einer Aufbewahrung des materiellen Objekts. Vielleicht wird die Restauration unter diesen neuen Bedingungen als eine neue Kunstform anerkannt, wobei der Restaurator, wie gesagt, eine ähnlich prominente Rolle des Interpreten im Bereich der bildenden Kunst übernimmt, wie sie Regisseur oder Dirigent in anderen Kunstbereichen schon längst spielen.

Die Heiterkeit des Monströsen

Seit dem Beginn der europäischen künstlerischen Avantgarde in diesem Jahrhundert läßt das Interesse am menschlichen Körper in der »hohen Kunst« ständig nach. Unsere heutige Kunst ist vornehmlich zeichenhaft, abstrakt, konstruktiv, konzeptuell, kalt. Der menschliche Körper wird in dieser Kunst bestenfalls als Zeichen zitiert, dem nur im Kontext seiner ästhetischen Verwendung eine Bedeutung zukommt. Dieser Verlust des lebendigen Körpers und der körperlichen Intensitäten ist nicht zufällig, denn die Unveränderbarkeit des menschlichen Körpers setzt jeder Veränderung, jeder Innovation, jeder Utopie eine unüberschreitbare Grenze. Man kann Denkweisen, Kunststile, Ideale, Werte und soziale Verhältnisse so viel und so oft ändern, wie man nur will – wenn man die Beschaffenheit des menschlichen Körpers nicht ändert, bleibt auch alles andere, wie es immer war. Deswegen ist all denen, die Innovation und Veränderung lieben, die Avantgardisten sein wollen, die die – zumindest kulturelle – Unsterblichkeit anstreben, die Trägheit ihres sterblichen Körpers verhaßt: Wenn diese Trägheit nicht überwunden werden kann, versucht man sie zu vergessen.

Die Avantgarde forderte ständig einen Neuen Menschen, vielleicht einen Übermenschen, aber diese Forderung bedeutete für sie nur einen ideologischen Wandel. Erst in den 30er Jahren hat man die körperliche Grenze der Lebens- und Kunsterweiterung schmerzlich gespürt. Die Nazi-Ideologie reagierte mit dem Versuch, einen Neuen Menschen unter der Anwendung des genetischen Wissens zu züchten. In der Sowjetunion wurde die Genetik dagegen verboten: Sie hinderte den parallelen Versuch, einen Neuen Menschen durch die radikale Veränderung seiner sozialen Umwelt zu erzeugen. Der Surrealismus dieser Zeit wollte das gleiche Ziel durch die Intensivierung des Lebensgefühls und durch die Überschreitung der sozialen Tabus erreichen. Die ganze Mühe war vergeblich: Die Avantgarde ist an der Unmöglichkeit des Neuen Menschen, des neuen menschlichen Körpers zugrunde gegangen.

Nach dem Zweiten Weltkrieg wurde diese Niederlage stillschweigend akzeptiert und die neue Kunst wurde formalistisch, ästhetizistisch, museal.

Trotzdem lebt der Traum der Moderne von einem neuen Körper weiter. Diesen Traum findet man schon in der Romantik: von Faust bis Frankenstein. Die Vision der Vivisektion, die Veränderung der Sinne durch die Drogenerfahrung, die langen Reisen, die quasi einen anderen Körper erzeugen, sind Dauerthemen der modernen Literatur. Doch wurde der Sieg der Avantgarde in ihrem Kampf mit dem klassischen, antiken Körperideal in der »hohen Kunst« zu leicht errungen. Auf der Ebene der Repräsentation ist inzwischen alles erlaubt, so daß nur wenige heute noch imstande sind, die bedrückende Stabilität des eigenen Körpers als künstlerisches Versagen zu erleben.

Die verdrängte Problematik des anderen Körpers und der anderen körperlichen Intensität besetzt aber fast vollständig den Bereich der Massenkultur. Im heutigen kommerziellen Film sind die Helden meistens Mutanten, seltsame Eindringlinge aus dem Weltall, Opfer verschiedener medizinischer Experimente, Menschen mit außergewöhnlichen körperlichen Fähigkeiten – anthropoide Monster, die aus der Zukunft, aus der Vergangenheit oder direkt aus dem Mythos gekommen sind. Solche Filme, wie zum Beispiel »Terminator 2«, feiern die absolute Plastizität des ideellen, utopischen »Körpers ohne Organe«, seine unbegrenzte Transformationsfähigkeit, seine Unzerstörbarkeit, seine Ekstase der ständigen Selbsterschaffung in neuen Formen. Der Körper ist hier genauso beweglich und innovativ wie der Geist. Diese »körperliche Avantgarde«, die im Bereich der kommerziellen Massenkultur entstanden ist, konstituiert sich offensichtlich in erster Linie durch ein kompliziertes Verhältnis zum Sport, der das normbildende Prinzip der modernen Massengesellschaft darstellt.

In der modernen Massengesellschaft wird die klassische kulturelle Norm, die ihre Wurzeln in der Antike hat, nämlich nicht wie früher durch die »hohe Kultur«, sondern vor allem durch den Sport vermittelt, durch die Körperkultur, durch Bodybuilding. Der Sport intendiert als sein Ziel sowohl die systematische Formierung eines menschlichen Körpers, der dem antiken, klassischen Ideal entspricht wie auch der Erziehung der Seele im Sinne klassischer Tugenden wie Tüchtigkeit, Kampfgeist, Trefflichkeit, Strenge im Umgang mit sich selbst, Fähigkeit zur vernünftigen Strategie usw. Es ist kein Zufall, daß gerade in Amerika der Sport eine so große Rolle spielt. Und auch in Europa, wo die Beschäftigung mit der hohen kulturellen Tradition der Antike ständig abnimmt, bleibt der Sport zunehmend der einzige Lebensbereich, in dem die Wertvorstellungen des antiken klassischen Erbes immer noch unangefochten gelten.

Im Sport wird der Körper durch eine Grammatik bestimmt, die eine Aussage, einen Sinn, eine Referenz ermöglicht – nämlich den Sieg oder die Erfüllung einer sportlichen Aufgabe, einer Qualifikation. Eine sinnvolle Aussage in der Sprache des Sports bestimmt also das, was wir als normalen menschlichen Körper bezeichnen. Ein Körper, der diese Aussage verfehlt, dessen Grammatik bloß den syntaktischen und rhetorischen Regeln des Körperbaus jenseits jedes eindeutig definierten sportlichen Sinns folgt, ist für uns ein Monster, wie die moderne Massenimagination es erschafft.

Ein Monster verfügt oft über ungeheuerliche Kräfte: Es kann zum Beispiel mit einem Blick alles verbrennen oder mit seinem Schwanz alles wegwischen. In diesem Sinne scheint es beinahe unbesiegbar zu sein. Aber diese Fähigkeiten sind nur monströs, weil sie außerhalb sportlicher Qualifikation liegen: Es gibt keinen olympischen, durch die antike, klassische Tradition legitimierten Wettbewerb im »Mit-dem-Blick-Verbrennen« oder im »Mit-dem-Schwanz-alles-Wegwischen«. Mit diesen Begabungen steht also ein Monster ziemlich allein – es kann sich damit nicht beweisen, für seine Leistungen gibt es keine objektiven Kriterien eines Erfolgs. Und für normale sportliche Aufgaben erweist es sich stets als völlig ungeeignet.

Die Rolle des Sports im Verhältnis zum Körper entspricht also der Rolle des Sinns im Verhältnis zur Sprache – die Sätze, die keinen feststellbaren Sinn aufweisen, sind monströs. Deswegen sind die Monster der Massenkultur die Zeichen der Avantgarde, sie überschreiten die Grenzen des körperlichen Sinns genauso, wie die avantgardistische Dichtung dies tut. Gleichzeitig sind die Norm und der Sinn in der Sprache des

Körpers schwer zu stabilisieren, denn der Sport ist vor allem ein Spiel, und die Frage nach seinem eigenen Sinn bleibt deshalb grundsätzlich offen: Wir können nämlich Kriterien und Regeln eines Spiels jederzeit ändern, weil jedes Spiel letztendlich auch nur eine Konvention ist. In diesem Sinne ist der Körper eines Sportlers auch ein monströser Körper, denn er wird nach den Regeln formiert, die keinen letzten, legitimierenden Sinn aufweisen können, die nur rein formale, grammatikalische Spielregeln sind. Die körperliche Norm löst sich damit im Monströsen auf. Und die Massenkultur von heute, die zunehmend mit den Monstren und mit dem Monströsen operiert, demonstriert diese Auflösung der sportlichen Norm.

Übrigens waren alle totalitären Ideologien unseres Jahrhunderts im wesentlichen verschiedene Varianten der allgemeinen modernen Sportideologie, die in den Rang der Staatsideologie erhoben worden ist. Das Ziel dieser Ideologien war vor allem die Formierung eines Neuen Menschen, der aber keinen neuen Körper bekommen, sondern vielmehr wie ein Sportler, wie ein antiker Athlet aussehen und agieren sollte. Insbesondere sollte er körperlich und seelisch harmonisch entwickelt und jederzeit fähig und willig sein, sein Leben für den Sieg in einem potentiell tödlichen Wettbewerb mit der übrigen Welt einzusetzen. Die totalitären Regime der 30er bis 40er Jahre haben den Sport als die einzige effektive Massenideologie der entideologisierten Moderne entdeckt – und wir leben auch heute noch im Schatten dieser Entdeckung, denn kein anderes gesellschaftliches Phänomen hat eine vergleichbare Bedeutung, und kein Ruhm kann mit dem Ruhm eines Sportlers verglichen werden. Und das bedeutet wiederum, daß wir immer noch in der Antike, im antiken Körper, im Körper der Antike leben – trotz aller Versuche (inklusive des christlichen Versuchs) einer Überwindung dieses Körpers im Geiste.

Alle, die am sportlichen Wettbewerb nicht teilnehmen konnten oder wollten, wurden in der totalitären Gesellschaft als Monster angesehen – als zu schwach, pervers, korrupt, entartet. Gleichzeitig waren diese Gesellschaftsformen ihrerseits monströs. Denn: Was war das eigentlich für ein Wettbewerb, an dem sie mit einem solchen Eifer teilgenommen hatten und für welchen alle ihre sportlichen Anstrengungen gebraucht worden waren? Die Antwort lautet: der schnellstmögliche Aufbau des Kommunismus oder die Herrschaft der arischen Rasse. Aber solche Sportdisziplinen sind bei den internationalen Olympischen Spielen, wie bekannt, nicht vorgesehen. Sie sind also ungefähr von der gleichen Sorte wie das »Feuer-Speien« oder eben das »Mit-dem-Schwanz-alles-Wegwischen«. Das Schicksal dieser monströsen Gemeinschaften war deswegen ein typisches Schicksal eines romantischen Genies oder eines modernen Künstlers, der sich selbst seine monströsen Regeln vorschreibt, an denen er notwendigerweise untergeht – denn es handelt sich nicht um allgemein akzeptierte Regeln, nach denen er eventuell siegen könnte. Es gibt also eine geheime, monströse Komplizenschaft zwischen dem modernen Individualismus und den modernen totalitären oder halb-totalitären Massengesellschaften. Beide spielen ein ziemlich einsames Spiel.

Die Monstrosität der modernen Massengesellschaft findet ihren Ausdruck – und zugleich ihre utopische Alternative – vor allem in Monstren der Massenkultur. Diese Monstren entstehen aus rhetorischer und grammatikalischer Erweiterung und Überschreitung des gesellschaftlichen Körpers jenseits der sportlichen Norm. Verglichen mit diesen Monstren erscheinen Produkte der heutigen »hohen«, individualistischen, post-avantgardistischen Kultur meistens ziemlich steril, denn sie bekämpfen nach wie vor eine ästhetische oder eine ideologische Norm, die heute den ganzen westlichen, durch den Wettbewerb definierten Alltag bestimmt.

Diese relative Gleichgültigkeit dem Körper gegenüber ist besonders merkwürdig, weil gerade in unserer Zeit zum ersten Mal die potentielle Möglichkeit eröffnet wird, den menschlichen Körper durch die Gentechnik neu, anders, innovativ zu gestalten. Es ist gar nicht ausgeschlossen, daß die Avantgarde von morgen direkt mit dem Körper und mit den körperlichen Wahrnehmungen und Intensitäten arbeiten wird, denn die Avantgarde von gestern war nur imstande, andere Gegenstände der körperlichen Wahrnehmung anzubieten, aber unfähig, die Gesetze der Wahrnehmung im Körper selbst zu ändern. Bis dahin bleibt es aber bei der Beschäftigung mit dem Monströsen auf der Ebene der künstlerischen Imagination, die zunehmend unter den Einfluß der Massenkultur und ihrer Thematisierung des Monsters gerät, so daß der Mensch selbst allmählich in jeder Beziehung als Monster angesehen wird. In unserer heutigen pluralistischen Gesellschaft sind ohnehin die anderen nicht mehr verständlich, weil jedes Individuum seinen eigenen kulturellen Background hat, der für andere unbekannt und undurchdringlich bleibt. Das einzige, was die Menschen noch verbindet, sind Äußerlichkeiten ihrer Körper und die Beschäftigung mit ihnen: Sport, Bodybuilding, Diät, modische Bekleidung.

Es ist wie in einigen amerikanischen Fernsehserien: Das Normale existiert nicht mehr, alle Familienmitglieder und Bekannten sind Monster und alle leben in einer monströsen Umgebung. Die übliche Spannung zwischen Normalem und Monströsem entfällt, und die Handlung wird auf eine angenehme Weise banal – und zugleich lustig, denn dort, wo das Normale fehlt, ist ein Monster nicht mehr tragisch, sondern bloß unterhaltsam. Diese Heiterkeit des Monströsen bedeutet eine endgültige Akzeptanz der Sinnlosigkeit, der Absurdität, des freien Spiels der Lebenskräfte, die beispielsweise bei Nietzsche noch mit dem tragischen Lebensgefühl, mit erhöhter Intensität im Erleben der eigenen Monstrosität verbunden waren.

Das nietzscheanische, tragische Pathos der Monstrosität lebt freilich in der »hohen« Kultur auch heute noch weiter. So verbindet Jacques Derrida in seinem Text »Heideggers Hand« das Wort »Monstrum« mit dem Wort »Zeichen«:[1] Das Wort »Monstrum« ist nämlich mit dem französischen Wort »montrer« (»zeigen«) verwandt – im Deutschen kann man auch demonstrieren sagen. Und weiter zitiert Derrida, Heidegger folgend, Hölderlins Gedicht »Mnemosine«: »Ein Zeichen sind wir, deutungslos, schmerzlos sind wir und haben fast die Sprache in der Fremde verloren.« Der Mensch ist ein Monster, weil er ein Zeichen ist. Er ist ein Zeichen und ein Monster, weil er in der Fremde ist, weil er Ausländer ist. Ein Ausländer ist aber nur ein solcher oder ein Monster, wenn es auch Inländer oder normale Menschen gibt – nur dann demonstriert sich ein Ausländer, wird angestarrt und ruft Befremden hervor. In Amerika oder in großen europäischen Städten wie Paris oder London verliert sich dagegen der Ausländer in der Pluralität der Inländer.

Seine Fremdheit kontrastiert nicht mehr mit der inländischen Norm, weil diese Norm fehlt.

So verliert sich auch der moderne Mensch in der Pluralität der technisierten Natur. Für Hölderlin war der Mensch noch ein Fremder in der Natur, die von ihm als natürliche Norm verstanden wurde. Aber wo findet man heute die natürliche Natur – außer vielleicht in den ökologistischen Schriften? In der Fremdheit der modernen, technischen Welt fühlt sich der Mensch nicht fremder als alles andere. Wo alles nur ein Zeichen ist, ist es auch kein Nachteil, selbst nur ein Zeichen, ein Monster zu sein.

Das Monster ist die verkörperte literarische, technische, gentechnische, genetisch-literarische Rhetorik. Das Monster wird nämlich dadurch gebildet, daß einige Funktionen und Organe des menschlichen Körpers in ihm hyperbolisiert, andere nur durch Teile ersetzt, weitere metaphorisiert werden usw. Der Körper entfaltet sich hier quasi automatisch, unkontrolliert, durch eine rhetorische Vermehrung und Verformung der Körperteile, wie es in einem literarischen Text geschieht. Dieser Vergleich ist sicher nicht neu und wurde historisch immer wieder verwendet, um die Tragik der Kunst und der Literatur zu verdeutlichen. Paul de Man sagt über das literarische Schreiben: »Das Schreiben beinhaltet immer ein Moment der Enteignung zugunsten des willkürlichen Spiels der Signifikanten und aus der Perspektive des Subjekts kann dies nur als Zerstückelung des Körpers, als Enthauptung oder als Kastration erlebt werden.«[2] Oder: Die Rhetorik der Literarizität denaturisiert die Sprache, macht sie zum Monster – und dieser Verlust der lebendigen Norm ist schmerzhaft.

Wir leben aber heute nicht mehr inmitten der Natur und der natürlichen Sprache, sondern inmitten einer Fülle von Bildern und Texten, die sich jenseits jedes erkennbaren Sinns rhetorisch und grammatikalisch vermehren. Ein solches Leben ist nicht mehr intensiv-tragisch, sondern heiter-angenehm. Wenn Nietzsche damals hinter der Heiterkeit der Griechen ein zutiefst tragisches Lebensgefühl zu erraten glaubte, entdecken wir heute hinter allen tragischen und überspannten Gesten eine gelassene Heiterkeit. Wir erleben nämlich gerade jetzt einen unausweichlichen Untergang des Sports. Rekorde sind nicht mehr möglich, weil man die Grenzen der Fähigkeiten des menschlichen Körpers erreicht hat. Jeder Versuch, diese Grenze zu überschreiten, mündet im Drogenkonsum oder in der Anwendung von neuen technischen Mitteln, d. h. im Monströsen. Die Konkurrenz im gesellschaftlichen Leben ist ebenfalls nicht mehr möglich, denn keiner versteht oder interessiert sich mehr dafür, was der andere eigentlich tut und kann deswegen auch nicht mehr mit ihm konkurrieren.

Die Fähigkeiten des Anderen, sein Körper und sein Benehmen sind rätselhaft und zugleich uninteressant geworden. Es gibt keine Kriterien mehr, jemanden einzuschätzen. So weiß Detektiv Cooper aus David Lynchs Fernsehserie »Twin Peaks« nicht mehr, ob er einen Mord untersucht, ob er eine Reise ins eigene Unterbewußtsein unternimmt oder ob er in ein Spiel kosmischer Kräfte verwickelt wird. Alle um ihn herum sowie er selbst sind gleichzeitig normal und monströs. Die Aufklärung des Falles – und das heißt, die an die menschliche Norm appellierende Aufklärung als solche – wird unmöglich, da die Kriterien entfallen, die Aufklärung von Verdunkelung unterscheiden. Nicht nur die Aufklärung eines Mordes, sondern der Mord selbst scheint plötzlich kaum mehr möglich.

Die zeitgenössische Philosophie läßt eine Unterscheidung zwischen dem Äußeren und dem Inneren überhaupt kaum mehr zu. Begehren, Sprache, Denken, Fühlen, alles, was früher dem inneren Leben des Menschen zugeordnet wurde, wird heute entsubjektiviert, entpersonalisiert, entindividualisiert. Früher wußte man, daß sich mit dem Tod eines einzelnen in der Außenwelt nichts ändert, glaubte aber, daß die individuelle innere Welt entweder vernichtet oder durch eine göttliche Kraft gerettet werde. Heute wissen wir, daß wir auch diese innere Welt nicht besitzen, daß uns unsere Gedanken und Gefühle vom unpersönlichen Begehren und von der unpersönlichen Sprache nur für eine kurze Weile geliehen sind. Wir sind also wie Monster, wie Zombies, wie lebendige Tote, die nicht sterben können, weil sie nicht leben – die einzige Art der persönlichen Unsterblichkeit, die uns noch denkbar scheint, die uns noch heiter stimmt.

Es ist daher kein Zufall, daß der menschliche Körper auch in der »hohen Kunst« der Gegenwart so fragmentarisch und zeichenhaft dargestellt wird, daß wir nicht mehr wissen, ob es sich um einen lebendigen oder um einen toten Körper handelt – oder gar um ein Abbild eines Abbildes eines Körpers. Eine Ausstellung der gegenwärtigen Kunst, in deren Mittelpunkt der Körper steht, sieht deswegen in der Regel wie das Laboratorium eines Vivisektors aus. Dieser Anblick ist für uns nicht mehr tragisch oder schockierend, sondern wirkt vielmehr beruhigend, denn dadurch erkennen wir, daß wir so monströs sind, daß uns so unendlich wenig vom Tod trennt und daß wir so unendlich wenig durch den Tod verlieren. Wir hören sofort auf, uns darüber irgendwelche traurige Gedanken zu machen.

Anmerkungen

1 Jacques Derrida, *Geschlecht (Heidegger)*, Wien 1988, S. 54f.
2 Paul de Man, *Allegories of Reading*, London, 1979, S. 296.

Der Tod steht ihr gut

Die Kunst unseres Jahrhunderts hat sich in erster Linie durch die Emanzipation von allem Narrativen, Illustrativen und Literarischen definiert: Das Bild sollte nicht mehr der Verbildlichung bestimmter ihm äußerlicher Mythen, Geschichten oder Erzählungen dienen, sondern ausschließlich seine eigene Präsenz demonstrieren. Damit wurde das Bild zumindest seinem Begriff nach autonom und selbstreferentiell. Und zugleich wurde das Bild damit auch geschichtlich. Denn das Streben der Kunst nach eigener Präsenz und Selbstreferentialität gab der Kunstentwicklung eine teleologische Perspektive, die eine bloß äußerliche chronologische Beschreibung der Kunstereignisse und der Werke in eine autonome und von einer strengen inneren Logik diktierte Kunstgeschichte verwandelte. In diesem Sinne kann die Kunstgeschichte als Phänomen dieses Jahrhunderts gelten. Als Vorgeschichte der emanzipierten, autonomen und historisierten Kunst des 20. Jahrhunderts konnten dann auch die Werke früherer Epochen oder anderer Kulturen in die allgemeine Kunstgeschichte integriert werden. Am Ende dieser teleologisch begriffenen Kunstgeschichte erscheint die Vision eines noch nie gesehenen Bildes, das seine strukturelle, materielle Beschaffenheit in sich selbst völlig reflektiert und sie dem Betrachter genauso völlig offenbart.[1]

Die Befreiung der Kunst von der traditionellen Aufgabe, Geschichten zu illustrieren, hat also nicht zur Geschichtslosigkeit geführt, sondern erst die Voraussetzung geschaffen, unter der die Kunstgeschichte aus einer äußeren Beschreibung zum inneren Gesetz der Kunst geworden ist. Und in der Tat: Wenn ein Kunstwerk nicht mehr auf eine ihm äußere Realität verweist, kann es nur im Vergleich mit anderen Kunstwerken überhaupt wahrgenommen, interpretiert und bewertet werden. Der Wert des einzelnen Kunstwerks ergibt sich unter den Bedingungen der Avantgarde nämlich aus seiner relativen Nähe zum Telos der immanent verstandenen Kunstgeschichte, d. h. zum oben erwähnten Ideal eines in sich völlig reflektierten Bildes.

Dieses Ideal wurde, wie allgemein bekannt, in den letzten

Jahrzehnten von der »postmodernen« Kunstkritik vielfach in Frage gestellt und als unerreichbar und sogar als unerwünscht abgelehnt. Die absolute Selbstreferentialität und Autonomie des Kunstwerks als Ziel der Kunstgeschichte wurde in einen Zusammenhang mit der absoluten Selbstpräsenz als Telos der modernen Subjektivität gebracht, die sich auf Kosten des verdrängten Anderen zu etablieren sucht und schon dadurch von diesem Anderen innerlich abhängig bleibt und sogar unausgesprochen profitiert. Ein völlig durchsichtiges Kunstwerk tendiert gerade durch seine Transparenz zum Verschwinden, zur Unsichtbarkeit. Ein gewisses Maß an Unreinheit und Unreflektiertheit scheinen deswegen zu den Grundbedingungen der Wahrnehmung eines Kunstwerks zu gehören: Die Kunst existiert immer weiter nur dadurch, daß die Kunstgeschichte immer wieder es vermeidet, ihr Telos zu erreichen. Wenn aber die Kunst ihre Abhängigkeit vom Anderen akzeptiert und das Ideal der Selbstreferentialität aufgibt, verliert sie ihre teleologische Perspektive. Die Kunstgeschichte, die lange Zeit als unentbehrlicher Rahmen für das Verständnis jedes einzelnen Kunstwerks diente, zerfällt dann wieder zur äußerlichen Beschreibung heterogener Kunstmanifestationen, wobei selbst der Begriff Kunst unsicher und problematisch wird.[2]

Die Auflösung der autonomen Kunstgeschichte unter den Bedingungen der Postmoderne bedeutet aber keineswegs, daß die Kunst in eine oder mehrere »große« Geschichten reintegriert wird und wieder beginnt, als symbolische Repräsentation sozialer, politischer, nationaler oder allgemein-kultureller Historiographien und Ordnungen zu fungieren. Denn jede geschichtliche Konstruktion unterliegt ebenfalls einer Dekonstruktion, wobei gezeigt werden kann, daß eine feste Bindung der Signifikanten an ihre »historischen« Bedeutungen, wie sie jede Geschichtsschreibung anstrebt, eine relative Autonomie dieser Signifikanten übersieht, die ihnen ermöglicht, eben andere, a-historische Reihen und Kombinationen zu bilden, die von jeder möglichen Geschichte notwendigerweise ausgeschlossen bleiben und die vielmehr der immerwährenden Möglichkeit des unwiederbringlichen Verlusts der Geschichtlichkeit, der Erinnerung, der Arbeit und des Werts entsprechen, der durch keine geschichtliche Erinnerung kompensiert werden kann. Solche virtuellen Signifikantenreihen, denen kein geschichtlicher Sinn zugeschrieben werden kann, sind deshalb, wenn man will, immer schon »autonom«.[3] Die postmoderne, poststrukturalistische oder dekonstruktivistische Kritik an der autonomen Kunstgeschichte besteht also nicht darin, daß durch die Behauptung der Autonomie des Bildes gewisse äußere geschichtliche Faktoren, die dieses Bild bestimmen, von der modernen Kunstgeschichte im Namen der Autonomie der Kunst übersehen werden. Vielmehr stellt sich die Frage, ob ein bestimmtes Bild »autonomer« sei als alle anderen Bilder, und ob man so eine normative, teleologische Reihe herstellen könne, die von einem »unfreien«, oder »bloß illustrativen« Bild zu einem völlig »befreiten« autonomen und selbstreferentiellen Bild führt. In einem gewissen Sinne bleibt ein Bild, das in eine solche Geschichte eingeschrieben ist, immer noch illustrativ: Es illustriert nämlich die Kunstgeschichte selbst. Sich von der Illustrativität endgültig zu befreien bedeutet also für die Kunst, sich auch von der Kunstgeschichte als Geschichte der Befreiung von der Geschichte zu befreien. Die dekonstruktivistische Postmoderne schafft die Privilegien der befreiten, »modernistischen« Bilder ab, indem sie alle Bilder zu den autonomen, befreiten Signifikanten erklärt und sie aus ihrer Knechtschaft unter den historischen Bedeutungen entläßt.

Es entsteht daher der Eindruck, als ob die Ankunft der dekonstruktivistischen Postmoderne das Tor zum Paradies für die vom Leiden an der Geschichte geretteten Signifikanten öffnen würde, wobei die allgemeine Apokastasis berufene und nichtberufene Signifikanten nicht mehr voneinander unterscheidet und ihnen allen die Möglichkeit bietet, sich frei zu kombinieren. In diesem Paradies liegt ein Bild von Malewitsch oder Mondrian wie ein Löwe neben dem Lamm in Form etwa einer kommerziellen Illustrierten – und frißt sie nicht, weil diese Illustrierte nach postmoderner Auffassung ebenfalls »nur ein Bild« ist.

Nun suggeriert aber schon das Wort »Dekonstruktion« eine gewisse Aggression und ein gewisses Leiden: Es ist vermutlich nicht sehr angenehm, »dekonstruiert« zu werden. Die Vision eines Paradieses der befreiten Signifikanten oder eines freien und unendlichen Spiels der Simulakren ist offensichtlich noch nicht verwirklicht, weil die Knechtschaft durch die historischen Bedeutungen immer noch andauert. Damit wird der Kunst eine neue teleologische Perspektive eröffnet: Es handelt sich nicht mehr um die Schaffung eines exklusiv autonomen, befreiten, selbstreferentiellen Bildes, sondern um die Arbeit der Re-Interpretation, die alle Bilder befreien soll, wobei diese Arbeit sowohl in der Theorie wie auch in der Kunstpraxis mittels der Verwendung der alltäglichen oder der Kunsttradition entnommenen Bilder in einem anderen, befreienden Kunstkontext vollzogen wird. Wo aber die Arbeit ist, dort ist auch die Geschichte. Vor allem ist aber die Geschichte dort, wo es Leiden gibt. Um Bilder ihrer »normalen« Umgebung zu entreißen, um sie von der Herrschaft der Bedeutung zu befreien, soll eine gewisse Gewalt angewendet werden, die auch ein gewisses Leiden voraussetzt.[4] Dabei läßt sich ein pures Spiel der Differenz jenseits jeder Bedeutung, sobald ein solches Spiel die Gesamtheit der Zeichen in sich einbezieht, weder sehen noch darstellen, sondern nur denken, beschwören, andeuten, weil es sich dabei um reine Differenzen, d. h. um einen prinzipiell nicht-sichtbaren Raum zwischen den Zeichen, handelt. Darstellen läßt sich nur ein Weg dorthin – ein Weg der Befreiung und des Leidens. Jede Überwindung der Geschichte bleibt damit geschichtlich. Das postmoderne reine Spiel der Signifikanten wird oft als Grenze der Subjektivität beschrieben. Wir können aber zu diesem Paradies der Zeichen nur einen inneren Bezug der Hoffnung und Sehnsucht haben, nicht jedoch einen sichtbaren, äußerlichen Beweis seiner Anwesenheit oder Erreichbarkeit vorlegen. In diesem Sinne ist das angestrebte Spiel der Signifikanten bloß ein anderer Name für Innerlichkeit, Spiritualität, Subjektivität.

Jede Geschichte ist eine Geschichte der Subjektivität, und die Subjektivität definiert sich immer durch einen Selbstbezug, der von außen unsichtbar bleiben muß. Deswegen bedeutete das Aufkommen der geschichtlichen Selbstreflexion für Hegel bekannterweise auch das Ende der Kunst. Die Geschichte ist für Hegel eine Geschichte des Geistes, der in der äußeren Natur sein Anderes erkennt und für die Überwindung seiner Entfremdung kämpft. Dieser Kampf bringt viel Leid und einzelne

Triumphe, die von der Kunst durch die Schilderung äußerer, sichtbarer, materieller Umstände dieses Kampfes dargestellt werden können. Der siegreiche Absolute Geist entzieht sich dagegen einer künstlerischen Darstellung, da er alle diesen äußeren Umstände überwunden hat. Deswegen bedeutet der Endsieg des Geistes den Tod der Kunst.

Genauso läßt sich das völlig in sich reflektierte Bild, von dem die historische Avantgarde geträumt hat, nicht malen. Nur das geschichtliche Leiden auf dem Weg zu diesem Bild kann sichtbar gemacht werden. Die moderne Kunstgeschichte ist eine Leidensgeschichte der Kunst. Für die europäische Kunst vor der Kunstgeschichte, als diese Kunst noch nicht geschichtlich war, sondern lediglich Geschichten illustrierte, galt als zentrale geschichtliche Erzählung, als zentraler Mythos das Martyrium Christi. Das Bild Christi am Kreuz, das zentrale Motiv jener Kunst, ist das vorletzte Bild vor der Auferstehung, die in der dunklen Höhle und in aller Unsichtbarkeit geschieht. Alles andere ist nur Hoffnung, Versprechen und innere Vision – aber keine feststellbare Realität. Wunden, Narben und Spuren der Torturen auf dem Körper Christi und auf den Körpern der späteren christlichen Märtyrer, die die christliche Kunst dokumentiert, sind eine Art Ur-Schrift oder Signatur, die die Authentizität dieser Körper als lebendigen Leib des Geistes aufweist – etwa im Unterschied zu den »leblosen« und »ungeschichtlichen«, weil körperlich intakten Idolen der heidnischen Vergangenheit. Die äußeren Wunden auf der Oberfläche des Körpers sind einzig mögliche Zeichen der in diesem Körper verborgenen Subjektivität, die eine Geschichte haben kann.

Die Kunstgeschichte kann deswegen ebenfalls nur als ein Martyrium des Kunstwerks gedacht werden. Und in der Tat bieten uns die Museen der Modernen Kunst, in denen die Kunstgeschichte festgehalten und repräsentiert wird, das Bild eines solch grausamen Martyriums des Bildes. Zumindest seit dem Anfang dieses Jahrhunderts wird das Kunstwerk den Torturen ausgeliefert, die sich nur mit denen vergleichen lassen, deren Spuren die Körper der christlichen Märtyrer aufweisen. Das Bild wird (symbolisch oder real) verbrannt, zerschnitten, verunstaltet, beschmutzt und auf andere unterschiedlichste Weisen körperlich mißhandelt. Dazu kommen noch viel sublimere, aber nicht weniger schmerzhafte Rituale der gewaltsamen Erniedrigung: Das Kunstwerk wird seines Sinnes beraubt, entwürdigt und in seiner profanierten Körperlichkeit dem Lachen des Publikums preisgegeben. Alle diese Torturen hinterlassen auf der Oberfläche des Kunstwerks Wunden, Narben und Spuren der Gewaltanwendung, die die Materialität des Kunstwerks als lebendigem Fleisch einer in ihm verborgenen Subjektivität aufweisen.

Zumindest seit der Schrift von W. Kandinsky *Über das Geistige in der Kunst,* bekommen materielle Farben und Formen des Kunstwerks eine geistige, psychische, subjekthafte Dimension, die sich erst dann zeigt, wenn die traditionell vertraute, intakte, »leblose« Gestalt des Kunstwerks zerstört wird. Erst dann wird dem Zuschauer bewußt, daß diese Farben und Formen eine verborgene, unbewußte, geistige Kraft besitzen, die auch jenseits des bewußten Willens des Künstlers wirkt, wenn dieser Wille ausschließlich auf die Darstellung der äußeren Wirklichkeit und die Illustration der äußeren Erzählungen gerichtet wird.

Die Materie des gemarterten Kunstwerks wird damit zum Träger eines geistigen Unbewußten, das mit jedem neuen Martyrium deutlicher hervortritt. Die erste Generation der Avantgarde spricht direkt und unerschrocken über diese geistige Dimension ihres Werks. So manifestiert beispielsweise für Malewitsch sein »Schwarzes Quadrat«, das als Produkt der Verbrennung aller anderen Bilder interpretiert werden kann[5], den lebendigen Ursprung der Welt, und für Duchamp verkörpert sein »Springbrunnen«, der das traditionelle Kunstwerk programmatisch entwürdigt, »einen Buddha im Badezimmer«[6], wobei in allen diesen Fällen nicht die bildliche Darstellung eines äußeren geistigen Prinzips gemeint wird, sondern die geistige, spirituelle, subjektive Beschaffenheit des Werks selbst. Aber auch dann, wenn die Ansprüche der Avantgarde etwas bescheidener formuliert werden, spricht man immer noch über Lebendigkeit und Authentizität des Werks.

Eine solche Vergeistigung der eigenen Materie des Kunstwerks bedeutet zugleich sein allmähliches Verschwinden. Demnach ist die Kunstgeschichte erst dann beendet, wenn das letzte Bild des endgültigen Martyriums des Kunstwerks – seine Kreuzigung sozusagen – entsteht: Der Sieg des in der Materie des Kunstwerks gefangenen und leidenden Geistes würde auch seine Befreiung von jeder Sichtbarkeit bedeuten. Und in der Tat wurde in diesem Jahrhundert oft genug das letzte Bild gemalt oder das letzte Kunstwerk geschaffen. Für Malewitsch beispielsweise war schon sein »Schwarzes Quadrat« das letzte Bild, nach dem nur der verborgene, unsichtbare, undarstellbare Rhythmus des Lebens herrschen durfte, auf den ausschließlich mittels der Schrift hingewiesen werden konnte. Von keinem einzigen Kunstwerk der Moderne läßt sich aber mit Sicherheit sagen, daß es das letzte Bild des Todes ist, so wie es das Bild Christi auf dem Kreuz war. Es scheint, daß das Bild unendlich lange gemartert und getötet werden kann. Aus der teleologischen Perspektive der Kunstgeschichte, die das Bild lebendig und geschichtlich begreift, erweist es sich als unmöglich, ihr letztes Bild und damit auch ihren Tod zu diagnostizieren, wobei aus der Außenperspektive jedes Bild immer schon als tot betrachtet werden kann und eigentlich auch betrachtet wird.

Aber auch wenn uns die eindeutigen äußeren Kriterien fehlen, die es uns erlauben würden, zwischen lebendigem und totem Bild zu unterscheiden, erscheint der ganze Körper des modernen Kunstwerks so dicht von Wunden und Narben beschriftet, daß eine weitere Anwendung der Tortur sinnlos und überflüssig geworden ist, weil sie nichts mehr »Lebendiges« – im Sinne von Unberührtem – in diesem Körper treffen kann. Das ständige Wiederholen des gleichen Leidens führt zur völligen Abstumpfung – zumindest glaubt das der Betrachter dieses Leidens. Zeichen und Symptome des Leidens müssen auf den »frischen«, früher unberührten und sogar unvermuteten Stellen des Körpers erscheinen, damit sie den Eindruck des »Lebendigen« vermitteln könnten. Die sichtbare Intensität des Leidens ist zutiefst mit dem Effekt der Innovation verbunden, und die Ökonomie des Leidens ist mit der Ökonomie der Innovation innerlich verwoben. Das »postmoderne« Gefühl der Abstumpfung hat in den letzten Jahrzehnten zu einem makabren Witz geführt, den viele Künstler von Warhol bis Jeff Koons praktiziert haben. Dieser Witz blieb aber immer noch eine Art innovativer Tortur: indem er die grausamen Rituale der Moderne verhöhnte und sie ihrer von Bataille und vielen anderen besungenen Erhabenheit beraubte, fügte er dem Kunstwerk einen zusätzlichen Schmerz zu.

Heute scheinen diese modernen Rituale aber nur maschinell und langweilig. Sie rufen im Betrachter kein Entsetzen, kein Mitleid und zugleich keine Faszination mehr hervor. Das Kunstwerk scheint endgültig tot zu sein, und seine weitere Mißhandlung wirkt bloß geschmacklos, peinlich. Das Ende der Kunstgeschichte zeigt sich dadurch, daß ihre Fortsetzung entsprechend dem vorherrschenden Gefühl zwar immer noch möglich bleibt, aber zugleich bloß peinlich wirkt. Diese Lage ist übrigens auch nicht so neu: So wurde nach dem Ende der Geschichte des Hegelschen Absoluten Geistes eine individuelle Existenz ebenfalls als peinlich bis unerträglich empfunden, weil sie ein Leiden ohne historische Relevanz bedeutete. Mitte des 19. Jahrhunderts wurde die damalige post-historische Lage sehr genau von Kierkegaard beschrieben. Durch die Peinlichkeit dieser Lage entsteht allerdings ein neuartiger Schmerz, der eine neue Geschichtlichkeit ankündigt. Es fragt sich nur, wer das Subjekt diese neuartigen Leidens sein könnte.

Eine mögliche Antwort wäre, daß es jetzt die Geschichte selbst ist, die leidet. Statt der Geschichte des Leidens bekommen wir heute die leidende Geschichte, so wie früher das Bild des Leidens (des leidenden Christi) durch das leidende Bild ersetzt wurde. Die Geschichte leidet, weil sie sich von ihrem Körper, der aus festen, normativen Datierungen, linearen Verbindungen, kanonisierten Ereignissen und Kriterien der historischen Relevanz gebildet ist, erlösen will, um das Paradies des freien Spiels der Signifikanten, in dem sich alles mit allem verbindet, zu erreichen. Dieser Körper der Geschichte befindet sich im Raum zwischen den Kunstwerken, der keineswegs eine bloße, freie Leere ist, von der die Subjektivität träumt. Denn Ordnungen und mediale Codes, in denen zwischenbildliche Beziehungen fixiert werden, haben ihre eigene Medialität und ihre eigene Körperlichkeit, die allerdings durch die Kunst nicht abgebildet werden können: Jede Abbildung der zwischenbildlichen Ordnungen und Distanzen produziert bloß ein neues Bild, das wiederum eine neue Distanz und neue Beziehungen zu den anderen Bildern schafft, die in ihm selbst nicht reflektiert werden können. Das bedeutet aber nicht, daß dieser Raum immateriell, rein geistig oder rein subjektiv sei. Wir haben es hier mit einer sehr spezifischen Art Materialität zu tun, deren Entdeckung in unsere Zeit gehört und deren Leiden vielleicht erst jetzt richtig beginnt.

Diese Materialität der Geschichte läßt sich erleben, wenn entsprechende Datenordnungen verstört, verletzt, verunstaltet werden, wie es bei der »subjektiven« Geschichtsschreibung und den nicht weniger »subjektiven« Ausstellungen oder ausstellungsähnlichen Installationen, deren Zahl sich in letzter Zeit mehrt, der Fall ist. Die *subjektive* Geschichte ist hier übrigens etwas völlig anderes als die Geschichte des *Subjekts*, obwohl diese Tatsache in der Regel zunächst einmal dadurch vertuscht wird, daß die Verzerrungen der Geschichte vorübergehend als eine partielle Sicht auf die Geschichte legitimiert werden – beispielsweise als Geschichte aus der Perspektive bestimmter ethnisch, sexuell oder anders definierter Minderheiten. Wohlbemerkt handelt es sich dabei nicht um die Geschichte *dieser Minderheiten* als Teil der allgemeinen Geschichte, sondern um die Verschiebung der allgemeinen Geschichtsschreibung aus einer subjektiven, partiellen Sicht. Die aktuelle Renaissance der Sozialgeschichte und der politischen Geschichte als Thema der Kunstgeschichte erfolgt also nicht auf der Ebene des Inhalts, des Themas, des Sujets, des Gegenstandes der Repräsentation, sondern auf der Ebene des geschichtlichen Körpers, d. h. auf der Ebene der Datierungen, Kanonisierungen, Gewichtungen, Anordnungen und Platzzuweisungen.

Wenn das Recht auf eine subjektive Sichtweise in der Geschichtsschreibung heute noch mit moralischen Argumenten und im Namen der verdrängten historischen Wahrheit gefordert wird, dann erinnert es allerdings an die Zeit vor dem Aufkommen der Avantgarde, als der Künstler sich immer noch genötigt fühlte, seine Innovationen dadurch zu legitimieren, daß er das Recht auf die malerische Darstellung seiner subjektiven, individuellen, ihm von der Natur gegebenen Sichtweise angeklagt hat. Bald danach ist eine solche Legitimation für die künstlerische Innovation obsolet und überflüssig geworden: Die Lebendigkeit des Bildes wurde seitdem gerade durch sein Leiden infolge »grundloser« Verzerrung und Verunstaltung bewiesen. So ist zu erwarten – und geschieht eigentlich immer schon –, daß Verzerrungen, Verunstaltungen und Verletzungen der Datenordnungen der Geschichte zum Kriterium ihrer Lebendigkeit oder, sagen wir, ihrer eigenen Geschichtlichkeit erhoben werden. Die Geschichte selbst wird geschichtlich, nachdem sie tot geglaubt wurde. Die Datierung, die gerade im Zeitalter des Historismus überzeitliche Gültigkeit und Normativität beansprucht, weil sich jede geschichtliche Relation nur innerhalb dieser festgeschriebenen Datierung konstituieren kann, wird zum Experimentieren und zur Tortur freigegeben. Was sich früher nur ein totalitärer Staat erlauben konnte, etwa die so eindrucksvoll von Orwell beschriebene freie Erfindung der Vergangenheit und unbegrenzte Manipulation historischer Daten jeglicher Art, kann in der nächsten Zukunft zur allgemeinen kulturellen Praxis werden, die jeder einzelne in künstlerischer Absicht unternehmen würde.

Die modernen Medien, die mehr und mehr zum operativen Feld für die Kunst werden, erlauben eine fast unbegrenzte Anwendung einer solchen Tortur auf den Körper der Geschichte. Die Möglichkeiten, die die Medien bieten, bleiben auf jeden Fall im wesentlichen ungenutzt, solange man diese Medien nur dazu verwendet, in ihnen Bildeffekte noch einmal zu wiederholen, die man auch mit anderen, älteren Mitteln der Bildgestaltung durchaus produzieren kann. Neue Medien erlauben vor allem eine manipulative Arbeit mit nicht-bildhaften, aber zugleich doch materiellen Datenbanken, -netzen und -hierarchien, in denen jede historische Zuordnung festgeschrieben wird. Schon jetzt zeigt sich die Möglichkeit, durch Bildsimulation unterschiedlicher Art die in der Zeit voneinander getrennten Gegenstände, Personen und Ereignisse in einem Bild zusammenzuführen und damit einen Effekt der gleichzeitigen Präsenz zu erzeugen. Das Lebendige und das Tote bekommen dadurch das gleiche Recht – so wie in Zemeckis' Film »Der Tod steht ihr gut«, in dem die Leichen gegeneinander und gegen die Lebendigen um so effektiver kämpfen, als sie Ordnungen und Relationen ihrer Körperteile frei variieren können, die bei einem lebendigen Organismus fest definiert sind.

In diesem Zusammenhang stellt sich allerdings die Frage, ob ein solcher freier, innovativer, normenverletzender Umgang mit der Geschichte möglicherweise einen gefährlichen Nihilismus und eine Absage an jede geschichtliche Wahrheit bedeuten könnte, gegen die man rechtzeitig Widerstand leisten müßte.

Die Antwort auf diese Frage hängt im wesentlichen davon ab, was man unter Wahrheit versteht. Wenn die Wahrheit als Entsprechung einer Aussage über »reale« Tatsachen verstanden wird, dann darf sich nur eine einzige Geschichte als wahr bezeichnen, und das verzerrende Experimentieren mit den geschichtlichen Daten, das offensichtlich bloß eine Vielfalt verachtenswerter Lügen produzieren kann, müßte verurteilt und abgewehrt werden. Allerdings sollte man in diesem Fall mit der Abwehr viel früher anfangen, denn schon die Kunst der Avantgarde hat diesen Begriff der Wahrheit verabschiedet.

Entsprechend diesem avantgardistischen Kunstverständnis besteht die Wahrheit dagegen in der Offenlegung ihrer unvermeidlichen Verzerrungen und Verunstaltungen. Das ist die Wahrheit des Leidens und zugleich eine leidende Wahrheit. Im Vergleich mit dieser Wahrheit sieht die normative Wissenschaftlichkeit, die jedes Leiden verbirgt und verleugnet, ihrerseits wie eine Lüge aus. Nur bedeutet aber die Verabschiedung des Ideals einer einzigen, verbindlichen (Kunst)Geschichte doch nicht, daß an ihre Stelle eine Pluralität der heterogenen Geschichten eintritt, denn jede mögliche Geschichte ist gleich vom Vergessen, Tod und Verlust des Sinns infiziert und dadurch dem Leiden ausgesetzt. So wie die Pluralität der Bilder, die die moderne Kunst hervorgebracht hat, als *ein Bild* gesehen werden kann, dessen Körper unter unterschiedlichen Krankheiten und Torturen leidet und damit seine innere Beschaffenheit offenbart, so kann auch die Pluralität der Geschichten als *ein geschichtlicher Körper* gesehen werden, der dem verzerrenden Spiel der Signifikanten, die ihre Ordnungen ständig frei ändern und neu kombinieren, immer erneut ausgesetzt ist. Der Körper der Geschichte leidet daran – und gerade dadurch zeigt er sich als lebendig.

Anmerkungen

1 Für Clement Greenberg »content is to be dissolved so completely into form that the work of art and literature cannot be reduced in whole or in part to anything not itself«. Um dieses Ziel zu erreichen, soll die Avantgarde »imitate ... the disciplines and processes of art and literature themselves« und vor allem »(to) derive their chief inspiration from the medium they work in«. Clement Greenberg, »Avant-Garde and Kitsch« (1939), in: ders., *The Collected Essays and Criticism*, Vol. 1, Chicago, 1986, S. 8–9.
Greenberg, dessen teleologisches Modell der Kunstgeschichte noch bis vor kurzem einflußreich war, folgt in seiner Formulierung im wesentlichen dem ästhetischen Programm des russischen Formalismus der 20er Jahre, der als Ziel der Kunst die »Freilegung des Verfahrens« und die Reflexion des Mediums postulierte.

2 Hans Belting, *Das Ende der Kunstgeschichte*, München 1995, S. 23f.

3 Derrida folgt in seinem dekonstruktivistischen Ansatz Bataille, indem er Hegel vorwirft, den puren, durch keine Aufhebung kompensierbaren Verlust des historischen Sinns und Werts, der jeder Erinnerung entgeht, zu übersehen und die Negativität des Todes bloß als »andere Positivität«, d. h. als Positivität des geschichtlichen Prozesses, zu interpretieren. Jacques Derrida, »De l'économie restreinte à l'économie générale. Une hegelianisme sans reserves«, in: ders., *L'écriture et difference*, Paris 1967, S. 380f.

4 So schreibt Paul de Man: »Writing always includes the moment of dispossession in favor of the arbitrary power play of the signifier and from the point of view of the subject it can only be experienced as a dismemberment, a beheading or as a castration.« Paul de Man, *Allegories of Reading*, London 1979, S. 296.

5 In dieser Hinsicht ist der Text von Malewitsch über das Museum aufschlußreich, in dem er vorschlägt, alte Kunst zu verbrennen, um den Anblick ihrer Asche genießen zu können. Kasimir Malevich, »On the Museum«, in: ders., *Essays on Art*, New York 1971, S. 68–72.

6 William A. Camfield, *Marcel Duchamp. Fountain*, Houston 1989, S. 40ff.

Quellennachweis

»Logik der Sammlung«, in: J. Huber und A. M. Müller (Hrsg.), *»Kultur« und »Gemeinsinn«*. Interventionen 3. Basel–Frankfurt a. M. 1994, S. 249–268. Engl. Übers.: *The Logic of the Collection*. Nordisk Museologi. Nr. 2. Stockholm 1993, S. 73–86.

»Sammeln und gesammelt werden«, in: *Lettre International*. Heft 33. Berlin 1996, S. 90–91.

»Fundamentalismus als Mittelweg zwischen Hoch- und Massenkultur«, in: Autobahn-Universität. Donauwörth 1996 (als Kassette).

»Die Zukunft gehört der Tautologie«, in: *Die Zukunft der Moderne*. Kursbuch 122. Berlin 1995, S. 11–20.

»Die Stadt auf Durchreise«, in: *Architektur der Ideen*. Katalog einer Ausstellung im Kunsthaus Hamburg. 1994, S. 20–30.

»Trotzki oder Metamorphosen des Engagements«, in: Siqueiros/Pollock, Katalog einer Ausstellung der Kunsthalle Düsseldorf. Köln 1996, S. 73–82.

Die Wahrheit in der Fotografie / Truth in Photography. Camera Austria. Nr. 43/44. Graz 1993, S. 3–11.

»Der Asylant in ästhetischer Sicht«, in: *Deutschsein?* Katalog einer Ausstellung der Kunsthalle Düsseldorf. 1993, S. 92–97.

»Die Musealisierung des Ostens«, in: *In medias res*. Festschrift zum 70. Geburtstag von Peter Ludwig. Köln 1996, S. 71–84.

»Konstruktion als Reduktion«, in: Hubertus Gassner, Karlheinz Kopanski und Karin Stengel (Hrsg.), *Die Konstruktion der Utopie*. Ästhetische Avantgarde und politische Utopie in den 20er Jahren. Marburg 1992, S. 73–76.

»Der Wille zum Ausruhen«, in: Heinrich Klotz (Hrsg.), *Die Zweite Moderne*. München 1996, S. 163–172.

»Das leidende Bild«, in: P. Weibel und Ch. Meyer (Hrsg.), *Das Bild nach dem letzten Bild.* Köln 1991.

»The Restoration of Destruction« / »Die Restaurierung des Zerfalls«, in: *Cahier Witte de With,* Nr. 4. Rotterdam 1996, S. 161–166.

»Die Heiterkeit des Monströsen«, in: *Akzente.* Heft 2/April 1993. München. S. 122–131. Reprint: *Überleben.* Katalog einer Ausstellung im Bonner Kunstverein. 1993 (mit engl. Übersetzung), S. 45–50.

»Der Tod steht ihr gut«, in: A.-M. Bonnet und G. Kopp-Schmidt (Hrsg.), *Kunst ohne Geschichte?* Ansichten zu Kunst und Kunstgeschichte heute. München 1996, S. 13–22.

Bei Fragen zur Produktsicherheit wenden
Sie sich bitte an den Carl Hanser Verlag:
Vilshofener Straße 10, 81679 München
info@hanser.de